中国行政诉讼检察监督制度研究

——以复合型制度为视角

臧荣华 著

中国社会科学出版社

图书在版编目(CIP)数据

中国行政诉讼检察监督制度研究：以复合型制度为视角/臧荣华著.
—北京：中国社会科学出版社，2022.6
ISBN 978-7-5203-9958-6

Ⅰ.①中⋯ Ⅱ.①臧⋯ Ⅲ.①行政诉讼—司法监督—研究—中国 Ⅳ.①D925.34

中国版本图书馆 CIP 数据核字（2022）第 049374 号

出 版 人	赵剑英
责任编辑	许 琳
责任校对	李 硕
责任印制	郝美娜

出　　版	中国社会科学出版社
社　　址	北京鼓楼西大街甲 158 号
邮　　编	100720
网　　址	http://www.csspw.cn
发 行 部	010－84083685
门 市 部	010－84029450
经　　销	新华书店及其他书店
印　　刷	北京君升印刷有限公司
装　　订	廊坊市广阳区广增装订厂
版　　次	2022 年 6 月第 1 版
印　　次	2022 年 6 月第 1 次印刷
开　　本	710×1000　1/16
印　　张	15.25
字　　数	233 千字
定　　价	88.00 元

凡购买中国社会科学出版社图书，如有质量问题请与本社营销中心联系调换
电话：010－84083683
版权所有　侵权必究

从复合型制度视角解构我国
行政诉讼检察监督制度

（代自序）

"行政裁判难得因抗诉而改判"抑或"检察抗诉行政裁判一抗一个准"，两种互怼说法及其隐含的奥妙时常困惑着学界。对行政诉讼与我国司法制度的多年研习旨趣是选择"我国行政诉讼检察监督制度研究——以复合型制度为视角"论题的内在主因。恰逢近年来行政诉讼、检察监督领域的政策调整引致行政诉讼检察监督制度重大历史转折，迎来了对该制度难得的研究节点。

本文概要：以"复合型制度"视角，运用"多重法律实践逻辑"，针对法规范联结法实践的"司法解释"主体素材，解析我国行政诉讼检察监督制度。廓清"对行政诉讼进行'从旁察看'式纠错"的基本内涵，重述"合法律性监督、司法公正协同监督、程序监督"三监督原则，辨析"双维"理念下平衡监督范围理论，实证监督质量"纠错率"和"纠错量"以超越"改判率"与"改变率"之争，尝试建构"双边同级抗诉"构造优化"上抗下审四边形"构造。

作为"法律之守护人"，检察机关在行政诉讼检察监督中充当"国家权力（利）之多重规制"角色，检察官既要保护原告合法权益免于法官擅断和抑制原告缠诉，亦要监督被告滥用实权干预司法，尚需规制法官与行政官合谋欺压原告。多重功能叠加注定检察机关与检察官在行政诉讼检察监督实践中的重大挑战。

行政诉讼检察监督制度结构上具有"主体多元、内外交织、层级多重、循环往复"特质，选择确切的研究视角乃是一个颇费心思考量的难题。文章确定"复合型制度"视角，正是应对这种"复合型制度"特质使然。

确定以司法解释为中心研究素材是因为作为制度与实践转换器的司法解释（含司法解释性文件），在实践中可视作制度的中观分析对象。较之法律的宏观阐释与司法实践的微观解析，司法解释是承上启下的关键，是法律向实践转化的中间环节。检察院法院凭借司法解释能动地将国家政策与制度规则部门化，自己制定司法细则、自己实施规则。因而司法解释既是国家法律制度与司法实践的联结媒介，也是行政诉讼检察监督复合型制度的具体化。以司法解释为题材能与复合型制度视角相契合，通过相关司法解释的精细梳理及透彻剖析既能上可关联宏观之法律下可导向微观之实践。

结构上，文章总体以"总分"式布局。

首先，导论部分对研究的背景与意义、研究文献与综述、重点、难点和结构、可能的创新与局限、方法论等基础性问题进行介绍与说明，为研究深入作铺垫。

其次是概说，该部分对行政诉讼检察监督的基本原理进行总括式的阐释与解说。具体涵盖基本概念解析、制度历史变迁、域外立法例考察。譬如，将基本概念类型化为两组：行政与行政诉讼，以及监督、法律监督与检察监督、行政诉讼检察监督，进而基于"历时性"与"共时性"双维度进行深入解析、阐释、辨析，廓清行政诉讼检察监督制度的基本内涵在于："对行政诉讼进行'从旁察看'式纠错"。

再次是监督原则，基于制度特质及其在国家法制中的定位，结合法原则的精义、特征、判断标准，提炼出行政诉讼检察监督的根本性规则为"合法律性监督原则""司法公正协同原则""程序监督原则"。以原则为载体深入阐释制度的理论根基及其内核，解说行政诉讼检察监督的核心内涵，重述制度原则体系。

复次，从监督范围、方式、构造三个核心内容展开本体论研究，分设为第四、五、六部分。该三部分在体系功能上即是研究"监督谁""何以监督""如何监督"。运用"多重法律实践逻辑"，尝试结合布迪厄"场域"理论，对制度规则之实践与"制度情境下行动者"之能动性建构之间的动态与静态表现加以精细解析。对"全面监督论"与"有限监督论"进行辨析，提出"双维"理念下平衡监督范围理论；实证研究监督质量的"纠错率"和"纠错量"进而超越"改判率"与"改变率"之争；尝试构建"双边同级抗诉"构造以优化"上抗下审四边形"构造。

最后是以结论形式对前述核心内容予以总结及强调，对行政诉讼检察监督制度的发展趋向予以逻辑展望，强调我国行政诉讼检察监督制度作为"民告官"制度的一种间接"合法律性"监督机制而发挥其功能与价值，既在客观上不可或缺，亦具有中国制度特色及优势，但也有其固有局限。

所谓对我国行政检察监督制度的解构性研究，乃是基于文章的研究方法。文章分析不仅将"公民、行政官、法官、检察官"复原为普通人，更重要的是将其一视同仁为"制度情境下的行动者"。这种既关注于"制度规则"，又关注构成制度社会化中的"个人行动"的过程分析，既能突出制度规范的结构性，又不偏离个体的人的主体性、策略性及其能动性对制度结构的建构性。这种"结构的建构论与建构的结构论"相统一的哲理即是力求贯穿本文研究始终的方法论核心思想，力图将规范分析的公共选择方法与规范运行实践的"个体主义方法"融会贯通。在此方法论指引下，结合行政诉讼检察监督论题复合型制度特点，运用"多重法律实践逻辑"对行政诉讼检察监督的范围、方式、构造予以深度考察、全面梳理、精细剖析、透彻解说。

这种制度解构性方法论聚焦于制度、规则及其载体——司法解释在"法律制度情境下行动者"的实践运作表象与内在逻辑解析，并对其中稳定重复呈现的现象予以一般概念化提炼，譬如，"多元、内外、异质、层级监督""双重法律性监督""合法律性原则""上抗下审四边形结构"等。文章注重剖析制度实践难题的内外成因及其概念化表述，化解问题之"良药"并非重点，固然并非解决问题之对策不重要，而是找准病因更是关键！

非常感谢中国社会科学出版社许琳女士精湛、勤勉的专业付出！

"文章千古事，得失寸心知"，固然"学无止境"，个体认知难免历史与现时之局限，欢迎赐教！

是为序。

2021年8月21日于南昌

目 录

导 论 ……………………………………………………………… (1)
  一　选题背景与研究意义 ………………………………………… (1)
  二　相关研究与文献综述 ………………………………………… (6)
  三　研究重点、难点与结构布局 ………………………………… (13)
  四　研究可能的创新与局限 ……………………………………… (16)
  五　方法论与研究方法 …………………………………………… (18)

第一章　行政诉讼检察监督制度概说 ……………………………… (25)
  第一节　行政诉讼检察监督基本概念阐释 ……………………… (25)
    一　行政诉讼界说 ……………………………………………… (26)
    二　监督、法律监督与检察监督辨析 ………………………… (33)
    三　行政诉讼检察监督概念阐释：双重法律监督机制 ……… (41)
  第二节　我国行政诉讼检察监督制度历史变迁：司法
        解释维度 ………………………………………………… (46)
    一　我国行政诉讼检察监督制度史研究背景 ………………… (46)
    二　我国行政诉讼检察监督司法解释概览 …………………… (48)
    三　我国行政诉讼检察监督制度史略论 ……………………… (52)
  第三节　域外行政诉讼检察监督考察 …………………………… (56)
    一　苏联、俄罗斯检察制度及行政诉讼检察监督立法
        例述评 ……………………………………………………… (57)
    二　南斯拉夫行政诉讼检察监督立法例介评 ………………… (63)
    三　西方主要国家行政诉讼检察监督概览 …………………… (65)

本章小结 ……………………………………………………… (71)

第二章 我国行政诉讼检察监督原则 ……………………… (72)
第一节 行政诉讼检察监督原则界说与研究述评 ………… (72)
一 行政诉讼检察监督原则界说 ………………………… (72)
二 我国行政诉讼检察监督原则研究述评 ……………… (73)
第二节 我国行政诉讼检察监督原则具体内涵及其体系重述 ……………………………………………… (76)
一 合法律性监督原则 …………………………………… (77)
二 司法正义协同原则 …………………………………… (80)
三 程序性监督原则 ……………………………………… (84)
本章小结 ……………………………………………………… (87)

第三章 我国行政诉讼检察监督范围 ……………………… (88)
第一节 决定和影响我国行政诉讼检察监督范围的基本因素 ……………………………………………… (89)
一 行政诉讼检察监督范围界说 ………………………… (89)
二 决定和影响行政诉讼检察监督范围的基本因素 …… (90)
三 我国行政诉讼检察监督范围的确定模式 …………… (94)
第二节 司法解释维度我国行政诉讼检察监督范围的演变："三阶段论" …………………………………… (96)
一 初创阶段：法定监督范围之遵从 …………………… (97)
二 对峙阶段：部门取向下检察院法院分歧 …………… (99)
三 共识阶段：司法公正协同下的协作性监督 ………… (101)
第三节 我国行政诉讼检察监督范围的理论介评 ………… (103)
一 我国行政诉讼检察监督范围理论概要 ……………… (104)
二 全面监督论与监督范围 ……………………………… (104)
三 有限监督论与监督范围 ……………………………… (108)
四 全面监督范围与有限监督范围理论评析 …………… (110)

第四节　行政诉讼检察监督范围与权力关系：多元异质权力
　　　　监督复合体 ………………………………………………（114）
　　一　行政诉讼检察监督范围的实质：权力监督的广度 ……（114）
　　二　行政诉讼检察监督范围隐含的权力关系：多元异质权力
　　　　监督复合体 ………………………………………………（115）
　　三　行政诉讼检察监督范围与权力关系：强弱监督下的权力
　　　　关系解说 …………………………………………………（120）
第五节　行政诉讼检察监督范围与多重实践逻辑………………（122）
　　一　布迪厄的司法场域理论：超越形式主义与工具
　　　　主义法律观 ………………………………………………（122）
　　二　多重实践逻辑下的全面监督与弱势监督 ………………（125）
　　三　多重实践逻辑下的有限监督与强势监督 ………………（132）
　　四　超越全面监督与有限监督论："两维"理念下的动态
　　　　平衡监督范围论 …………………………………………（134）
本章小结 …………………………………………………………（137）

第四章　我国行政诉讼检察监督方式 ………………………（139）

第一节　法定行政诉讼检察监督方式……………………………（139）
　　一　行政诉讼检察监督方式之规范性文本及评析 …………（139）
　　二　监督方式种类及其适用条件 ……………………………（144）
第二节　行政诉讼检察监督方式数据实证分析…………………（150）
　　一　行政诉讼检察抗诉数据实证分析 ………………………（150）
　　二　行政诉讼检察建议实证简析 ……………………………（159）
第三节　行政诉讼检察监督方式优化……………………………（163）
　　一　行政诉讼检察监督多元化方式反思 ……………………（163）
　　二　行政抗诉和检察建议化解行政诉讼困境之局限 ………（167）
　　三　构建多元、递进式行政诉讼检察监督方式体系前瞻……（170）
本章小结 …………………………………………………………（171）

第五章 我国行政诉讼检察监督构造 (173)

第一节 行政诉讼检察监督构造概述 (173)
一 监督方式与构造论说 (173)
二 行政诉讼检察监督构造之规范文本考察 (174)
三 行政诉讼检察监督构造评析：叠床架屋式构造 (180)

第二节 行政诉讼检察监督构造个案实证评析 (181)
一 概说 (181)
二 案例选取考量与分析着眼点 (182)
三 个案简介及初步评析 (183)

第三节 行政诉讼检察监督构造优化 (195)
一 行政诉讼检察监督构造原理论说 (195)
二 行政诉讼检察监督构造局限与困境探源 (196)
三 行政诉讼检察监督构造优化 (202)

本章小结 (208)

结　论 (209)

参考文献 (213)

主题词索引 (228)

主要案例索引 (233)

后　记 (234)

导　　论

一　选题背景与研究意义

（一）选题背景

本书以"我国行政诉讼检察监督制度研究——以复合型制度为视角"为题。作此选题是基于密切相关的政策、制度、实践、理论背景考虑。宏观层面是近年来国家在行政诉讼检察监督领域的重大政策推进与重大制度部署，中观层面是行政诉讼、检察制度及行政诉讼检察监督面临司法改革的重大调整与转向、处于重大历史性节点，微观层面包括了行政诉讼实践困境、行政诉讼检察监督司法实践弱化。在宏观、中观、微观维度集中烘托下行政诉讼检察监督近年来持续成为理论研讨焦点与热点，然而其中仍然存在个别认知的误区与局限亟须进一步探究。

1. 政策背景：国家全面推进行政诉讼检察监督

党的十八届四中全会强调"完善检察机关行使监督权的法律制度，加强对行政诉讼的法律监督，司法机关要及时回应社会关切"。加强对行政诉讼的检察监督已然成为构建"高效的法治实施体系、严密的法治监督体系"的关键环节。综观近年来有关行政诉讼检察监督的重大论述及具体制度安排，可以看出，执政党对既有的行政权、行政司法权的运行存在的问题严重性之深刻认识及其化解的重大决心。诸多重大决策性文件中隐含了当前行政司法公正与人民群众需求之巨大差距及其与法治中国建设的本质内涵及其要求的不切合。当然，不能仅仅依据个别文件的个别论断作为学术研究的精义与原理，但作为法学研究兼具思想性、学术性、现实性之追求而言，显然不能无视党和国家当下对行政诉讼检察监督密切相关的重大决策这一宏观背景。

2. 行政诉讼实施背景：官民纠纷之现状与行政诉讼的困境

三十多年来以经济建设为中心的改革开放历程，塑造了一个多元、异质、快速变迁的现代化语境下高度复杂中国。在经济高速发展的同时，"高频度与高密度"的官民矛盾也成倍数放大。这与域外国家之间的行政案件数量形成巨大反差。据法国最高行政法院的爱德蒙·奥诺拉法官（Edmund Onora）介绍道：法国各级行政法院每年会审理25万个案件。① 反观多年来我国全国每年行政诉讼案件量仅10多万件，信访却有400万至600万件，而人口比我们少得多的德国，行政诉讼案件一年有50多万件，这说明了行政诉讼的功能还没有完全发挥到位。② 根据最高人民法院原副院长江必新获得的权威数据统计得出，"近60%的非涉法涉诉案件理应通过行政诉讼程序解决"③，却没有进入行政诉讼机制。从我国行政诉讼受理的案件数量来看，总体一直处于低位徘徊状态。这种案件数量的稀少与我国官民关系矛盾现状存在矛盾，可以看出我国行政诉讼实施存在重大缺陷与失灵。这可从社会广为流传的行政诉讼现实困境得到佐证。例如包万超教授将《行政诉讼法》的实施状况概括为"三少三多三难"，即一审案件少、判决结案少、原告胜诉案件少，撤诉案件多、上诉案件多、非诉执行案件多，告状难、审判难、执行难。④ 最高人民法院原副院长江必新对此也明确指出"很多地方为了防止官民矛盾公开化，采取'捂、堵、盖'的方式，公然实行'不受理、不立案、不收材料'的'三不'政策"⑤。以至于执政党把"切实解决行政诉讼立

---

① 王振宇、阎巍：《德国与法国行政审判制度观察及借鉴》，《法律适用》2013年第10期。
② 王振宇、何海波：《新行政诉讼法施行后三大关注》，《人民日报》2014年11月6日第11版。
③ 江必新：《中国行政审判体制改革研究——兼论我国行政法院体系构建的基础、依据及构想》，《行政法学研究》2013年第4期；张泰苏：《中国人在行政纠纷中为何偏好信访？》，《社会学研究》2009年第3期。我国每年的行政纠纷信访应该有400万—600万件，但每年的行政诉讼案件只有10万件左右，这些信访中的行政纠纷案件绝大多数是没有经过诉讼的。
④ 包万超：《行政诉讼法的实施状况与改革思考——基于〈中国法律年鉴〉（1991—2012年）的分析》，《中国行政管理》2013年第4期。
⑤ 江必新：《中国行政审判体制改革研究——兼论我国行政法院体系构建的基础、依据及构想》，《行政法学研究》2013年第4期。

案难、审理难、执行难等突出问题"提升到党的十八届四中全会决议中部署安排的高度。

因此，行政诉讼在应对日益增多的行政纠纷时的失效的困境是选择行政诉讼检察监督的第二个背景，即社会现实难题与制度的困境亟须理论给予更加充分的关注与解说。

3. 制度改革背景：行政诉讼和检察监督制度正处于重大调整与转变的历史节点

处于变革中的制度能否在修订法案的基础上迎来优化改造，实现其预设功能，这不仅成为实务部门重大考量问题，也是理论研究应予关注的较好时点。"一个制度发生剧烈变化的时刻，恰恰是观察一个制度的深层结构、总结其中社会法制发展和变迁内在规律最佳时机。"[①] 通过这种制度转机过程的剖析与考察，可以透视通常情况下难以显现的深层次制度逻辑与思维方式。因而行政诉讼制度的重大转折节点成为选题的重要考量背景。同样，检察制度重大变革正在进行中，成为本书选题必须考量的重要出发点。国家监察制度与检察行政公益诉讼制度在"顶层设计、决议授权、试点先行、立法通过、全面铺开"模式下的快速推进，以及制度全面实施对检察人员、职权配置、机构调配势必冲击原有行政诉讼检察监督制度的规则、职能及其运作的方向与步骤。这也是促成选择行政诉讼检察监督为论题的第三个背景。

4. 理论背景：理论研究与现实悖论

（1）理论研究现状

选题考虑的背景是近年来学界对行政诉讼检察监督议题的关注与几组理论和现实之悖论。无论是个人研究还是有组织的学术团体都对行政诉讼检察监督给予了较大关注，取得了诸多颇有洞察力的论断与学术创见。个人方面发表了大量论著、学位论文。学术团体方面，中国行政法法学研究会分别在 2013 年、2016 年以"行政检察"和"行政检察监

---

① 陈瑞华：《从经验到理论的法学研究方法》，《法学研究》2011 年第 6 期。

督"为当年年会研讨专题。① 在检察学界主导的首届民行检察论坛（2011年）及中国检察学研究会民行检察专业委员会第二、三、四、五届论坛（2012年、2013年、2015年、2016年）等诸多学术团体活动中专门针对行政诉讼检察监督论题展开广泛全面的研讨，并取得了较多成果。② 然而，诚如龙宗智等学者指出，在检察机关实务部门主导的学术活动中显现出了较为明显的"学术部门主义"特点与局限，而且该特点近年来并没有得以根本扭转。③ 因此，尽管已成学界与实务界研讨的热点，但并不意味相关理论与制度已无可置喙之处，也不意味既有的理论解说对相关论题的阐释是充分合理的，相信随之而来的司法改革实践在验证现有的理论同时也会对理论提出需要进一步观察与解说的论题。这也正是本书选题的背景所在。

（2）事实悖论

尽管相关研究已有丰硕成果，但下列现实中存在的悖论及其中隐含的疑惑尚未得以充分解答，亟须理论上进一步探讨和对实践做出理性回应。

一是监督机关对被监督机关的违法与错误的监督及监督决定必须由被监督机关自我修正之间的矛盾。囿于权力架构"分工负责、各司其职、各负其责"准则，检察机关无法取代被监督的审判机关或行政机关，对行政诉讼的法律监督的实现必须通过被监督机关自我修正。这是制度运作中的核心难题，亟须深入阐释与解说。

二是行政诉讼本身"诉审三角结构"的内部监督纠错机制与检察监督机制之间的矛盾。既然内部监督纠错机制受制于行政主导体制而陷

---

① 金成波：《法治中国背景下的行政法治——中国行政法学研究会2013年年会综述》，《行政法学研究》2013年第4期；颜昕：《行政法重点问题与法治政府新课题——中国行政法学研究会2016年年会综述》，《行政法学研究》2017年第1期。

② 于新民、王赞：《首届民行检察论坛观点综述》，《人民检察》2011年第6期；于新民、肖晓峰、王赞：《依托理论研究平台 推进民行检察发展——中国检察学研究会民行检察专业委员会第二届论坛观点综述》，《人民检察》2012年第19期；曹桂芬、陈建强、肖晓峰：《民事行政检察监督实践与制度完善——中国检察学研究会民行检察专委会第四届年会观点综述》，《人民检察》2015年第9期；肖晓峰：《坚持问题导向推动民行检察理论研究——中国检察学研究会民事行政检察专业委员会第五届年会观点综述》，《人民检察》2016年第14期。

③ 龙宗智：《我国检察学研究的现状与前瞻》，《国家检察官学院学报》2011年第1期。

于失灵①，则检察监督机关能否对此强势体制免疫，这是需要理论深入阐释的命题。

三是决策层对行政权运作的失范、异化的强烈关注以及加强约束的旨向与党政"中心工作"部署实施又不得不倚赖行政权之间的矛盾。这组紧张关系体现出来的是党的"统揽型体制"内在的同一时期多重目标取向之间的何以兼容，②容易引发行政部门的"行无定则"③与检察院法院机关在司法实践中左右为难及司法裁断的不可预期。

四是既有相关研究的视角与制度事实本身的结构特征之间的矛盾。既有学界研究惯于单一视角进路的制度分析与行政诉讼检察监督实际的组合式结构特性难以契合。这导致见解与结论的内在分歧。譬如，从诉讼制度切入，基于司法独立、自治性，容易倾向得出否定配置检察监督者的论断；反之基于检察监督视角的研究易于倾向主张"行政诉讼检察监督不是可有可无，而是不可或缺，甚至必须强化"。如何避免此类基于不同研究角度生成的"成见"与"偏误"是研究行政诉讼检察监督所必须考虑的。

（二）研究意义

概言之，尽管《行政诉讼法》的修改取得了预期的效果，然而困扰行政诉讼的深层次问题仍未解决，行政审判依然步履艰难。④针对行政诉讼困境，是检察监督力度不足亟须强化升级，抑或检察监督过度需要限缩弱化，还是原本与检察监督本就无必然关联？也许对研究行政诉讼检察监督论题的人来说，迄今为止对该命题的回答尚未穷尽，是还需要持续进行发现、解释、预测、揭示的研究，以提供更多的令人信服与

---

① 何海波：《行政审判体制改革刍议》，《中国法律评论》2014年第1期；马怀德：《行政审判体制改革势在必行》，《党政干部参考》2013年第10期；解志勇：《行政法院——行政诉讼困境的破局之策》，《政治论坛》2014年第1期；章志远：《行政诉讼法修改：观念革新与共识凝练》，《江汉论坛》2014年第11期；姜明安：《行政诉讼法修改的若干问题》，《法学》2014年第3期。

② 龙宗智：《我国检察学研究的现状与前瞻》，《国家检察官学院学报》2011年第1期。

③ 李克军：《县委书记们的主政谋略》，广东人民出版社2014年版，第4页。

④ 何海波：《从全国数据看新〈行政诉讼法实施成效〉》，《中国法律评论》2016年第3期。

说得过去的解说。

本书拟对行政诉讼检察监督现象隐含的焦点性问题进行探究,即行政诉讼检察监督内涵、监督原则、监督范围、监督方式、监督构造五个层面问题进行分析。对其中行政诉讼法律规则的失灵与虚置、行政诉讼检察监督的宏大理想与实践的微弱低效之间内在困境与成因,从复合型制度视角予以深度考察与剖析。尝试从研究视野上予以突破,运用内外部视角相结合的法学研究进路,对行政诉讼检察监督的基本理论困惑及实践困境成因予以阐释、揭示。努力对既有的相关理论研究从视角与内容两个层面进行整全式的拓展,进而对行政诉讼检察监督内涵、原则、范围、方式、构造进行初步优化的理论设计,这即是本书写作意图实现的积极意义所在。

概言之,本书研究旨在解构、揭示行政诉讼检察监督法律现象的特定制度意涵及内在规律,进而在现有研究基础上拓展新的认知视角,梳理、澄清其中个别误识及片面认知,力图为规则优化及理论增进提供有益尝试。

二 相关研究与文献综述

(一)相关研究概览

长期以来行政诉讼检察监督论题的理论研究总体上并不显见于法学界,在学界影响与反响也不强烈。正是这种既非纯属诉讼法学科也非检察制度学科的特点,恰恰显现其兼有双重学科的跨学科特质。近年来随着公权力的制约问题被党政决策层予以重视,加之行政诉讼检察监督貌似蕴含"一府两院"于其中,以及党政决策强力推进权力制约举措引致日益增多的学者的关注与学术资源的投入。在学术研究及其成果表现方面有了长足发展,这在论文、论著等方面都有所体现。

1. 论文

有关学位论文研究方面,通过中国知网"专业检索"工具进行查询、浏览,分别以"TI='行政诉讼' and KY='检察监督'+'法律监督'+'诉讼监督'+'检察'"和"TI='检察监督'+'法律监督'+'诉讼监督'+'检察' and KY='行政诉讼'"两条专业检索式检索①，分别检索到 30 条、50 条文献，经过对检索到的文献逐条研读后，统计得出研究命题一致的硕士学位论文 34 篇。进一步从学科、研究机构、作者三个参考因素进行分析，发现该论题尽管归属于诉讼法与司法制度学科中，可检索到文献中学位论文作者所属专业分类上却呈现复杂样态，在 34 篇博士、硕士学位论文中有 16 篇为专业法律硕士的，有 8 篇为宪法与行政法专业的，有 8 篇为诉讼法专业的，有 1 篇为法理专业的，有 1 篇为法学硕士②。其中 20 篇硕士学位论文中，关键词中涵盖了"行政诉讼"与"检察监督"两个，其余则呈现出多样化。大体上可分为，以制度完善为焦点的；以监督路径为焦点的，如抗诉、公诉、检察建议；以检察权为焦点的，如权力配置、监督制衡。从论文分布年份来看，分别为 2007 年 1 篇，2009 年 2 篇，2011 年 6 篇，2012 年 1 篇，2013 年 5 篇，2014 年 6 篇，2015 年 5 篇，2016 年 4 篇，2017 年 4 篇。在法学硕士学位论文选题方面，总体上呈现出热度越来越高的趋势。

相同论题博士学位论文方面，共有两篇，③关键词包括了"行政诉讼、检察机关、行政诉讼再审、行政诉讼抗诉、检察建议、检察监督、利益相关者、制度分析"。以专业检索式"TI='检察监督'+'法律监督'+'诉讼监督'+'检察'"，在中国知网博士论文库中共检索到检察类论题博士学位论文 62 条。从作者的学科背景看，该类论题博士论文作者大多是刑法和刑诉专业的博士研究生。④据此，可知相同论题的博士学位论文无论在宪法与行政法专业，抑或诉讼法专业当中都居于隐性命题。

普通论文方面，如果运用严格界定方式，以篇名中须有"行政诉

---

① http://kns-cnki-net-s.vpn.jxnu.edu.cn，2021 年 8 月 8 日。
② 该硕士学位论文无法查阅作者所属具体专业，只标明法学硕士。周佳：《行政诉讼检察备案制度初探》，硕士学位论文，华东交通大学，2016 年。
③ 杨丹：《我国行政诉讼检察监督改造论》，博士学位论文，武汉大学，2017 年；赖翰蔚：《行政诉讼检察监督研究》，博士学位论文，中山大学，2012 年。
④ 王韵洁：《检察博士学位论文资源综述》，《中国检察官》2016 年第 1 期。

讼"并含"检察监督"两个核心词语为检索条件进行检索,在中国知网可检索到78条文献,但其中属于CSSCI范围的却少见,且其中被引用的情况悬殊很大,最多的是146次,而第二名则只有66次;如果采用宽泛理解,以篇名中有"行政"并含"检察"为检索条件可得到885条文献记录,其中属于CSSCI范围的有109条文献记录,且从被引用次数与发表年份来看,都呈均衡状态。① 而且从检索到的论文发表的时间来看,近年来的发表数量与层次呈现渐次增多的趋势,这与相关学位论文研究的总体发展态势基本一致。

2. 论著

以"行政诉讼检察监督研究"为论题的专著尚未出现,相关的论著多以民行检察或行政检察表述出现。主要代表性论著有:相对早期的有杨立新教授所著《民事行政检察教程》。这是本职务性行政检察教程专著。其中对行政检察基本原理与实务做出全面阐述与介绍,是在实务界中比较权威的著作。但正如作者所言,论著具有比较明显的职务性与业务性特征。该书属"一部检察业务的教材,是必须按照这项业务工作的要求写作的""职务作品"。② 还有同样是检察人士的甄贞主编的《民事行政监督难点与对策研究》。该书属典型的"检察系统的检察人员作品",检察部门色彩深厚。③

张显伟、杜承秀、王丽芳合著的《民事行政诉讼检察监督制度研究》是一本比较纯正的相关论题的专著。该书针对民行诉讼检察监督的原理、现实困境、制度改善等方面进行相对全面的阐述。提出了一些有一定学术价值的论点及其论据,如认为"将法律监督与干预审判活动相混淆观点不足取"、检察监督程序性决定了其权能的有限性和非终局性等。因此,肯定民事行政诉讼检察监督的地位,并不意味着对审判独立的否定,两者实为相互制衡、辩证统一的关系。④

---

① https://kns.cnki.net,2021年8月9日检索。
② 杨立新:《民事行政检察教程》,法律出版社2002年版,"后记"第8页。
③ 甄贞主编:《民事行政监督难点与对策研究》,法律出版社2009年版,"序言"第1页。
④ 张显伟、杜承秀、王丽芳:《民事行政诉讼检察监督制度研究》,中国法制出版社2011年版,第56页。

张步洪所著《行政检察制度论》是以作者"中国行政检察制度研究"为题目的博士学位论文为基础修改而成,"作者试图探寻的,不是扩张检察权的理论根据,而是行政检察的合理边界与有效规范"。作者强调,行政检察主要是指检察权依法监督行政权的制度与活动,而不是检察机关对行政审判活动实施法律监督。[①]

王鸿翼所著《规范和探索,感性与理性——民事行政检察的回眸与展望》一书同样也是检察人士所著。该书是个人文集形式的专著,结合作者职务经历对涉及行政抗诉检察监督原理及实践中存在的诸多命题进行了相当有创新性的探究,与一般职务类著作不同,其中不乏真知灼见。[②]

傅国云所著《行政检察监督研究:从历史变迁到制度架构》一书,是近年来研究相关论题的新作。作者认为,检察机关专门法律监督权作为一种独立的公共权力,应当坚持有限监督的原则,超然于各种利益纷争,尽力做到客观公正,监督权的运作始终围绕公共权力这个轴心,以权力制衡为目标。在现实中要避免监督权力过度扩张,提出了"有限检察监督论"。[③]

由最高人民检察院民事行政检察厅郑新俭主编的《人民检察院行政诉讼监督规则(试行)理解与适用》是一本代表检察机关对最新行政诉讼检察监督司法解释的适用性论著,其中主要对该规则条款进行逐条释义。作者的角色特征在该书体现得比较明显,譬如对学界一直争议的行政诉讼检察监督范围,本书提出了"全方位、全过程"范围监督论。[④]

综上可见,行政诉讼检察监督的论著主要由检察部门人士出品的特点显著,学界对该领域系统的、全面的研究关注不够、投入不足。尽管

[①] 张步洪:《行政检察制度论》,中国检察出版社2013年版,第4—5页。
[②] 王鸿翼:《规范和探索,感性与理性——民事行政检察的回眸与展望》,中国检察出版社2013年版,第1—2页。
[③] 傅国云:《行政检察监督研究:从历史变迁到制度架构》,法律出版社2014年版,第70、100页。
[④] 郑新俭主编:《人民检察院行政诉讼监督规则(试行)理解与适用》,中国检察出版社2016年版,第8页。

不能否定这类特定部门作者作品认知的理性与中肯之处，但囿于职业思维习惯，导致其内容观点存在职业倾向上的可能。由此，对其中的个别观点与阐述尚需辩证看待，也进一步提出对此领域由更具中立性的学界投入相关研究的客观必要性及其带来学术争辩的理论意义。

(二) 成果局限与拓展方向

1. 成果局限

综观相关研究文献可知，行政诉讼检察监督的专门研究的高层次学位论文与专著稀少。这与长期以来对该领域关注度不高是相一致的，近年来的发展势头增强与国家、社会整体对相关领域的关注及党政决策部门强力推进紧密相关。但这种基于社会客观强烈需求，连同党政决策强力推进带来学术研究的积极效应明显的同时，其消极影响也是客观存在的。表现出学术本身演进的积累不足所呈现出基本原理与具体的知识点的不严密与欠缺理性深度。因而在文献中存在个别趋同性现象，知识整体性增量还有待提升。

具体表现在基本概念泛化凌乱，检察部门主义明显。譬如，行政检察内涵、行政诉讼检察监督、行政诉讼法律监督、行政违法检察监督、行政诉讼检察、行政公诉等系列概念在内涵上基本不作区分与界定，或是仅仅以广义与狭义泛泛指称。这不仅造成立法或制定司法解释时具体规则的权责难以界定，更加容易导致实践中各自部门利用法律概念内涵的泛化作部门主义的曲解，引起司法实践中的不规范与难以预期性。[①]

对行政诉讼检察监督原则理论研究精度不够，政治色彩与宏大论证较多，如从国家层面权力制约与平衡出发进行阐述"检察权控制行政权原则、权力制衡原则等"[②]。缺乏对行政诉讼检察监督制度本身特质的把握与判断，进而提炼出相契合的、高度体现制度根本内核、精神理

[①] 郑传坤、刘群英：《论完善检察机关对行政诉讼的法律监督》，《现代法学》1998年第2期；胡卫列：《行政诉讼检察监督论要》，《国家检察官学院学报》2000年第3期。

[②] 高威：《行政诉讼检察监督实证研究——以内蒙古自治区为例》，硕士学位论文，内蒙古大学，2017年；戴严：《论行政诉讼检察监督制度的完善》，硕士学位论文，南京师范大学，2013年。

念的准则，导致行政诉讼检察监督在制度基本内核、价值观念、功能定位等方面无法与基本法学原理相统一起来，既降低了行政诉讼检察监督制度自身的法律属性与法理正当性，也直接导致制度规则缺乏统率的理论根基，难以保障实效与体系化。

擅于制度目的理想化预设，对配套体制、制度运行条件关注不够，对监督范围盲目求大求广。传统监督制原本基于权威而实施上对下的监察、督促以确保权力中心意志利益得以保障实现之目标，其与现代法治理念存在难以兼容之处。当下行政诉讼检察监督却是要将传统的监督制度理念嫁接至检察权与审判权的平等性"监督"领域，[①] 因而存在的必备配置条件——层级性——的缺失。但由于检察监督权无法通过执法查处方式监督行政诉讼，这种特定监督对象及其活动的多元、流动、变迁、裁断性特征又使得检察权无法保障其监督意志得以直接实现，而必须由被监督者自行纠错。这种对等业务"火警式"监督[②]的实质是"司法复核"。因而对这种"司法复核"监督的运作条件与机制的探究是研究的重点方向，而非单纯在监督范围上的求全与求广。

监督目的与功能的阐述与定位不清。监督目的上有统一正确实施法律说、维护公益说、法律关系维护说、保障司法公正说与权利救济说等。但对何谓"法律的统一正确实施"，其实现条件、标准与机制等问题则时常流于宏观层面的表述，亟须对其精细化探究。在诸多多元监督目标之间的协调一致性方面，缺乏整体性阐释及其冲突时选择机制的讨论。

总体上，行政诉讼检察监督法学基本原理薄弱，部门实务主义突显、功利性较强，制度规范性与法理正当性亟须深化论证与提升。

2. 拓展方向

研究预计拓展方向主要体现在：基本范畴之梳理界定，奠定学理分析与制度规则设计的前提；深入阐释制度的原理，从基本原则角度揭示

[①] 孙笑侠、冯建鹏：《监督：能否与法治兼容——从法治立场来反思监督制度》，《中国法学》2005 年第 4 期。

[②] [美]詹姆斯·W. 费斯勒、[美]唐纳德·F. 凯特尔：《公共行政学新论：行政过程的政治》第二版，陈振明等译校，中国人民大学出版社 2013 年版，第 284 页。

制度的价值、运行、规则等方面根本性精神理念与实质内核；深入剖析制度事实维度蕴含的多重权力关系及其导致的利益相关者之间的多重行动逻辑，归纳出制度运行的实质支配力量与实践特质，以此检讨"监督扩权论"的局限之处；从法规则及实务层面深入全面剖析行政诉讼检察监督方式及构造的沿革、难题及其优化。

已有的研究尚未对"行政诉讼检察监督"的内涵加以精准明晰界定，亟须精准确定其内涵与外延，以保障研究主题的相对一致性。对体现制度特质的原则进行深入阐释并精炼抽象，确立制度的理论根基及规则适用指引。对全面性监督与事后有限性监督进行目标正当性与现实可行性做深度的辩证统一剖析与论析。在现有多元监督方式基础上，结合行政诉讼检察监督本身制度"多重法律监督"和"复合型制度"特质理性务实将现有监督方式类型化、体系化以提升监督方式的递进层次逻辑性，进而增强不同监督方式的可行性与实际效果。

针对现有"上抗下审四边形"监督程序、机制构造低效、空转弊端，切实全面剖析现有机制的成因及其优化改造的可能空间，这也是研究的关键性方向。

通过基本概念内涵的精确定义及其外延的划定确定研究主题的内容。通过对监督原则的深度阐释与提炼为制度提供牢固的理论根基与实践的指向标。通过对监督范围的务实确定，可较好地协调解决检察院法院之间的对立、为实现更高价值位阶创造条件。通过对监督方式的类型化、体系化改造，使监督方式能灵活而有权威地适用至不同监督事项，提升监督公信与实效。通过监督程序、机制构造的优化升级，精减其不必要环节与程序周期，可为实现监督宗旨及高效实施监督方式提供结构上的支撑。

因而，行政诉讼检察监督的基本概念、监督原则、监督范围、监督方式和监督构造等主题是对相关研究领域进一步深入与推进的重要方向。对这些理论与实践论题的展开研究与探讨既有补足已有理论认识的意义，也颇具实践指导作用。

三 研究重点、难点与结构布局

（一）研究重点

对行政诉讼检察监督基本概念内涵及其外延在现有学术分歧与实践流变的现状基础上充分细致梳理，对其中的若干模糊与偏误予以澄清，并在紧扣历史、密切关联实践和严格遵从语义逻辑的基础上予以精准界定。譬如，行政诉讼检察监督内涵界定时往往与行政检察、检察行政公益诉讼、行政违法检察、行政诉讼法律监督等相关概念之间混同运用。对此，本书主张从语义及事实逻辑严格限定行政诉讼检察监督内涵及外延，即行政诉讼检察监督是指检察机关对行政诉讼活动的监督，其宗旨在于通过个案督促纠错、辅助性保障行政诉讼法律规范得以实施。

多重法律监督关系的解析与阐述也是本课题的一大重点。行政诉讼检察监督制度本身包括多重法律关系：一是基础性的法律关系，即行政主体与行政相对人的行政法律关系。当这种法律关系以行政争议形式被当事人起诉至法院后，进而生成了行政诉讼法律关系，这是递进性的第二层法律关系。该层次法律关系在构造上呈现出的特点是以法院为主导以行政主体与行政相对人的行政争议法律关系为基石的诉判法律关系，是一种典型的三角构造关系。当这种三角构造关系运行当中存在违法或错误时，便有了检察机关的介入对其进行纠偏与督促。这就是第三层次的法律关系，即行政诉讼检察监督法律关系。在该层次法律关系中，检察机关作为监督主体，以行政诉讼为监督对象，通过发现、调查核实、警示建议、督促纠正、抗诉等路径进行辅助性的保障工作，其宗旨在于促进、保障行政诉讼法律规范在行政诉讼活动中得以统一正确实施。多重法律关系相互嵌套并存，对其予以全面精准的梳理、辨析无疑是本课题研究的一个重点。

行政诉讼检察监督原则是贯穿于行政诉讼检察监督运行之中，体现其核心功能、价值和理念并用以指引相关理论、规则与实践的基本准则。在全面梳理剖析现有文献基础上，紧密结合制度特质及法律原则精义、特征及判断标准，精炼提出合法律性监督原则、司法公正协同原则、程序性监督原则,重述行政诉讼检察监督根本性规则体系。能更好地将行政诉讼检察监督的制度价值定位、实践规则精义及其运作规律特点予以揭示阐释,既可为制度提供牢固的理论根基,也可使理论与实践更加有机结合、良性互动,还可为与相关制度进行理论对话提供基本的理论范式。

侧重司法解释研究题材剖析,从公权力关系及复合型制度行动逻辑角度辨析"全面性监督"与"事后有限性监督"的两种论说的片面与局限,深入诠释"强势监督"与"弱势监督"的辩证转化之内在原理,论证复杂公权力关系与多重实践逻辑的"动态平衡监督范围论"的合理性及其深刻意义。

(二) 难点

复合型制度特点及其隐含的多元权力关系、多重实践逻辑并存于行政诉讼检察监督法律现象之中。因而,选择稳妥确切的研究视角并确定整体研究的主线成为本课题的一个不得不颇费心思考量的难题。面对此种以复合型态呈现的制度,对其运行的原理、规则的特性、规律进行研究时,势必以能涵盖多重权力关系及制度逻辑的媒介予以考察与探究才可能更加贴切其制度原初状态与本质。正是基于这种制度特点考量,选取司法解释为主要研究素材,试图从制度宏观、中观、微观紧密联结层面进行整全性和实操性剖析,以提示制度的本质规律与样态。

复合型制度中存在利益相关者多元化,既有公权机关,又有私权个体;既有宏观维度的权力牵制与均衡的功能预设,又关乎中观的部门政策的制定与价值利益取向,还关乎微观具体的部门权力与个体权益间的博弈。同时还面临检察监督制度与行政诉讼制度"双重法律制度移植"的理念、规则及实践要求与本土资源及特色国情在政制惯习与文化价值观方面呈现出来的巨大反差之间的兼容困境。而域外相同制度比较法研习的缺失,也为全面讨论诸命题时增加了难度。

(三) 结构布局

在结构上,文章总体上大致以"总分"模式进行布局。

首先，以导论部分对研究的背景与意义、研究文献与综述、重点与难点和结构、可能的创新与局限、方法论等研究的基础性问题进行介绍与说明。通过导论为研究具体展开提供基本背景与概要阐述。

其次是概说部分，该部分对行政诉讼检察监督的基本原理进行总括式的阐释与解说。具体涉及的内容有基本概念解析、制度历史变迁、域外立法例考察等。其中，对行政与行政诉讼、监督、法律监督与检察监督、行政诉讼检察监督的基本内涵及其外延，基于"历时性"与"共时性"两个维度进行深入解析与阐释。尤其针对这些概念中蕴含的逻辑层次进行梳理、辨析，进而借助司法解释维度的研究框架，对这些概念相关的制度运行特点与规律加以归纳与提炼，并形成各自的制度逻辑特性。

再次，在深入思考制度特质及其在整体国家法制的定位基础上，结合法律原则的精义、特征、判断标准，精炼抽象出行政诉讼检察监督的根本性规则，即合法律性监督原则、司法公正协同原则、程序监督原则。深入阐释制度的理论根基及其内核，解说行政诉讼检察监督的核心内涵，尝试重述其原则体系。

复次，分别以监督的范围、方式、构造为第四、五、六部分。这三部分共同组成研究的本体论，也是论文的核心所在。为弥补现有相关研究的忽视与缺漏，在体系功能上是在前述铺垫性研究的基础上，进一步深入制度的主体构成部分。具体包括监督范围、监督方式和监督构造三大要素，换言之，即是监督谁、何以监督和如何监督的问题。当然，为全面透彻剖析制度的隐含属性、规律及其特点，会在三大要素的考察分析时，基于贯穿始终的权力主线和围绕该主线而呈现于实践中的制度规则及其实施者之间的动态与静态表现描述加以研究分析。其中，行政权的主动性、上命下从逻辑，和审判权的被动性、中立与判断逻辑，以及检察监督权的主动被动双重性、一体化及其辅助性、保障性、督促性等属性与功能将被深度阐释与论证。并在监督范围的厘定及重新定位、监督方式的类型化及其体系化构建、监督构造的全方位模式提炼及其优化方面进行重点阐述。

最后，是以结论形式对前述内容的核心观点进行重述，并对行政诉讼检察监督的发展予以展望作为论文的落脚点。该部分强调我国"统揽全局、协调各方"总体权力架构和党政一体化运作机制的背景下，行政诉讼作为化解官民矛盾的一种平衡机制而发挥其功能与价值。因而，既在客观上不可或缺，具有制度特色及优势的同时又有其内在局限，即当下行政诉讼的"侧重点是"及时化解个案官民争议，而在推进整体性法治行政之制度功能尚有较大提升空间。笔者以为，此种状态只是当下特定时期内的快速、异质、多变社会转型时期的必然现象，假定政治、经济、社会要素持续当前状态发展下去，行政诉讼检察监督的作用将会逐步地走向规范化、理性化与弱化的趋势是本书的一个基本推测。但这并非意味我国检察监督制度总体性式微，而是某些制度方面则会有更广大拓展空间，如行政公益诉讼制度。

四 研究可能的创新与局限

（一）可能的创新

1. 研究视角创新：复合型制度角度

本书以"我国行政诉讼检察监督研究——以复合型制度为视角"为题，侧重从检察监督制度、行政诉讼制度、行政制度及公民权制度之间的相互交错混同方面，对行政诉讼检察监督现象进行深入考察、分析。这种研究进路有研究视角开阔、整全性的相对优势，既可以避免从个别制度出发探究问题的角度偏差、认知狭窄的不足，也更能契合研究标的本身特有的主体多元、公私权力（利）交织、法律关系多重、实践逻辑和利害关系多重制度结构特点。因而，针对如此典型的颇具"复合型特质"制度，研究角度上的单一化难以全面揭示其规则特质与规律。现有研究中，明确以复合型制度为研究切入点的文献稀少，确立这种整全性研究角度也可较好弥补在行政诉讼检察监督研究领域内这一不足。努力从多重制度方面进行全方位考察、探究制度中的权力、利益关联，进而总结提炼出相对应的制度运作逻辑，揭示当下制度运作的内因与外因，为相关具体规则优化及实践成效提升提供理论依据。

2. 题材选取的新意

作为制度与实践转换器的司法解释（含司法解释性文件），在实践中，司法解释可视作制度的中观层面的分析对象。相较之法律规范的宏观与司法实践的微观层面的分析，司法解释是承上启下的关键，标志着法律向实践转化的中间环节。检察院法院凭借司法解释能适用性地将国家政策与制度安排部门主义化，自己制定司法规则、自己实施规则。因而司法解释既是国家制度与司法实践的联结媒介，也是行政诉讼检察监督复合型制度的具体化。由此，以司法解释为主要题材能与复合型制度视角相契合。通过相关行政诉讼检察监督的检察院法院司法解释的全面细致梳理及剖析既不失全面又能上可关联法律下可导向微观之实践。龙宗智教授也特别强调了检察政策研究在检察学研究中的重要地位。[①]

3. 个别论点创新

提出并论证行政诉讼检察监督"多重法律监督性"的本质论断。基于经验与逻辑双重维度，明确指明行政诉讼检察监督内在特质体现在"三重行政法律实施的监督性"，既有检察监督权对司法审判权和诉权的监督，又有嵌套于其内的司法审判权对行政权执法权的监督和部分行政执法管理权对行政相对人的执法监督。"多重法律监督性"的论断更加深刻剖析揭示行政诉讼检察监督的根本内涵及其特质，为解读辨析制度规则及完善提供基本原理。

提出并阐述"合法律性监督原则"，以此作为统率行政执法、公民维权、行政诉讼及行政诉讼检察监督之整合性基准，以此基准切合检察机关宪法意义上的"国家的法律监督机关"的身份与角色定位。不同于"合法性监督原则"或"依法监督原则"的泛泛表述，合法律性监督原则是本质上体现行政诉讼检察监督复合型制度特质的根本性规则，其内涵精义是以严格意义上的"法律"作为契合检察监督与行政诉讼、行政管理三种公权力活动的最基本公约数而立论。否则行政诉讼检察监督将会导致事实上检察权、审判权、行政权"三权分立"的局面，各

---

① 龙宗智等：《知识与路径：检察学理论体系及其探索》，中国检察出版社2011年版，第98—104页。

自以自己政策、规则各司其职、各负其责。这将导致整体议行统一权力架构虚化。只有以法律为检察监督基准，才能既体现国家法律监督机关职能定位，也能契合行政审判的合法性审查原则，还能倒逼真正意义的行政合法化。"合法律性监督原则"还能填补当下理论对行政合法性、行政合法性司法审查、行政诉讼合法性检察监督这三个关键性命题的各自内涵及其本质逻辑关联的认知空白。

(二) 局限

实证分析的案例数量相对较少，尚不足以从数据上提供相关论断的充分的完备数据基础。尽管通过典型代表案例的个案麻雀式剖析，并以此进行逻辑推论也有逻辑保证，但数据的更加充分当然能提供更有说服力的论证。相关行政抗诉法律文书无法在检察机关官方系统的公开渠道获悉，也是这种实证素材相对欠缺的一个不足。

五 方法论与研究方法

(一) 法学方法论说

方法及其恰当地选择运用对科学研究的重要性历来受到推崇。"工欲善其事、必先利其器"之说就是很好的阐释。自然科学家查尔斯·罗伯特·达尔文（Charles Robert Darwin）曾说"方法知识是最重要的知识"。德国著名法学家弗里德里希·卡尔·冯·萨维尼（Friedrich Karl von Savini）也指出，"一切的进步在于方法"。[①] 当然，除了具体方法，科学研究的成功还需要其他的因素的辅助，有时甚至是关键性的。凌斌教授根据多年教授法学论文写作课程的经验，精炼地概括出，"一个大体的研究过程，是因疑而问，因问而学，学而不得，则有研究"。论文写作离不开技法，但归根结底，是怎么做学问的问题，其凭借的是

[①] 王泽鉴：《请求权基础：法学方法与民法发展》，2014年11月3日，中南财经政法大学演讲报告。http://www.aisixiang.com/data/81422.html，2017年8月20日。

研究者的独立思考和辛勤努力。① 可见研究方法是科学研究中的基础性、重要性的必备要素，完全不讲求方法，随意率性地研究而获取科学重大成就也只能是个别天才型研究者的偶然现象。

（二）传统法学研究与社会科学法学研究：内部视角与外部视角

许多学者针对法学研究方法进行了不同视角的深入梳理、概括与阐述，提出诸多方法论见解。梁慧星教授在讲解法学学位论文写作方法时，基于对法律的七大性质（规范性、社会性、逻辑性、概念性、解释性、目的性、正当性）提出了涵盖法解释学、比较研究、历史研究、法经济学、法社会学等方法。② 喻中教授在其专著《法学方法论》中基于自身多年法学理论研究及丰富实践经验，从法学论文写作的立意、角度、坐标等技巧角度，进行了"九对辩证式范畴"的细致解析，为法学研究路径选择提供了"细致的、集整体性与融贯性为一体"的智思之路。③

规范研究被视为我国传统的主要的法学研究方式，尽管在学界运用及表述时各有侧重与灵活不一，但基于研究对象的社会规范性属性，在方法上主要以规范本身的价值、逻辑、结构、解释、运用、完善等方面为研究切入点，因而可以称该种方法为"内部视角"的研究方法。但长期以来尚未生成统一、共识性的研究方法论层面的"范式"。谢晖教授通过检讨长期以来中国法学研究对象模糊及缺乏学科自主性之不足，试图回答"究竟什么是规范分析方法"以及这种方法何以是中国法学中最基本的方法和独有的方法。他从"法的合法性、法的运行效果、法的实体内容，全方位考察法的构成要素"，阐明由价值体、运行效果及规范体系所构成的"制度事实"是中国法学规范分析的对象，指出"规范分析方法"即是"一种合法/非法、运行/效果、权利/义务分析

---

① 凌斌：《论文写作的提问和选题》，《中外法学》2015 年第 1 期。
② 参见梁慧星《法学学位论文写作方法》（第 2 版），法律出版社 2012 年版，第 83—86 页。
③ "学与术""远与近""新与旧""宽与窄""褒与贬""信与疑""内与外""古与今""法与人"等。参见喻中《法学方法论》，法律出版社 2014 年版，"序"第 5 页。

方法"。① 该研究范式从法律规范本身出发，注重其内部独特的逻辑结构及规范价值，体现了研究的内部角度、对策功能和形式主义的紧密结合，在法学观念上体现了较为深厚的形式主义色彩。然而该方法论对法规范的"社会运用条件"和"理论抽象"方面稍显弱化，尤其是针对诸多法规范在社会生活中施行的必备客观条件及充分性方面关注不够，或只是在分析规范实效及完善时作为次要内容做简化处理。

陈瑞华教授指出法学界长期以来普遍存在的对策法学研究和注释法学研究现象及其存在的根本局限是"仅仅站在法律之内看法律"，难以走出自说自话、循环论证的"逻辑怪圈"②，倡导"社科法学研究范式"③，主张"从经验到理论"的研究进路。该研究模式注重以既有理论尚无发现或尚未充分阐释的法现象隐含的问题为逻辑起点，予以描述性、解释性研究，进而提炼相应解释性概念、模式化理论的社会科学研究方法对传统规范法学研究进行创造性补充。④

（三）社科法学方法评论

社科法学作为一种新的法学研究范式，尽管本身存在局限，但在学界已有相当发展成就，方兴未艾。其研究中主要基于法规范作为社会规范性特性，在施行的理想的社会条件的解析、实际定在的社会条件的梳理、理想与实际条件的差距的比较、对法律施行的实效状态（有效、无效、失灵、失效、扭曲、异化等）和对法现象隐含诸理论、解释性概念、类型模式的提炼与解说等则是该研究方法论的侧重与方向。这种方向与规范研究侧重内部视角不同，是一种社会条件性的。从这种意义而言，近似于一种常见的"语境论"的研究范式，如龙宗智教授强调的，"需要采取条件论和语境论的观点，即承认制度运行的条件比制度

---

① 谢晖：《论规范分析方法》，《中国法学》2009年第2期。
② 陈瑞华：《法学研究方法的若干反思》，《中外法学》2015年第1期。
③ 范式是指特定科学共同体成员所共有的范例，共同体内成员共享的信念、价值、技术构成的整体，由共享的"符号概括、承诺的信念、价值"三种主要成分组成。[美]托马斯·库恩：《科学革命的结构》（第四版），伊安·哈金导读，金吾伦、胡新和译，北京大学出版社2012年版，第147—155页。
④ 陈瑞华：《从经验到理论的法学研究方法》，《法学研究》2011年第6期。

本身更重要。"①

总之，无论是从内部视角研究的传统法规范研究，抑或从外部视角研究的社科法学研究，都离不开法的"社会规范性"这一核心要旨。换言之，社科法学能体现出法规范的工具价值，即法规范在规范社会活动时，其自身难免成为被诸如权力、政治、经济等力量调节的可能，成为被建构的法律场域。而规范研究注重的法律场域作用的独特范围及逻辑方式，体现了法规范的形式主义。然而，这种结构意义的规范体系也只能在社会的视野下寻求其作用的时空场域及其可能条件。因而，规范社会的法规范就需要作法哲学上的辩证统一理解，正如布迪厄所断言，法律场域的理论研究也隐含着"结构的建构论与建构的结构论"相统一的哲理。② 从而克服了理论研究的主观主义与客观主义的各自局限，实现主、客观的有机融合。

（四）我国行政法学方法论说

针对我国行政法学研究方法论，不同学者从各自观察视角给出了解说。包万超教授认为"传统的注释法学和规范行政法学都偏向于视行政法为既定的和静止的外生变量。这种外部视角的形式主义研究进路过于关注规范的逻辑结构及其解释运用，往往忽视制度中无处不在的'人'的因素"③，"长期以来，行政法学者在描述、解释和预测行政法现象时一直是以双重假设为前提的：个人在市场上（个人决策领域）受自私自利的动机驱使，在政治决策（集体决策）场合又摇身变为克己奉公的圣哲。"正是"人"的缺席，成了现代行政法学危机的根源。基于此，他倡导，"行政法学要以'人'的回归为出发点重返社会科学的命题"，主张考察行政法背后的政治、经济、社会基础和人类的行为

---

① 龙宗智：《观察、分析法治实践的学术立场和方法》，《法学研究》2011年第6期；法学研究中的条件论或语境论，近年来持该类论断者呈现普遍化趋向，例如：布迪厄：《法律的力量——迈向司法场域的社会学》，强世功译，《北大法律评论》1999年第2期；贺欣：《转型中国背景下的法律与社会科学研究》，《北大法律评论》（2005）第7卷·第1辑，第21—36页。

② 邓玮：《论法律场域的行动逻辑——一项关于行政诉讼的社会学研究》，博士学位论文，上海大学，2006年。

③ 王敬波：《基于公共选择理论分析〈行政诉讼法〉的修改》，《法学杂志》2015年第3期。

动机等法规范施行的社会外部条件,建立中国的实证行政法学。通过构建"一种以'人的理性选择'为分析中心的制度学说,即不仅仅是从制度的文本结构和逻辑关系去研究制度本身,还需从作为此在的人出发,考察关注自我利益而彼此依赖的个人如何在既定的约束条件下作出选择并最终决定制度的存废和变迁"①。通过检讨行政法学者常见的"官—民""公益—私益"二元对立研究范式在行为动机假定上隐含的二重性缺陷,力图构建一种行政法的"个人主义方法论",使方法上的个人主义成为一切分析的前提。②

章志远教授结合近年来中国行政诉讼法学研究历史演变,明确指出其局限性,即"案例研究者惯于聚焦裁判文书,而忽视其背后的'故事',难以充分揭示裁判者的行动逻辑和处事策略;经验研究者聚焦于试点改革实践,但对样本价值的'射程'往往估计过高,致使其理论提炼缺乏稳固根基;原理研究者的过于哲理思辨,少于司法实践之结合,其概念演绎能否经受实践证实同样存在隐忧。"主张既要"仰望星空"——关注重大理论研讨,也需"脚踏实地"——密切联系司法实践,还需以"世界的眼光"——直面"中国的问题意识",找准中国行政诉讼理论与实践中的难题与困境。他还倡导从行政诉讼所处的整体权力架构这一外部视角进行研究。③

著名行政法学者罗豪才与宋功德运用社会学家布迪厄的"场域"理论对行政法的治理逻辑进行了颇具创见的重构性解说。他从分析传统行政法以行政权为轴心的理论在行政活动主体行动假定上的失之偏颇,进而导致行政行为理论视角的现实偏差,指出其难以切实反映与解释实践中诸多行政法现象之局限。进而提出行政法学研究理应关注行政活动中的行动逻辑的关系性和主体行为选择多样性,从行政行为视角进入行政活动关系视角及行政活动行动者的场域当中。这样才可能更好地解说行政法承担的矫正私人与公共选择双重失灵的主旨与本意。④

---

① 包万超:《面向社会科学的行政法学》,《中国法学》2010年第6期。
② 包万超:《公共选择理论与实证行政法学的分析基础》,《比较法研究》2011年第3期。
③ 章志远:《晚近十年的中国行政诉讼法学研究》,《清华法学》2015年第1期。
④ 罗豪才、宋功德:《行政法的治理逻辑》,《中国法学》2011年第2期。

总体上，我国行政法学研究方法与上述传统法学研究方法的发展相一致。体现了从传统的规范研究到多元研究视角及方法的拓展演变，既丰富了原有的研究手段与进路，也体现了理论与实践的更加有机紧密的结合。从而更能充分切实解答行政法实践中诸多法定逻辑及秩序与现实逻辑及秩序之间的背离，也为弥合此类悖论提供了理论资源。

（五）本书研究方法

一种值得尝试的思考法律现象的方法并不是纯粹从法律规则出发，而是从思考人的动机和心理状态出发。① 本书在选择研究方法时，借鉴上述法规范研究与法社科学研究各自特色及长处，努力尝试透视隐含了"制度—行动者"关系的司法解释题材，在"坚守法律规则"与"掌权者实际权力变通"这对悖论凸显的实践中，② 更需要对制度与制度中的行动者甚至于制度外相关行动者之间的互相依赖及互相制约关系予以辩证的考察与探究，而不是片面地仅从制度规则或制度行动者单方向的切入，单纯以内部视角或外部视角审视法律现象，往往难以揭示法律现象的真实面目及其内在联系。

换言之，本书在分析时，不仅把公民、行政官、法官、检察官复原为普通人，更重要的是制度中的人，这也是体现理论联系实际的朴素道理的方法考量。正如胡玉鸿教授所言，"法学即为人学"。③ 法学研究的重要任务之一，就是通过对法律制度事实及其相关现象进行本质的分析与定位，从中揭示出法律场域中各具特色的人的本能、需要、目标与价值取向。对法律的分析，并不仅仅是对法律条文语言含义的解读，更为重要的是透过纷繁规则的表象，解构实际支撑每一具体规则的人学依据。④ 诚如法国著名学者莫里斯·奥里乌（Morris Oriu）所言，"行动者——再次把我们带回到一个再古老不过的真理：法律制度的重要因素

---

① ［美］理查德·A. 爱波斯坦：《简约法律的力量》，刘星译，中国政法大学出版社2004年版，第425页。
② 冯仕政：《法治、政治与中国现代化》，《学海》2011年第4期。
③ 胡玉鸿：《"个人"的法哲学叙述》，山东人民出版社2008年版，第1—8页。
④ 胡玉鸿：《"法律人"建构论纲》，《中国法学》2006年第5期。

乃是法律当事人，因为他们都是富于生命力和创造力的人"①。就此而言，"制度"是与"人"在同一层次上的，它们相辅相成。②

尤其是在法治与政治一并成为急剧转型中国实施"赶超型现代化"重大战略中两大支柱的当下。这种既关注于制度规则，又关注构成制度社会过程化中的个人行动的过程分析，既能突出制度规范的结构性，又不偏离个体的人的主体性、策略性及其能动性对制度结构的建构性。这是力求贯穿本书研究始终的方法论核心思想，力图将规范分析的公共选择方法与规范运行实践的"个体主义方法"融会贯通。当然在此方法论指引下，结合行政诉讼检察监督论题复合型制度特点及其内在"多重实践逻辑"，综合运用历史分析、规范分析、价值分析、公共选择理论分析与个人主义方法论、数据统计与个案分析的实证分析、法社会学分析等具体方法，对行政诉讼检察监督予以深度全面考察、梳理、剖析、解说。

---

① ［法］莫里斯·奥里乌：《法源：权力、秩序和自由》，鲁仁译，商务印书馆2015年版，第116页。
② 汪丁丁：《制度分析的特征及方法论基础》，《社会科学战线》2004年第6期。

第一章 行政诉讼检察监督制度概说

本章主要包括行政诉讼检察监督密切相关的基本概念阐释,以及我国行政诉讼检察监督的历史沿革概述,并对域外相关立法例及类似制度进行考察比较。在对基础性的行政与行政诉讼、监督、法律监督与检察监督两组概念的字源、词源及中外概念演变史大致梳理解析基础上,厘清行政诉讼检察监督的内涵及外延。进而对我国行政诉讼检察监督制度的历史变迁予以考察与评述,总结其中的历史发展脉络及若干规律。以我国行政诉讼检察监督制度的制度功能及其变迁规律为比较着眼点,对域外代表性国家的类似制度进行立法例考察,力图对既有的域外比较法实践描述的不实之处及其理论偏误进行辨析与廓清。通过上述三方面基础性内容的研究,为行政诉讼检察监督制度的进一步研究进行铺垫。

第一节 行政诉讼检察监督基本概念阐释

学者们对法学概念在研究中的重要性给予了重视。"法学概念是解决法律问题的必备工具,它可以将我们对法律的思考转变为语言,以一种可理解的方式把这些思考传给他人。"[①] "法的概念和范畴是一切法律的基本生命形态,而成为法学的基本致思对象,也是法学的基本

[①] [美] E. 博登海默:《法理学——法律哲学与法律方法》,邓正来译,中国政法大学出版社2004年版,第504页。

运思工具。"① 尽管也有论者警示"万勿把概念当现实"②。但作为法学理论研究与交流的工具，研究论题涉及的基本法学概念的明晰与通透是进一步研究的基础。行政诉讼检察监督涉及的基本概念包括行政诉讼、检察监督、行政诉讼检察监督三个。为全面分析着想，试将其进一步分解为行政与行政诉讼、监督、法律监督与检察监督，以及行政诉讼检察监督三组内在紧密关联的概念分别阐述。

一 行政诉讼界说

（一）作为行政诉讼前提的行政

1. 中外行政定义概览

中外不同学科学者对行政进行了不同的研究与概括。日常语义学认为，行政是指"行使国家权力的（活动）或机关、企业、团体等内部的管理工作"。③ 强调国家权力属性和管理特征。同样，在法学学科中通常从管理角度解释行政，即"泛指各种管理工作，专指国家行政机关及法律、法规、规章授权的组织的组织管理活动。"④ 可见我国在人们日常生活中与专业学界对行政现象的描述、认知及理解基本以"管理"为核心，以其作为界定行政内涵的基本属性。

马克思主义经典文献中从社会化劳动分工角度对行政的内涵进行了类比式解说，指出，"一切规模较大的直接社会劳动或共同劳动，都或多或少地需要指挥，以协调个人的活动，并执行生产总体的运动所产生的各种一般职能。即一个单独的提琴手是自己指挥自己，一个乐队就需要一个乐队指挥。"⑤ 强调从社会劳动经验事实中归纳出行政作为组织性、指挥性活动的特质。域外政治学也从社会生活经验事实中总结行政

---

① ［法］让·里韦罗、［法］让·瓦利纳：《法国行政法》，鲁仁译，商务印书馆2008年版，"前言"第2—3页。
② 苏国勋：《从韦伯的视角看现代性》，《哈尔滨工业大学学报》（社会科学版）2012年第2期。
③ 中国社会科学院语言研究所词典编辑室编：《现代汉语词典》，商务印书馆1996年版，第1409页。
④ 大辞海编辑委员会：《大辞海法学卷》（修订版），上海辞书出版社2015年版，第45页。
⑤ 《马克思恩格斯全集》第23卷，人民出版社1972年版，第367页。

含义。"从广义上讲，行政就是对生活进行管理。行政已被看作：处理信息的事情，保持控制的问题。行政的基本含义是指协助、服务或作为某人的管家的活动。"① 域外行政学者认为，"行政乃是政府当局，有时是私法机构，为满足公共利益的需求，必要时运用公权力的特权来推展的活动。"② 突出强调行政目标的公益取向。外国公共行政学者将公共组织的公共属性归结于"执行法律和因为源自于法律的非常的存在"，进而指出，"从本质上说，公共行政包括向上的政策形成、制定之后的执行以及（作为执行组成部分）向下做出政策事务的决策。"③

在我国，行政学与公共管理学学者认为，"公共行政就是现代政府出于服务社会公共利益的目的，通过自身管理的途径而有效地实现社会公共事务管理的活动。"④ 侧重行政主体的政府属性及其公益目标。行政法学者认为"行政是组织的执行、管理职能，行政法学研究的行政主要是指国家行政机关执行国家法律、管理国家内政外交事务的职能。"⑤ 并且，行政的范围并非恒定不变，而是随着不同时代、不同社会经济条件下人们对"公共物品"的需求改变，人们对政府权力的成本—效益的认识的不同而发生改变。⑥ 杨小君教授将行政的本质归结为公共性和管理性。他明确指出，公共行政的集中表现就是"社会普遍化管理"，阐释了社会公共事务的三个判断标准：一是事务标准，普遍性或不特定性对象的事务；二是主体权利义务标准，主体公民、法人或其他组织的普遍性权利义务事务；三是财产标准，基于公共财政资金性质的活动。而管理性特征是指"法律关系主体双方的法律地位不平等或不对等"。⑦

---

① ［英］韦农·波格丹诺（英文版主编）、邓正来（中译本主编）：《布莱克维尔政治制度百科全书》（新修订版），中国政法大学出版社2011年版，第5—7页。
② ［法］让·里韦罗、［法］让·瓦利纳：《法国行政法》，鲁仁译，商务印书馆2008年版，"导论"第6页。
③ ［美］詹姆斯·W.费斯勒、［美］唐纳德·F.凯特尔：《公共行政学新论：行政的过程的政治》（第二版），陈振明等译校，中国人民大学出版社2013年版，第9—11页。
④ 张康之：《行政与公共行政的历史演进》，《中共福建省委党校学报》2002年第4期。
⑤ 姜明安主编：《行政法与行政诉讼法》（第五版），北京大学出版社2011年版，第6页。
⑥ 参见姜明安《行政的疆域与行政法的功能》，《求是学刊》2002年第2期。
⑦ 杨小君：《行政诉讼问题研究与制度改革》，中国人民公安大学出版社2007年版，第7—11页。

总体而言，中外相关学者在归纳行政概念的内涵时，既从社会生活经验事实，也从学科专业角度，还从行政的功能目标等角度进行考察，基本上都指出行政活动的组织性、指挥性、公益性、管理性等特质。因而可以得出结论：行政概念的内核即指为增进公益而对社会公共事务进行的组织管理。为增进对行政概念的认知与剖析，有必要进一步对我国行政概念的演变进行深入考察。

2. 我国行政内涵演变

我国行政学界及法学界在20世纪80年代、90年代及21世纪初对行政概念界定时多是将公共行政与国家行政、政府行政相等同而与私行政相对照。[①]认为行政即是国家行政或政府行政，就是国家权力机关的执行机关依法管理国家事务、社会公共事务和机关内部事务的活动。石佑启教授就此指出，"实质上公共行政与国家行政或政府行政之间并不能画等号"[②]，因而在研究范围、规范调整对象上存在理论与事实之间的缝隙，存在学术认知的真空地带。这成为在现代公共行政改革与发展进程中的行政法学研究的"反常问题"。针对该行政法学研究的范式"危机"，石佑启教授进行了颇具创见的"行政法学范式转换"研究，提出从"国家行政、政府行政行政法学"演进至"公共行政行政法学"范式的革命论断。[③]

从我国行政范式转换可见，尽管行政活动宗旨、任务未变、管理特质依然显著。但今天的行政的疆域与方式与过去相比，已焕然一新，大量私法意义上的对等、合意、参与、柔性等方式已渗入行政的过程当中。我国自1949年新中国成立以来，以管理控制为核心的行政在整体社会结构变迁中大体呈现出"专断—压制"到"压制—缓和"再到"缓和—参与"的演进路径。[④]在现代复杂社会情境下，当下行政模式大体可归结为"准公共行政模式"，正是由于该模式既要实现现代公共行政的公益需求，还需惯行民主法治原则，还要遵从党政一体化权力运

---

① 夏书章主编：《行政管理学》，中山大学出版社1991年版，第2页。
② 石佑启：《论公共行政与行政法学范式转换》，北京大学出版社2003年版，第6页。
③ 石佑启：《论公共行政与行政法学范式转换》，北京大学出版社2003年版，第7页。
④ 章剑生：《我国行政模式与现代行政法的变迁》，《当代法学》2013年第4期。

行体制。因而，此模式中存在大量的个体化行政争议亟须化解的社会难题。解决这类难题的行政诉讼在所有的行政争议解决机制中，在程序逻辑的终局性与规范性上起着"保底"作用。尤其必须指出，除了执行、管理、公益属性，行政过程中还隐含着极具法律意义的法律适用特性。这在现代法治语境下的政府行政中容易理解，但在诸如行业自治、社团自治、群众自治等社会化公共行政领域却不容易被意识到，从而引发诸多公共行政场域争议。只有认识到现代公共行政的法律适用性，才能更加全面地认识与规范行政，才得以进一步地从行政诉讼及行政诉讼检察监督的完整逻辑链上把握"法律实施"性监督的整体框架。

（二）我国行政诉讼界说：立法史视角

1. 我国行政诉讼立法史沿革

从历史角度考察行政诉讼的立法例可大致了解我国行政诉讼制度的历史变迁，并从中解析出我国行政诉讼内涵演进轨迹。从明末宣统《行政裁判官制草案》的拟定，"……今各国有行政裁判院，凡行政各官之办理违法，致民人身受损害者，该院得受其呈控，而裁判其曲直。"到民国1914年北洋派统治之下的北京政府建立平政院，颁行了《行政诉讼法》，"察理行政官吏之违法不正行为"[①]，行政诉讼制度在中国实践中发芽。再到1932年民国国民政府颁布了《行政法院组织法》与《行政诉讼法》，行政诉讼制度再度建立。"其立法目的显已转向于维护人民之权利免受政府权力之侵害"。据研究统计，在北京政府平政院存在的14年（1914年4月—1928年5月）里，平均每年裁判案件超过18件；从1933年南京国民政府行政法院建立到1948年的15年间平均每年裁判案件49件。尽管案件数量少，但作为一项法律制度存在并运作的制度史意义仍不可否认。[②] 至新中国成立之初，尽管为了建

[①] 杨海坤、朱中一：《我国行政诉讼制度步履维艰的原因——从剖析传统法律文化的消极影响入手》，《行政法学研究》1999年第4期。

[②] 赵勇、王学辉：《民国北京政府与南京国民政府行政诉讼制度比较》，《行政法学研究》2015年第5期。民国行政诉讼制度演进详情还可参见王学辉、赵勇《民国北京政府立宪进程中关于行政诉讼模式的争论》，《行政法学研究》2011年第4期；徐进《论民国初年行政诉讼体制的确立》，《苏州大学学报》（哲学社会科学版）2015年第3期。

立革命法制的需要，对国民党法制传统完全废除。但在1949年的《中国人民政治协商会议共同纲领》第19条明确规定"各人民团体有权向人民监察机关或人民司法机关控告任何国家机关和任何公务人员的违法失职行为。"然而该规定尚未施行。在随后的近30年里，各种人治理论加上计划经济的运行体制和高度集中的政治体制的控制，以及长期沿袭行政主导下的运动式、政策式执法模式使得我国行政诉讼制度在理论上与实践中已无生存空间与实践可能。

党的十一届三中全会拨乱反正后，进入新中国后30年的改革开放时期。1980年的《中外合资经营企业所得税法》首次在法律上确立"民告官"制度，其第15条规定"合营企业同税务机关在纳税问题上发生争议时，……可以向当地人民法院提起诉讼"。继而1982年《宪法》第41条规定"中华人民共和国公民对于……任何国家机关和国家工作人员的违法失职行为，有向有关国家机关提出申诉、控告或者检举的权利，……"1982年《民事诉讼法》（试行）第3条第2款明确规定"行政案件由人民法院审理"，以法律明确了法院审理行政案件解决行政纠纷的制度。随着实践经验的积累、理论的深入研讨，以及改革开放大潮下中国社会结构剧变导致的更多官民矛盾亟须化解，1989年《行政诉讼法》正式确定我国完整独立意义的行政诉讼制度，该法在2014年首次修订，新《行政诉讼法》的诸多优化举措开启了中国行政诉讼制度史上新的一页。

2. 我国行政诉讼概念及其制度意涵

纵观我国行政诉讼法立法例演进史，结合中国语境，可将行政诉讼之精义提炼为：法院审理裁断行政争议的司法活动。其中蕴含的行政诉讼的基本要素有：第一，公民个体或组织与行政部门之间存在行政争议；第二，公民个体或组织认为行政违法或失职侵犯其权益；第三，公民个体或组织将行政争议诉诸法院，法院审理裁判解决该行政争议。进一步而言，行政诉讼不同于民事诉讼、刑事诉讼之处的特质在于，其实质不仅是消解官与民争议之司法机制，也是公民受到行政侵权时的权利救济制度装置，更深层次意义还体现了司法权对行政权的监督。从而行政诉讼蕴含着现代国家权力体制的创新与转变契机，是在行政机关履行

第一章 行政诉讼检察监督制度概说

行政职权或职责后,基于相对人的不服而启动的国家公权力之间的规制装置。

这与传统中国千年以来在地方上贯行行政官统管的历史显然不同,也是对传统一元化集权制的创新之举。从现代国家法治原理所要求的权力分工、协调稳定、有序高效等理念出发,这种司法权规制行政权机制符合现代国家权力构建之发展方向,也体现了通过行政诉讼的司法复审,规制行政权实施时的违法与失职,使遭受行政侵权的法律利益得到救济。这不仅可以维护公民权利,也可缓解官民对立与矛盾。更加值得指出的是,行政诉讼还可以使违法行政破坏的行政法律秩序的失序与行政法律关系的失衡的状态,能在形式上和实质上得以弥补与恢复,使得行政法律规范的统一实施得以实现。

因而,若仅仅从形式或法规则内部视角把握行政诉讼的内涵,看到的或许就是官民冲突、事实、证据、庭审、裁判等程序与规则意义上的活动及其中的人、事、物之间的静态表象。但从实质意义角度和更高一层视野,将眼光从单纯规则与程序转向结构与权力或是历史传统与创新变革时,就会透析出行政诉讼更加深刻与更为显要之意涵。

我国行政诉讼是具有明显中国特色的司法制度。它既不同普通法系国家依民事诉讼机制统一审判行政争议,也异于大陆法系国家独特的行政法院系统审判行政争议,而是在普通法院内设专门行政庭机构的模式审判行政争议。行政司法的特质在于被告角色恒定为享有行政职权的行政部门。这决定了行政诉讼本质上的司法复审性质,即司法审判权对行政权进行监督性评价。这种司法适用与裁断体现了国家司法权对行政权的事后监督功能,旨在保障行政法规范在行政领域得以统一实施。就此而言,可将行政诉讼称为"行政法在司法中的合法性重塑"。这在落实社会主义法律实施、推进社会主义法治建设,构筑"高效的法治实施体系、严密的法治监督体系",全面推进依法治国语境中意义非凡。无怪乎学者们视行政诉讼法的颁行为"人治时代的终结,法治时代的开始",[①]

---

① 龚祥瑞主编:《法治的理想与现实》,中国政法大学出版社1993年版,第5页。

乃我国"法治进程中的一座里程碑"①。这也应验了拉德布鲁赫（Radbruch）的断言，"法治国家时代只是在有了行政诉讼法院管辖之后才真正到来。"②

3. 我国行政诉讼制度困境

尽管行政诉讼制度理论价值宏大、意义非凡，但现实却差强人意。我国行政诉讼实践可谓困难重重，百年中国行政诉讼史既是一部急剧转型中国背景下不断尝试的域外法制移植史，同时又是与本国种种固化传统的限制之间艰难掣肘的"民告官难"演进史。③ 新中国行政诉讼从开始施行三年间在许多地方"走入困境"④，乃至施行十年间的"步履维艰"⑤。直到行政诉讼实施二十多年间，法院仍然在"惨淡经营"，仍未走出"艰难困厄"的局面。⑥ 甚至于2014年《行政诉讼法》的修改取得了预期的效果，但是困扰行政诉讼的深层次问题仍未解决，行政审判依然步履艰难。⑦

从法官和法学者对行政诉讼实际运行格局的描述脉络中，可见我国民告官制度的艰难与曲折。杨海坤教授将行政诉讼制度在我国的实施困境归因于现代行政诉讼有效施行必备的人权观念、分权理论及体制、法治观念的法律文化及制度基础不仅在新中国的土地上不具备，更是与传统中国固有的集体观念、集权理论与体制、人治观念格格不入。⑧ 这种见识恰恰印证了张树义教授对行政诉讼理论与实践乃是历史中国从未有过的充满冲突与选择的论断。⑨

---

① 罗豪才教授在纪念《行政诉讼法》颁布十周年时把该法称为"法治进程中的一座里程碑"。
② ［德］拉德布鲁赫：《法学导论》，米健译，法律出版社2012年版，第158—159页。
③ 参见胡建淼、吴欢《中国行政诉讼法制百年变迁》，《法制与社会发展》2014年第1期。
④ 陈有西：《对行政诉讼困境的宏观思考》，《行政法学研究》1993年第4期。
⑤ 杨海坤、朱中一：《我国行政诉讼制度步履维艰的原因——从剖析传统法律文化的消极影响入手》，《行政法学研究》1999年第4期。
⑥ 何海波：《困顿的行政诉讼》，《华东政法大学学报》2012年第2期。
⑦ 何海波：《从全国数据看新〈行政诉讼法实施成效〉》，《中国法律评论》2016年第3期。
⑧ 杨海坤、朱中一：《我国行政诉讼制度步履维艰的原因——从剖析传统法律文化的消极影响入手》，《行政法学研究》1999年第4期。
⑨ 张树义：《冲突与选择——行政诉讼的理论与实践》，时事出版社1992年版，"前言"第2—3页。

正是面临行政诉讼实践运行的种种艰难困局，其制度初创的宏大宗旨可能落空，人们才又重新思考历史中国根深蒂固的监督制度。试图以此监督机制化解行政诉讼运行中的诸多违法或错误，督促保障行政诉讼法律规范在行政诉讼实践中的统一正确实施。由此对我国监督、检察监督概念及其制度体系的阐述就成为复合型制度视角下讨论行政诉讼检察监督必不可少的重要部分。

二 监督、法律监督与检察监督辨析

（一）监督

1. 中外词源考论

据论者考证，我国正史首次出现监督一词是在《后汉书·郑孔荀列传》①其词义被解说为"现场察看了解情况并向派遣者汇报"。作察看解时与今天我国在日常用语中的监督意指"察看并督促"的活动是一致的。当然该词也指"做监督工作的人"②。但至少可以看出"从旁察看"为监字的第一义项，当是取监字的本义。③ 由此，无论是远古时代的"现场察看"并向派遣者汇报，抑或其后监督制运作中的事后"核实察看"都蕴含了监督一词的核心意涵，即旨在为达成特定目标而"从旁察看"。进一步而言，这种"察看"往往是在权力与权力之间进行，而且从元初而言，这种监督尚未严格区分对"事"与对"人"监督，似乎古代历史就为日后监督实践中将"业务监督"和"人事监督"混同操作埋下了伏笔。

从监督制演进脉络的角度来看，中国历史上的监督权的发展，先由萌芽状态的"监"和常设的但非专职的如"乡师""小宰"等官员，演进至专职的但临时设置的"监军"等官员并存。最终发展到独立的、

---

① "臣闻古之遣将，上设监督之重，下建副二之任，所以尊严国命，谋而鲜过者也。"曹呈宏：《"监督"考》，《华东政法大学学报》2008年第5期。
② 中国社会科学院语言研究所词典编辑室编：《现代汉语词典》，商务印书馆2005年版，第663页。
③ 中国社会科学院语言研究所词典编辑室编：《现代汉语词典》，商务印书馆2005年版，第662页。

常设的、专职的行使监督职责的以秦朝台谏制度为标志的制度性权力。典型监督制的制度形式——御史制度——早在秦朝已成建制。作为秦朝中央三大国家机构之一的御史大夫分掌监督权与丞相、太尉各执行政、军事权构成三足鼎立的政制格局成为历史中国"百代皆行秦政制"源头。直至明清督察院政制，这种实质意义的监督制在中国历史上尽管称谓不一、强弱有别但长期存在却是史家公论。①

从域外来看，《牛津法律大辞典》中涉及监督的词条有"监察人""监督官""监督令"和"监督委员会"等，其中只有"监督官"一词与我国监督制度内涵相似，系指古代法兰西帝国代表中央王权监督地方财政、司法、税务等事项以维护王权利益的一种职务设置，其他词条内涵与我国监督制度内涵相去甚远。未查阅到"法律监督、诉讼监督、司法监督或审判监督等词条"。② 进一步查阅发现相关的词条在西方著名政治思想百科全书中有"制衡"（Checks and balance），意指通过政府不同部门的相互制衡来保护自由政体的思想；以及"分权"（Separation of powers），意指由洛克、孟德斯鸠等思想家们创立阐发而来的政府各种功能应予以分享的学说。③ 这其实与我国制约一词同义而不同于监督。透过这种表征社会文明演进概况的辞典相关词条的梳理，可以得知西方国家的监督一词的使用仅在个别国家历史进程中或作为特定化场域个别使用，并未普及、也未深入到国家的权力结构并在基本建制层面得以普遍运用。

同样，在西方政治制度方面，相关的制度有代表中央政权对地方公共当局行使法制控制或监督的"监护"（Tutelage）制度，一般用来调整中央和地方当局的关系。在拿破仑统治时期的法国产生了一种有高度限制的监护制度，即由行政法的发展所建构和表达的一项司法限制的详尽制度，由国家官员（如行政长官或总督）所实施。这种监护制逐渐

---

① 曹呈宏：《"监督"考》，《华东政法大学学报》2008 年第 5 期。
② ［英］David Walker、戴维·M. 沃克：《牛津法律大辞典》，李双元等译，法律出版社 2003 年版，第 1170、570—571、1085、22、673 页。
③ ［英］韦农·波格丹诺（英文版主编）、邓正来（中译本主编）：《布莱克维尔政治思想百科全书》（新修订版），中国政法大学出版社 2011 年版，第 70、533 页。

在西欧消失,即使在法国,作为1981年的社会党政府分权改革的结果,它也基本被摒弃了。另一项相关制度是"监察专员"(Ombudsman)制度,它"在公民和公共权力机构之间的争执中履行着近乎司法机构的功能,却不是司法系统的一个组成部分"①。除此之外,监督词条尚未收入权威的西方政治制度百科全书当中。

因此,就辞典词源层面考察而言,可以推论西方日常、政治与法律语境中,除了特定时期及个别国家曾设置过保障中央权力对地方权力控制的监督官外,监督理论并非常见也并非固有的政制与社会现象。在典型代表国家法国近年改革进程中,也对监督制进行了一定程度的弱化。

据此,我国自古以来无论是官职意义或是权力意义的监督理论深厚及其规则制度的长期盛行与稳固延续现象在西方国家难得一见。得此结论,似乎再次佐证我国监督理论及其制度在现当代中西法律移植冲突中成为学界与实务界的分歧焦点当属历史的必然。

2. 我国法制场域"监督"词源梳理

那么我国这种渗透至国家政制历史深处的监督现象在法制场域中情况又是如何?这也值得进一步厘清。新近编纂的《大辞海法学卷》中列出"监督权"词条有三项释义。其一是以下对上的公民对国家机关和国家工作人员实行监督,此义是作政治权利解。其二是既有以上示下的国家权力机关对其他国家机关的工作、上级国家权力机关对下级国家机关的工作,也包括专门性平级之间的特定的国家机关对其他国家机关的特定工作实行监督的权力。此义是作权力场域内上下或对等监督,即是通常所说的监督含义。其三是国家机关的代表对国家行政机关、司法机关或公职人员提出质询的权利,亦作政治权利解。② 这种解释可谓内涵丰富、政治色彩浓厚、外延表现宽泛,是将监督"从旁察看"本义在监督主体及位阶上进行了政治化的拓展,涵盖了下对上的政治权利性的民主监督。

---

① [英]韦农·波格丹诺(英文版主编)、邓正来(中译本主编):《布莱克维尔政治制度百科全书》(新修订版),中国政法大学出版社2011年版,第671、420—422页。

② 大辞海编辑委员会:《大辞海法学卷》(修订版),上海辞书出版社2015年版,第32页。

但与此新近解释不同，改革开放之初的相关辞典中并没有收入监督词条。① 而后才在《法学词典》中被收入，其中"监督"被作两项释义解：一是指人民群众对国家机关及其工作人员的工作检查、评定，督促其改进工作的权利，显属被视为政治权利之一；二是指专门机关的监督权，通常包括立法机关对行政机关和政府机关自上而下的监督。全国人大和地方各级人大对同级"一府两院"和全国人大及其常委会监督宪法实施，人民检察院的法律监督等。强调监督权的民主集中制原则，对保证有效地行使国家职能具有重要意义。②

因此，透过代表性的法律词典的大致梳理，可以得知在新中国法制历程中，作为法律场域中的监督尽管在本义上的"从旁察看"及"助成特定目标实现"功能并无更改，但是其自身呈现出由弱化到逐渐强化的曲折演变过程明显，没有延续古代中国稳固的监督政制形态。尤其是在监督内涵方面政治性权力监督被强调，将古代中国传统监督理论及政制的"上对下"模式引申为"上对下""下对上"以及"专门性平级"监督模式的混合体。法律监督当属这种传统监督现代化过程中被塑造的结果。

（二）法律监督与检察监督辨析

1. 法律监督与法的实施

检察监督并非法定概念，结合相关法律规定及学理可简要解析为：检察机关实行的法律监督。因而全面深入阐释检察监督内涵的核心在于阐释"法律监督"概念以及阐明法律监督与检察监督之间的逻辑关联。

法律监督是新中国法制史上的一个创造，是中国法律中的一个专门术语，必须在中国法律的语境中寻求合理的解释。理解法律监督概念之前，须先深入理解我国《宪法》层面社会主义法律体系实施必备的两个基本必为性规范，即"必须遵守法规范"和"必须制裁违法"。这两

---

① 《辞海》（政治法律分册）修订稿，上海辞书出版社1978年版，第101—107页。
② 《法学词典》编辑委员会编：《法学词典》（增订版），上海辞书出版社1984年版，第763—764页。

个经典规范表达体现在我国《宪法》第5条第4款,即一切个人和组织"都必须遵守宪法和法律,一切违反宪法和法律的行为,必须予以追究。"以及我国《宪法》第53条,即中国公民必须遵守宪法和法律。"必须守法规范"是法体系得以存在的、以规范形态表现的逻辑基础,"必须制裁违法"为法律强制力的运用提供了最基本的法律依据,确定了作为整体的法律体系的实效得以生成的逻辑前提。因此,有理由将这两个法律体系的基本必为性规范作为理解阐发法律实施的前提。①

当下中国社会主义法律体系已经形成,法治建设重点自然切换至法的施行环节,其中守法与制裁违法成为重中之重。要实现当前党和国家"全面推进依法治国"战略性中心工作,必须在两个必为性宪法规范原则指引下,对法律实施概念深入阐释。古语说"法不得行,同于无法",作为维系社会有序及正义的法律制定出来后,② 其责、权、义的遵从理应是法律实施的基本内容。它们在社会中得以落实,则法律得以实施;反之,则当是法的落空。我国法学辞典中对"法的实施"词条解释为"各单位与个人自觉守法,从而实现法律规范的要求,习称法的实施。"③ 可见,我国法的实施通常取个人与组织自觉守法以实现法律责、权、义的意义解。从法的实施考虑,假定个人或组织没有遵行法律的规范要求,依"必须制裁违法规范",必须有相应的机构及规则督促其履行,在规范上恢复社会的有序及正义。这就是法律监督的客观必要性及其核心内涵所在,即督促法律规范的实施。

2. 法律监督定义概览

根据权威辞典定义,法律监督意指"国家法律监督机关即检察机关对司法活动实行监督,发现并纠正司法活动中的违法行为,以保证法律正确实施的活动。"④ 这种释义与新中国历史早期制度部署相一致。新中国建立之初,国家领导人就已意识到"法院运用法律可能发生偏差,

---

① 参见钱锦宇《法体系的规范性根基——基本必为性规范研究》,山东人民出版社2011年版,第283、318—219页。
② [美]博登海默:《博登海默法理学》,潘汉典译,法律出版社2015年版,第35页。
③ 大辞海编辑委员会:《大辞海法学卷》(修订版),上海辞书出版社2015年版,第8页。
④ 大辞海编辑委员会:《大辞海法学卷》(修订版),上海辞书出版社2015年版,第399页。

而这又要检察署进行监督",由此赋予检察机关承担法律监督的职能。①显然早期检察监督制度部署旨在对"法院司法运行偏差"进行司法监督。这种界定将法律监督等同于检察司法监督,而且局限于刑事诉讼活动当中,既严重限缩了法律监督的内涵,且与实际不符,②又泛化了检察权的传统职能,给理论研究与法制运行制造了诸多困扰。

　　学界对法律监督概念的认识区别主要体现在监督范围的分歧上。王桂五先生认为"法律监督是由法定的机关对执行法律情况实行的国家监督。"③张智辉先生对法律监督概念全面辨析后指出,法律监督是指专门的国家机关根据法律的授权,运用法律规定的手段对法律实施情况进行监察、督促并能产生法定效力的专门工作。④韩大元教授认为,现行宪法中所称的"法律监督"应从狭义理解,是指检察机关依照法律规定对执法和司法活动的合法性进行的监督。⑤孙谦检察长认为,"法律监督"作为宪法和法律中使用的一个专门术语,是指检察机关检查、督促纠正或提请制裁严重违法行为,预防违法和犯罪,以维护法制统一和司法公正的专门工作。⑥杨立新教授认为,宪法规定检察机关为法律监督机关的实质是检察机关通过自己的职能活动,监督所有的司法机关公正司法。⑦施鹏鹏教授认为,"广义上检察监督系指检察机关对社会运行过程中的种种法律活动进行监督检查、制约和惩戒,中义上检察监督指检察机关在诉讼领域内的监督检查,狭义上检察监督专指审判监督。"⑧

　　可见我国学界对法律监督释义主要区别在于监督范围不同,即对法律实施的外延理解上的区别。经过多年研讨,法学界与法律界对法

---

① 《董必武政治法律文集》,法律出版社1986年版,第313页。在第二届全国检察工作会议上的讲话(1954年3月29日)。
② 同一词典解释"法律实施"时,又涵盖了个人与单位的自觉守法。大辞海编辑委员会:《大辞海法学卷》(修订版),上海辞书出版社2015年版,第8页。
③ 王桂五主编:《中华人民共和国检察制度研究》,中国检察出版社2008年版,第181页。
④ 张智辉:《"法律监督"辨析》,《人民检察》2000年第5期。
⑤ 韩大元主编:《中国检察制度宪法基础研究》,中国检察出版社2007年版,第60页。
⑥ 孙谦主编:《中国特色社会主义检察制度》,中国检察出版社2009年版,第38页。
⑦ 杨立新:《民事行政诉讼检察监督与司法公正》,《法学研究》2000年第4期。
⑧ 施鹏鹏:《法国检察监督制度研究——兼与中国的比较》,《暨南学报》(哲学社会科学版)2010年第5期。

律监督的内涵及宗旨已基本达成共识，即法律监督意指对法律实施的监督，旨在保障法律的统一、正确实施。只是对其中的法律实施是涵盖所有的法律行为，或是针对行政执法，或是针对司法适用等的不同。因而学者们对法律监督外延见解不一，起因于法律实施的理解分歧，这也恰恰证实了权威法律词典中相关词条释义之间的逻辑矛盾。

3. 法律监督实践考察

当我们依法律监督内涵基本共识出发，从学术理论分歧转向现实的法律监督具体实践运作进行社会经验考察时，就会发现理论本身的疏漏及其与实践中的缝隙尚需要进一步厘清与辨析。

以法律实施意指个人和组织自觉守法之界定出发，在对个体与单位的守法可能性做同一理论假定的前提下。当下我国法律实施在逻辑层次上可分解为前后递进、紧密相关的守法、执法、司法、法律监督四个层面的法律实施过程。具体而言，个人与组织自觉守法使法律要求得以实现是整体法律实施的主体。个人或组织违法且无法主动补救以恢复法律要求时，则需要相应执法或司法介入以弥补。这是第二层次的以公权力管理或矫治违法形式的法律实施，这其实就是法律监督的体现。实践中常见的行政执法管理或监督部门对公民违法的制裁就是一种法律实施的监督表现。但是当执法违法时则由司法机关进行监督，或是审判机关裁判监督或是检察机关专门法律监督。尽管看似法律监督已覆盖全面的法律实施，但其中却存在明显漏洞。

譬如，在行政执法违法与公民违法合谋且双方皆获益时，由于只有行政相对人提起行政诉讼和检察机关有限的特定行政公益诉讼予以法律监督。既然获益的行政相对人不可能提起行政诉讼，因而，当官民合谋违法获益且不属于检察行政公益诉讼范围的情形则会产生法律实施不到位而且缺乏法律监督，这势必引致法律实施和监督法律实施的双重盲区。这种逻辑假定情形已被实践中形式多样的行政不作为违法、检察监督不作为违法多次证实。这也表明，仅仅局限于刑事司法领域的法律监督与现实生活的严重脱节。

4. 检察监督释义

要准确界定法律监督与检察监督之间的内在逻辑关系，则必须检视作为法律监督机关的检察机关在实践中真实的功能发挥现状：检察机关是否切实起到督促法律在实践中有效实施的成效？能不能对所有违法者及其违法行为予以及时到位的查控与矫治进而促使法律的责、权、义被遵行？答案是否定的。经验观察表明，对公民的违法主要由行政执法以制裁方式进行矫治；对行政执法违法主要由司法机关以行政审判方式进行监督；对公职人员违法或构成犯罪的主要由监察委进行监督，其中构成犯罪时则由检察机关公诉和审判机关审判组合进行监督；对司法审判行为违法则由审级监督或检察法律监督进行。

在这幅以个体和单位自觉守法实现法律实施和对个体和单位的违法施行法律监督以达到保障法律统一、正确实施的理想图景之中，检察机关实施法律监督的比例及其效应显然尚未凸显其普遍性与关键性的地位。主要起到法律监督作用的并非检察机关而是行政执法机关与司法审判机关。据此，检察机关的法律监督在整体法律监督体系中尽管不能完全否定，但至少其外延主要体现在司法领域的结论是比较贴近事实的。事实上，"现代社会由一个机关统承所有的法律监督已不可能"[①]。

至此，本书就法律监督与检察监督概念之间内涵及外延之逻辑关系讨论得出的结论是：法律监督是指有权机关对法律是否合法实施进行的监督，而检察监督，即作为国家法律监督机关的检察院履行的仅仅是法律监督中特定部分。检察监督主要体现在对司法活动的法律监督，而不应当包括立法的法律监督，也不可能包括大部分的行政执法监督与公民普通违法的守法监督，更不包括党政组织人员的职务相关或是无关的违规、违纪、普通违法的法律监督。这种检察监督的定义是一种贴近实际的概括，但这并不影响在司法活动中检察机关实施法律监督的意义及其合理性。只有在这种严格界定下，才更能使检察法律监督的对象更加聚焦、明晰，才能更加有针对性地进行监督。就检察机关承担的法律监督与其他机关的法律监督之界分而言，检察监督的特定表述是确切的，既切合学术脉络与传统中的用语习惯，体现研究范式的一以贯之，也能区分检察监督与其他法律监督的不同。

---

① 蔡定剑：《关于我国的检察监督制度及其改革》，《中外法学》1989年第2期。

三 行政诉讼检察监督概念阐释：双重法律监督机制

上文行政诉讼概念阐释中，指出行政诉讼是法院审理裁断行政争议的司法活动。强调行政诉讼在国家宪法层面体现了司法权对行政权的监督，更改了几千年历史中国行政权高度集权统治的权力格局，"或许行政诉讼正是打开我国法治大门的一把金钥匙"①。然而多年行政诉讼司法实践的举步维艰现状迫使人们期望以另一权力的监督机制化解行政诉讼运行中的困局。而宪定国家法律监督机关对行政诉讼实行检察监督恰好满足这一需要。因而在行政法领域，行政诉讼检察监督受到的认同程度明显强于刑事诉讼与民事诉讼领域。尤其是该领域涉及宏观维度的"一府两院"、三种公权力的多重法律关系，表面上具有权力制约与监督共同存在的特征，有"以小见大"的制度意义。但正是这种多元权力、多重法律关系混同于一体的制度容易使人基于各自视角得出不同的见解。由此，本书择取"复合型制度视角"进行探讨其中的内在规律，以切合行政诉讼检察监督制度本身具有的制度结构性特点。因而在基本概念阐释上，也基于行政诉讼与检察监督两个基础性概念进行阐释行政诉讼检察监督概念。

（一）行政诉讼检察监督定义概览

最高人民检察院对行政诉讼检察监督的解释是，指人民检察院依法对人民法院的行政诉讼活动是否合法进行的专门的法律监督。②而学者对行政诉讼检察监督的理解并不一致。

王桂五先生在《检察监督与行政诉讼》一文中就将"行政公益诉讼、参与行政诉讼、审判监督"视为行政诉讼的法律监督的表现。在论题表达时，兼顾了行政诉讼检察监督制度的复合型特质，将"检察监督"与"行政诉讼"并列组合成为标题。而且行文中习惯采用的

---

① 宋炉安：《司法最终权——行政诉讼引发的思考》，《行政法学研究》1999年第4期。
② 时任最高人民检察院检察长贾春旺在2005年10月25日在第十届全国人民代表大会常务委员会第十八次会议所作"最高人民检察院关于检察机关开展法律监督工作情况的报告"的"附注"中"名词解释"第7项，将行政诉讼监督解释为：是指人民检察院依法对人民法院的行政诉讼活动是否合法进行的专门的法律监督。

"行政诉讼的法律监督"表述方式也暗合了日后行政诉讼法立法规定的趋向。① 这为日后确定行政诉讼检察监督内涵及外延的宽泛性释义起到铺垫的作用。此后文献论及行政诉讼检察监督无非是在行政公益诉讼、参与行政诉讼或审判监督三种意义之间的选择与取舍，鲜有对其从语义逻辑及法律实施现状中进行阐释。

有学者从法律关系角度分析行政诉讼检察监督法律关系，基于全程、全面的法律监督立场，表述时采用了"行政诉讼检察监督"的表达方式。② 也有论者采用"检察机关对行政诉讼的法律监督"的表达方式，并从概念定义的方法上进行阐释，认为"从广义讲，行政公诉、行政审判监督及行政抗诉皆属于行政诉讼检察监督。"但是行政公诉在"主要意义或根本意义上更体现检察权对行政权合法性监督"，而行政审判监督和行政抗诉突出的意义在于检察权对法院裁判权的合法性监督。③ 该分析既中肯也是圆融的，说它中肯，是因它贴近实际，说它圆融，是因它兼顾了多年来学界在讨论该议题时的宽泛实际指称。

有学者从行政法的大致分类角度将行政诉讼检察监督定义为"检察机关提起行政诉讼是对行政实体法的实施的监督方式，而非对行政诉讼的监督，"并认为"检察机关对自己提起的行政诉讼也是从案件被法院受理后开始实行法律监督的。"此观点在逻辑上存在两个问题，一是分类不全面，且忽视了检察机关针对行政程序法的实施的监督；二是观点前后矛盾，论及行政公诉时主张从案件被法院受理后开始实行法律监督，而在后文论及完善行政诉讼法的立案监督时又主张"检察机关有权要求法院受理时，法院必须受理"④。

有论者对行政诉讼检察监督主张"全范围、多方式"控制型监督立场。将行政诉讼检察监督界定为人民检察院依法对人民法院、当事人及其他诉讼参与人的行政诉讼活动实行法律监督，以维护国家法律的统一正确实施。检察监督方式和手段应包括参与诉讼、支持诉讼、提起公

---

① 王桂五：《检察监督与行政诉讼》，《中国法学》1987年第2期。
② 陈卫东、王国征：《论民事行政诉讼检察监督法律关系》，《政法论坛》1993年第4期。
③ 湛中乐、孙占京：《论检察机关对行政诉讼的法律监督》，《法学研究》1994年第1期。
④ 刘德良：《略论检察机关对行政诉讼的法律监督》，《检察理论研究》1996年第3期。

诉、行政抗诉、检察建议等方面。① 也有学者主张行政诉讼检察监督不应包括行政公诉、参与诉讼和支持诉讼，而且检察监督与参与诉讼和检察公诉是两回事，二者之间并不存在包容关系。②

近年来随着法治政府建设进入党政决策的核心领域，法学界及法律界逐渐从原"行政诉讼检察监督"研究范式转换至"行政检察"范式下对行政诉讼检察监督进行研究。有论者将行政诉讼检察监督机制统称为行政检察，认为行政检察是检察制度与行政诉讼制度相结合的现实产物。③ 应松年教授从审判人员自律监督的局限出发强调行政诉讼检察监督的必要性，主张司法监督与权利救济并重，强调构建具有我国特色的公益代表人制度，强化通过检察监督对违法行政进行监督规制。④ 与宽泛定义行政检察监督视角不同，解志勇教授倾向于从狭义角度界定行政检察，将行政检察特指为"检察机关依法直接对行政活动进行的法律监督，而不包括对行政诉讼活动的监督。"⑤ 有行政法学者基于现实中国法院司法权相对于行政权的弱化之实际，主张构建司法审判权与检察监督权协同规制行政权的新局面。⑥

（二）学界定义评析：双重法律监督关系

从上述行政诉讼检察监督的文献脉络梳理，可知该概念界定的核心在于检察监督权对行政权的监督和对行政诉讼监督之间的逻辑关系的辨析。不同于刑事法学界多数学者对刑事诉讼检察监督职权中公诉权与诉讼监督权混同统一配置持否定态度，在行政法学界明确否定或质疑行政

---

① 参见郑传坤、刘群英《论完善检察机关对行政诉讼的法律监督》，《现代法学》1998年第2期；胡卫列《行政诉讼检察监督论要》，《国家检察官学院学报》2000年第4期。

② 王超：《论检察职能在民事、行政诉讼中的限缩与扩张》，《南京师大学报》（社会科学版）2004年第2期。

③ 胡卫列、马立东、蒋建国、薛伟宏：《行政诉讼检察监督机制的完善》，《国家检察官学院学报》2007年第5期。

④ 应松年等：《行政诉讼检察监督制度的改革与完善》，《国家检察官学院学报》2015年第3期。

⑤ 解志勇：《行政检察：解决行政争议的第三条道路》，《中国法学》2015年第1期。

⑥ 王留一、王学辉：《依据、结构与框架：行政诉讼被告型检察监督制度研究——以行政诉讼检察职能二元化为切入点》，《宁夏社会科学》2015年第2期；薛刚凌、范志勇：《检察机关在行政诉讼中的功能定位》，《国家检察官学院学报》2013年第3期。

诉讼检察监督的学者尚属罕见。此现象的根本原因可归结为两种检察监督涉及的利害关系不同。刑事诉讼检察监督主要是打击犯罪之控诉权与冲击司法自治之诉讼监督之权衡，而行政诉讼检察监督主要是监督行政权之行政公诉权与冲击司法自治之诉讼监督之权衡。前者易于被利用来增强打击犯罪之需而忽视人权保障，后者易于被利用来增强审判权与检察权联手规制行政权之需。因而学界倾向于否定刑事诉讼中检察监督职能以侧重人权保障而认同行政诉讼中审判权与检察权的职能配合以规制行政权。从这种实践中权力势差的强弱对比中可以更好地解释为什么同样的检察诉讼监督，在不同性质诉讼中学界整体认知态度会有明显的不同。

进一步而言，产生普遍性的将行政诉讼检察监督作宽泛理解的原因是行政诉讼检察监督从字面上关联着检察监督与行政诉讼，按常理这从逻辑上并不容易混淆，就是检察机关对行政诉讼的检察监督。产生理论歧义的奇妙之处在于作为监督对象的行政诉讼的特质是审判权对行政权的监督。换言之，行政诉讼检察监督中嵌套着另一层法律监督关系。即从法律关系而言，行政诉讼检察监督法律关系上表现出双重法律监督关系："检察监督权—司法审判权"和"司法审判权—行政执法权"。这种在公权体系中事实上的复合型法律关系并不多见。因此，本书特将此独特法律关系现象称为"双重法律监督关系"。

（三）行政诉讼检察监督概念严格界定辨析

正是这种实践中客观存在的双重法律监督关系使得人们出于规制强势且时常失范的行政权的主观理想愿望而将对行政权的监督也纳入行政诉讼检察监督的范畴。本书力图对此做进一步的深入讨论辨析，尝试做逻辑上与事实经验的双重推理辨析后严格界定行政诉讼检察监督的内涵与外延。

理解行政诉讼检察监督概念核心焦点是对其应做"对行政诉讼的检察监督解"抑或"通过行政诉讼的检察监督解"？换言之，问题本质就是监督对象与监督手段的理解识别与界分问题。

从语义逻辑讲，取"对行政诉讼的监督的理解"更加严谨，主要原因是：检察监督在诉讼中的监督职能通常是指以公诉施行的监督之意。[①]

[①] 朱孝清：《中国检察制度的几个问题》，《中国法学》2007年第2期。

尽管这主要从刑事公诉角度而言，而且它强调监督的对象是被告而不是法院。但在行政诉讼中，尽管韩大元教授主张刑事诉讼中公、检、法十二字关系原则也应适用，[①] 但行政诉讼中长期以来行政公诉的缺位使公、检、法之间的关系并没有适用十二字关系原则的空间。行政诉讼实践中体现出来的是司法审判权监督行政执法权、检察权监督司法审判权，主要以行政执法权、司法审判权与检察监督权之间"分工＋监督＋配合"的关系模式运作。

因而，假定对行政诉讼检察监督理解为"通过行政诉讼的检察监督"，在语义上势必存在逻辑悖论：即"通过、凭借、以"行政诉讼这种手段、方式的检察监督，其监督对象是谁？假定是司法审判机关——法院——的话，即成为检察机关"通过"或"凭借"或"以""行政诉讼"方式监督法院，诉讼是手段，对象是法院。这与刑事公诉的监督逻辑完全不同，刑事诉讼中公诉对象即监督对象，而非监督法院，只是制约法院。

并且，检察机关通过行政诉讼方式监督法院的理解显然与行政诉讼制度的功能相背离。《行政诉讼法》第 1 条开宗明义，行政诉讼旨在解决行政争议、权利救济及监督行政，并没有规定监督法院。而新旧《行政诉讼法》都明确一致规定"人民检察院有权对行政诉讼实行法律监督。"该条款意涵清楚明晰，行政诉讼是检察监督的对象而非监督手段或方式。社会经验常识也表明，无论是个人或组织提起行政诉讼，其针对的直接对象是行政违法或失职导致公益受损现象而非司法审判活动，行政权无疑是行政诉讼的逻辑被监督者。

进一步而言，若检察权以行政诉讼为方式进行监督，此时的对象并非审判权，而是诉讼对象——行政权，即行政检察的内涵所在。检察机关以公益代表人身份，以提起行政诉讼的方式来实现对政府行为的监督，不仅符合检察机关国家法律监督机关的身份，而且从目前来看，也不存在太多的技术性和制度性障碍。[②]（行政机关）本身就是这种利益

[①] 韩大元：《关于检察机关性质的宪法文本解读》，《人民检察》2005 年第 13 期。
[②] 薛刚凌、范志勇：《检察机关在行政诉讼中的功能定位》，《国家检察官学院学报》2013 年第 3 期。

的法定守护人，所以公益诉讼理应主要为制约行政性权力而设。① 同时，还符合语义逻辑结构，不容易产生理解混乱。

假如将行政诉讼检察监督作为"检察机关通过行政公诉、支持起诉、督促起诉方式监督司法审判权"的理解时，则易引起歧义。其问题实质在于无视诉讼对象的存在。起诉谁则监督谁，才更合乎逻辑与事实经验法则；而不是，事实上也难以通过"起诉甲却监督乙"或是"起诉甲却连带甲乙一块监督"。这即不合逻辑也背事理。诚如王鸿翼先生断言，"诉"与"监督"不能竞合。相反，"诉"与"监督"的地位相互矛盾，必须分割。②

另外，将行政诉讼检察监督视作行政检察的观点也值得商榷。从监督原初含义论，行政检察即检察权对行政法律规范实施的监督，具体以对违法行政的督促矫治以保障行政法规范的正确实施为内容。而行政法律规范的实施主要体现在行政执法中，在行政诉讼法的实施中只是被间接涉及。由此，行政诉讼检察监督中行政法律的实施是以被间接监督的形式存在。

既然权力定性理应以其处理待决事项的直接效果而非间接或附带影响为准，本书认为应以监督权直接处理的监督对象及其直接效果为确定监督法律关系的基准。据此，本书行政诉讼检察监督特指检察机关对行政诉讼的监督，而非检察机关以行政公诉、支持起诉等方式通过行政诉讼实施的法律监督。申言之，行政诉讼检察监督属于但不等同于行政检察。这既是出于研究焦点的更加集中、逻辑更加严谨的考虑，也是力求定义紧密贴近实际，选择严格界定的考量使然。

第二节　我国行政诉讼检察监督制度历史变迁：司法解释维度

一　我国行政诉讼检察监督制度史研究背景

现行我国行政诉讼与检察监督制度皆属古代中国法制及政制史上所

---

① 蔡虹、梁远：《也论行政公益诉讼》，《法学评论》2002年第3期。
② 王鸿翼：《谈民事行政检察权的配置》，《河南社会科学》2009年第2期。

第一章　行政诉讼检察监督制度概说

不曾有过的制度，其模板都来自域外，而由行政诉讼与检察监督组合而来的行政诉讼检察监督制度则兼有这两种外来法制的混合特质。此可谓"双重法律移植之法制"现象。全面分析行政诉讼检察监督法律关系与行政诉讼法律关系之间的关系，即可发现，行政诉讼检察监督关系"不是一个单一模式的法律关系"，而是一种复合型的法律关系。① 正是在此意义上，本书试从"双重移植观"这一视野对我国行政诉讼检察监督做一历史的变迁考察，力图勾勒新中国该制度从无到有、从简至繁的发展脉络，对其中隐含的若干规律性变化逻辑做简单描述及评析。

诸多学者注重制度史的研究面向，老一辈法史学人指出，"中国法制的历史和国家的历史是同时发端的，从封建的秦汉律直到大清律的发展演变，可以清楚地看出法律是根据时势而为之变通转移的。"② 有论者在研究制度分析特征及其方法时也强调这一点，认为"制度分析总是倾向于变成历史学"，制度分析的一大特征，即"注重历史"。其首要含义即在于"演化的过程决定了制度现在的形态，制度在历史过程中演变。"③

随着中国近现代社会经历的急剧转变，在法律领域尤其呈现纷繁复杂性。明确认识到此历史背景，才能对行政诉讼检察监督现象进行恰如其分的考察与解说。正如历史学者黄宗智所言，"如果我们只着眼于理论构造，中国的近现代法制似乎一无可取。"革命时期，中国共产党把清代的传统视作落后的封建传统，同时又把国民党模仿西方的法制视作是资产阶级法统。因此只面向苏联，模仿其制度。但随着中、苏的分道扬镳，以及再后来苏联的解体，中国近现代法制历程中剩下来的可取部分似乎只是从农村得出的一些调解方法。④ 在近代中国的法律移植及中国共产党革命运动和新中国的法制探索与改革进程中，面对传统中国的法制传统、被移植的西式与苏联的法律传统，中国这片土地上实验过了

---

① 杨立新：《民事行政检察教程》，法律出版社2002年版，第47页。
② 张晋藩、张希坡、曾宪义编：《中国法制史》第一卷，中国人民大学出版社1981年版，第457—458页。
③ 汪丁丁：《制度分析的特征及方法论基础》，《社会科学战线》2004年第6期。
④ 参见黄宗智《悖论社会与现代传统》，《读书》2005年第2期。

诸多法制版本及规则技术。乃至今天，远未定型成熟。论及检察制度，尤其是新中国成立后前三十年法制随着政制的频繁变动而更改，真可谓"检察制度完全属历史性、政策性之社会产品"①。

二　我国行政诉讼检察监督司法解释概览

既然我国行政诉讼检察监督制度当属于一种"历史性、政策性社会产品"，对其历史变迁的考察研究当然离不开历史且还须紧密依托相关司法政策。并且建基于行政诉讼与检察监督两项制度基础上的行政诉讼检察监督制度，属典型的"复合型制度"，这需要一种整全性研究视角才能概览制度史的全部面貌。由此，择取体现司法政策的检察院法院司法解释及司法解释性文件为主要研究素材。拟对直接相关的司法解释全面搜集、细致解读，尝试以反思性、历史追问式研究进路对行政诉讼检察监督制度的发展脉络、隐含的权力关联及其宪法法治意涵予以揭示，旨在透过制度的历史与政策向度考察其真实又复杂的一面。尽管这不是典型的描述制度发展的历程，但是实践中，司法解释可视作制度的中观层面的分析对象，是承上启下的关键，标志着法律向实践转化的中间一环。透过此环节的全面梳理及分析既可联及法律配置又能导向微观之实践，还能从中揭示出单纯法律规范分析与实证研究所不能体现出来的制度真实面貌及其内在规律。最高人民法院与最高人民检察院（又称"两高"）行政诉讼检察监督司法解释历时多年、数量繁多、内容庞杂，经全面细致检索研读后，如表1-1所示。

表1-1　两高行政诉讼检察监督司法解释（含司法解释性文件）

最高人民检察院	最高人民法院

1. 联合发布《关于开展民事、经济、行政诉讼法律监督试点工作的通知》，颁布日期1990年9月3日
政策背景：1. 1990年1月1日国务院发布《关于贯彻实施〈中华人民共和国行政诉讼法〉的通知》

---

① 晏向华：《检察职能研究》，中国人民公安大学出版社2007年版，第55页。

续表

最高人民检察院	最高人民法院
	2.《最高人民法院关于贯彻执行〈中华人民共和国行政诉讼法〉若干问题的意见（试行）》，1991年6月11日颁布
4.《最高人民检察院关于执行行政诉讼法第六十四条的暂行规定》。1990年10月29日通过、执行	3.《最高人民法院关于人民检察院对行政诉讼进行法律监督具体程序问题的复函》。1991年8月19日颁布、执行
5.《最高人民检察院关于人民检察院受理民事、行政申诉分工问题的通知》。1991年8月30日颁布、执行	
6.《最高人民检察院关于民事审判监督程序抗诉工作暂行规定》。1992年6月4日颁布、执行	
7.《最高人民检察院关于民事、行政审判监督程序抗诉案件再审时人民检察院派员出席法庭问题的批复》。1992年6月25日颁布、执行	8.《最高人民法院关于对执行程序中的裁定的抗诉不予受理的批复》。1995年8月10日颁布、执行
9.《最高人民检察院关于抗诉案件向同级人大常委会报告的通知》。1995年9月4日颁布、执行	10.《最高人民法院关于人民检察院提出抗诉按照审判监督程序再审维持原裁判的民事、经济、行政案件，人民检察院再次提出抗诉应否受理的批复》。1995年10月6日颁布
11.《最高人民法院关于上一级人民检察院对基层人民法院已发生法律效力的民事判决、裁定向中级人民法院提出抗诉，中级人民法院可否交基层人民法院再审的复函》。1995年10月9颁布、执行	12.《最高人民法院关于检察机关对先予执行的民事裁定提出抗诉人民法院应当如何审理的批复》。1996年8月8日颁布、执行
	13.《最高人民法院关于人民法院不予受理人民检察院单独就诉讼费负担裁定提出抗诉问题的批复》。1998年8月31日颁布、执行

49

续表

最高人民检察院	最高人民法院
15.《最高人民检察院关于印发〈人民检察院办理民事行政抗诉案件公开审查程序试行规则〉的通知》。1999年5月14日颁布	14.《最高人民法院关于人民检察院对民事调解书提出抗诉人民法院应否受理问题的批复》。1999年1月26日颁布
	16.《最高人民法院关于对已生效的中止诉讼的裁定能否提出抗诉的答复》。1999年9月10日颁布
18.《最高人民检察院民事行政检察厅关于规范省级人民检察院办理民事行政提请抗诉案件的意见》。2001年8月14日颁布、执行	17.《最高人民法院关于执行〈中华人民共和国行政诉讼法〉若干问题的解释》。2000年3月8日颁布
19.《人民检察院民事行政抗诉案件办案规则》。2001年10月11日颁布	
21.《最高人民检察院检民事行政检察厅关于人民检察院办理民事行政案件撤回抗诉的若干意见》。2003年5月22日颁布、执行	20.《最高人民法院关于规范人民法院再审立案的若干意见（试行）》。2002年11月1日颁布、施行
	22.《最高人民法院关于〈人民检察院对人民法院再审裁定终结诉讼的案件能否提出抗诉的请示〉的复函》。2003年5月1日颁布、执行
	23.《最高人民法院审判监督庭印发〈关于审理民事、行政抗诉案件几个具体程序问题的意见〉的通知》。2003年10月15日颁布、执行
25.《最高人民检察院关于最高人民检察院检察委员会审议民事行政抗诉案件范围的规定》。2004年12月10日颁布	24.《最高人民法院关于人民法院在再审程序中应当如何处理当事人撤回原抗诉申请问题的复函》。2004年4月20日颁布
政策背景：2.2006年5月3日《中共中央关于进一步加强人民法院、人民检察院工作的决定》	

续表

最高人民检察院	最高人民法院
	26.《最高人民法院印发〈关于当前形势下做好行政审判工作的若干意见〉的通知》。2009年6月26日颁布
27.《最高人民法院、最高人民检察院关于人民检察院检察长列席人民法院审判委员会会议的实施意见》。2010年1月12日印发	28.《最高人民法院办公厅、最高人民检察院办公厅关于调阅诉讼卷宗有关问题的通知》。2010年6月11日制定
29.《最高人民法院、最高人民检察院、公安部、国家安全部、司法部关于对司法工作人员在诉讼活动中的渎职行为加强法律监督的若干规定（试行）》。2010年7月16日颁布。（下文简称《"两高三部"对司法人员诉讼活动渎职加强法律监督规定》）	
	30.《最高人民法院、最高人民检察院关于印发〈关于对民事审判活动和行政诉讼实行法律监督的若干意见（试行）〉的通知》。2011年3月11日颁布、执行。[下文简称《"两高"关于对民行法律监督意见》（试行）]
31.《人民检察院行政诉讼监督规则（试行）》，2016年4月15日颁布、施行	政策背景：中央全面深化改革领导小组《关于加强和改进行政应诉工作的意见》。2015年10月13日讨论通过。2016年6月27日颁布

表1-1基本涵盖了新中国行政诉讼检察监督制度正式创建以来（1989—2016）"两高"制定发布的相关行政诉讼检察监督的司法解释及司法解释性文件和重大党政政策文件。[1] 为更好区分人民检察院与人民法院在规定行政诉讼检察监督规则时政策及价值取向上的区别，在整体表格上将法院系统与检察院系统做了分列处理，且在时间上体现出基本对应性。各项文献序号表明其在颁布时间的先后顺序。从中可观察到检、法两大系统基于各自综合利害关系考量在利用司法解释权

---

[1] 信息来源：最高人民检察院研究室编：《检察制度参考资料第一编》（新中国部分），1980年编印。最高人民法院和最高人民检察院官方网站；最高人民检察院民事行政检察厅编：《新编常用民事行政检察手册》2012年版，中国检察出版社2012年版；http://china.findlaw.cn/fagui/p_1/171012.html，2018年1月25日检索。

做有利于本部门的规则设计,这恰好验证了行政诉讼检察监督制度的结构上的复合型制度特征以及其隐含的多重制度逻辑综合作用下的运作特征。

三 我国行政诉讼检察监督制度史略论

下文将进一步从新中国初始的立法渊源及行政诉讼检察监督制度正式创建迄今的司法解释性文件两方面对我国行政诉讼检察监督的历史沿革加以梳理,并做简要的评析。

(一) 中华人民共和国成立后前四十年行政诉讼检察监督的"有"与"无"

1949年的中国人民政治协商会议共同纲领并没在政权体系中规定检察部门,只规定了对国家机关及其公务人员违法失职履行监督职责的人民监察机关(通称为"一般监督"),也没有规定审判监督问题。新中国最早规定检察机关的是《中华人民共和国中央人民政府组织法》(1949年9月27日)。原先由人民监察机关履行的监督职责转隶由检察署承担。为细化该组织法中检察部门职能,经主席批准通过《中央人民政府最高人民检察署试行组织条例》(1949年12月主席批准)规定中央人民政府最高人民检察署为全国人民最高人民检察机关,对政府机关、公务人员和全国国民之遵守法律,负最高的检察责任。并规定"对各级司法机关之违法判决提起抗议"和民事行政公诉职权。其中确定审判监督及民事行政公诉职权,体现了理想型的立法思想。这一立法思想及其细化在随后的中央重要文件中得以继续。这就是《中共中央关于中央人民检察署四项规定的通报》(1950年1月29日),在其中相关检察职责的第二、五项分别确定了对违法判决的抗议权有民事行政公诉权。但在该重要通报中也实事求是地明确提出"检察是新机关新工作,须要经过摸索过程,在起初只能先从刑民事件作起,逐步推进"。[1]

---

[1] 最高人民检察院研究室编:《检察制度参考资料第一编》(新中国部分),1980年编印,第20—21页。

由于规定中的行政案件的审判监督及行政公诉职能从新中国初始只能是超越现实的一种理想设计，在法制实践中与现实生活中并没有真正实施行政诉讼，更谈不上对行政诉讼的检察监督。历经多次运动的冲击、打压、摧残的检察制度直到1979年才重新恢复健康发展步骤，并在1979年《人民检察院组织法》中首次在法律上提升为"国家的法律监督机关"。然而具体职权却对早期检察组织法的规定进行了巨大限缩，基本取消一般监督及民事公诉。相应地在1979《人民法院组织法》中也进一步限缩检察院的审判监督权限，该法中检察院仅仅作为审判监督程序的抗诉机关。

这种国家重大历史转折关头的事关国家权力配置的立法演变确实让理论界捉摸不透，似乎因应了学者的推测。反映出当时经过"文革"撤销检察机关事件后，人们对于曾有过的"一般监督"还"心有余悸"，或是写上"法律监督机关"几个字，体现了与革命导师法制思想的一脉相承，但在具体职权范围和领导体制上则体现了符合中国国情的现实选择。① 这恰恰符合新中国改革转型背景下政法制度转变中的一种灵活运用之规律。

（二）改革开放以来行政诉讼检察监督的演变

直至行政诉讼法的制定，才真正开始了新中国的行政诉讼检察监督的历史，在1989年3月28日第七届全国人民代表大会第二次会议王汉斌所作《关于〈中华人民共和国行政诉讼法（草案）〉的说明》中，他指出，"人民检察院有权对行政诉讼实行法律监督。……如何进一步实行法律监督问题，……需要在今后的实践中进一步研究和探索。"这在新中国法制史上首次明确肯定了行政诉讼检察监督制度，并指出其主要监督范围及监督方式。尽管行政诉讼法制定当初人们对行政诉讼检察监督存在不同意见，具体规则及实施细节仍需在实践中摸索，但制度方向是明确的。

1989年《行政诉讼法》中只在第10条和第64条两个条款规定行政诉讼检察监督制度。由于制度的结构上的组合特征，在制度贯彻实施

---

① 孙谦主编：《人民检察制度的历史变迁》，中国检察出版社2014年版，第131、410页。

层面就呈现出复杂的一面。正如上述诸多司法解释中显示，作为监督者的检察机关力图加强监督，而作为主要被监督者审判机关则试图规避与反制。大体上我国行政诉讼检察监督制度历史变迁可分为初创探索期、磨合博弈期及协同推进试验期三个阶段。

1. 初创探索期

以1990年"两高"联合发布《关于开展民事、经济、行政诉讼法律监督试点工作的通知》为起点，正式进入开创行政诉讼检察监督的初期。尽管新中国早期也有过检察部门对审判的监督权、对政府机关及公务人员违法失职进行监督及行政公诉之规定，甚至在1982年《民事诉讼法》（试行）中规定行政案件审理适用此法。但由于社会历史条件局限，行政诉讼一直没有真正实施，因而法院的主要任务是审理民刑案件，行政诉讼检察监督从完整法制意义上并没有确立。该通知确定湖北、广东为进行行政诉讼法律监督试点的单位，且确定分、州、市级人民检察院和中级人民法院为试点单位。受当时条件所限，以及主要基于贯彻《行政诉讼法》第10条和第64条之目的，因而试点操作规则较为简化。只规定受理当事人申诉、检察长列席审委会讨论案件、对生效裁判违法提出抗诉，参加执行监督等，具体、个别、可操作性特征明显。但由于以联合发布为前提，当时条件下本身行政案件规模也不大，在实践中检察院法院之间冲突并不明显。随着检察机关对行政诉讼检察监督业务的推进，检察机关继续进一步完善了相关细则规定，如针对《行政诉讼法》第64条专门单方制发了《最高人民检察院关于执行行政诉讼法第六十四条的暂行规定》，对诸如监督范围、内容、阅卷、参加庭审事项进行规定，以便更加有章可循地推进司法实践。法院针对检察院的政策推进也着手完善了相关的司法解释，出台应对规则。其中不乏具有直接对抗性的检察院法院之间的基于观念上纠错式监督而导致的政策对抗，如在《关于人民检察院受理民事、行政申诉分工问题的通知》（1991年）中实际上在检察系统内确立了上级检察院抗诉、下级检察院审查的规则。与此对应，在《关于上一级人民检察院对基层人民法院已发生法律效力的民事判决、裁定向中级人民法院提出抗诉，中级人民法院可否交基层人民法院再审的复函》（1995年）中法院也确立了上级法院将抗诉案件再审权指令下移。同样，在《关于人民检察院提出抗诉按照审判监督程序再审维持原裁判的民事、经济、行政案件，人民检察院再次提出抗诉应否受理的批复》（1995年）中法院实际上单方确立了有抗诉权的检察院对同一案件一次抗诉规则，限缩了法律的内涵，对检察院的监督权单方进行了规制。对于这种单一的审判监督程序的抗诉权的规定，相关诉讼法缺乏具体规定，致使实践中检察院法院之间的理解各不相同，难以协调一致适用，容易在司法中产生分歧。①

总体上，制度初创时期，由于理论缺失、立法粗陋、经验匮乏、理念简化，因而检察院法院对新生事物都不具备充分的认知与实践操作能力，检察院法院都处于制度摸索阶段。只是源于传统监督制隐含的对抗属性，逐渐展示了检察院法院之间偶尔的冲突与不协调现象。

2. 磨合博弈期

但随着20世纪90年代法院相继针对性做出司法单方限制检察监督权限范围的动作，即以司法解释或司法解释性文件规定对先予执行裁定（1996年）、单独就诉讼费裁定（1998年）、民事调解书（1999年）、生效中止诉讼裁定（1999年）提出的抗诉不予受理，对检察机关产生了极大触动。加之20世纪90年代中后期法学界对我国刑事诉讼检察机关既是公诉方又是监督者的双重角色的激烈争论及尖锐批判，也给整体诉讼监督制度带来了负面影响。针对检察院法院之间的对抗与不协作，检察机关在21世纪初王鸿翼先生执掌最高人民检察院民行厅时进行了重大的观念创新及检察监督政策转向。由对抗式向协同式转变，从之前以纠错纠违为中心转向以共同增进、维护、保障司法公正、权威为中心，即从"对抗式监督转向协同式诉讼监督"。并在具体监督规则的法治层面进行重点研究完善，及时制定发布《人民检察院民事行政抗诉案件办案规则》（2001年）。对之前分散、纯操作性检察政策方式进行了重大改革，以全面性的、科学的法治理念重塑行政诉讼检察监督理

---

① 参见杨立新《新中国民事行政检察发展前瞻》，《河南省政法管理干部学院学报》1999年第2期。

念、规则及机制,强化法治意义上的制度构建。从总则、受理、立案、审查、提请抗诉、抗诉、出庭检察建议等八大方面予以具体规则的完善。

事后看来,这种以理念先行、规则完善补充的检察转型路径事实证明是比较成功的,使得行政诉讼检察监督制度进入了一个磨合博弈的新发展时期。

3. 协同推进试验期

经过前一阶段检察监督理念的转变,全面检察监督法治建设得以推进,相应在法院也体现了理性、务实的予以回应。为解决实践中申诉人反复撤回申诉问题进行了合理的规定,并在检察院法院就行政诉讼检察监督首次联合发布文件近二十年后,在2009年、2010年就检察长列席人民法院审判委员会会议和最高人民法院办公厅、最高人民检察院办公厅关于调阅诉讼卷宗有关问题以及"两高三部"关于对司法工作人员在诉讼活动中的渎职行为加强法律监督问题达成一致、重新联合制发司法解释。从而为在行政诉讼检察监督领域实现互动协同司法,共同维护、促进公正、权威、公信司法创造了良好的基础。

综上可见,总体上我国行政诉讼检察监督作为制度事实自20世纪80年代、90年代之交创建迄今,经历了近30年的演变。尤其在20世纪末由于理论匮乏、立法粗疏、理念偏差、实践经验不足等国情局限之影响,检察院法院之间产生了较为激烈的对抗直接影响了制度的理论认知、规则的完善及实践的功效。随之在步入21世纪后,伴随监督理念的调整,新型检察监督观下的行政诉讼检察监督正在全面向现代法治制度转型。尽管难以确信何时能顺利完成此目标,但从历史发展的眼光看待一项法制也需要持续地对其予以观察与思索。

第三节 域外行政诉讼检察监督考察

"比较法研究的价值与其说在于简单地评价某种制度的优劣或推动单向移植,毋宁说在于寻找支撑在不同语境中运作良好的差异制度之间的共同机理。"① 我国行政诉讼检察监督实属"双重法律移植"的结果，对其进行域外类似制度及现象比较是全面认知行政诉讼检察监督必不可少的方面。学界对于域外行政诉讼检察监督的看法分歧明显，既有人认为，它只是"极少数国家（如越南、南斯拉夫）的例外现象"②，"绝大多数国家的检察机关均无民事、行政案件的抗诉权"③。也有人认定"世界各国都设有对诉讼进行监督、制约的制度和机制。"④这直接影响具体制度构建的理论基础及域外借鉴的渊源，囿于无法直观体验观察域外法制实践，因而从域外立法例沿革的梳理及评述、制度功能鉴析的比较法进路分别对历史上社会主义法制国家和西方主要国家类似立法及制度现象进行考察，力图廓清其中个别认知含糊及误读之处。

一　苏联、俄罗斯检察制度及行政诉讼检察监督立法例述评

（一）苏联、俄罗斯检察制度及行政诉讼检察监督立法例沿革

我国行政诉讼检察监督制度具有行政诉讼及检察监督双重法律移植之特性，检察监督既以苏联检察模式"国家法制统一监护者"角色为基调又隐含了英美法制当中"公诉为中心"检察制的若干元素。可以说，我国行政诉讼检察监督制度之复杂性恰恰折射出中国历经千年巨变转型过程中的一个缩影。在法制及政制正处于转型中的当下，为了更好考察域外类似制度之历史与当下、规则及实践，首先将眼光聚焦于与中国法律传统既有浓厚革命渊源且有重大法制移植渊源的苏联及俄罗斯的类似制度的考察。诚如刘向文教授所强调的，"为了顺利地实施我国检察制度的改革，不仅应当研究西方国家检察制度的经验和教训，更应当研究我们曾经学习、参照的，目前又不断改革与完善的俄罗斯联邦检察制度的经验和教训。"⑤

---

① 傅郁林：《审级制度的建构原理——从民事程序视角的比较分析》，《中国社会科学》2002年第4期。
② 杨立新：《民事行政诉讼检察监督与司法公正》，《法学研究》2000年第4期。
③ 沈德咏：《关于再审之诉改革的几个问题》，《人民司法》2005年第9期。
④ 朱孝清：《论诉讼监督》，《国家检察官学院学报》2011年第5期。
⑤ 刘向文、王圭宇：《俄罗斯联邦检察制度及其对我国的启示》，《中国刑事杂志》2010年第9期。

1917年十月革命胜利在俄国成立第一个社会主义国家,紧接着将原彼得大帝时期检察制度撤销后在相当长时期并没有创建检察制度,其间由多个国家权力机关和管理机关共同承担实施专门法制监督的职能。① 直到1922年5月28日,全俄中央执行委员会通过了《俄罗斯社会主义联邦苏维埃共和国检察机关条例》,才恢复了检察机关。经过一番严肃的政治理论及法制统一理论的论争与批驳,该条例在全俄中央执行委员会讨论过程中两次因检察组织领导体制是否实施垂直领导问题分歧没有通过,以致迫使病中的列宁专门撰写著名的《论双重领导与法制》一文,后再经过两次中央政治局讨论才得以通过。②

1924年颁布的《苏联和各加盟共和国法院组织原则》进一步扩大检察机关的权限,授权其对司法活动是否合法实施法制监督。在该组织原则中,各加盟共和国的检察机关首次获得了依照上诉程序和监督程序对本共和国法院的判决和裁定提出异议的权力。③ 显然,这时的检察机关,并非俄罗斯帝国检察机关的简单恢复,而是在彻底摒弃它的基础上重新建立起来的集中统一的社会主义性质的检察机关体系。④

1933年6月,为了继续加强全苏联的革命法制,苏联中执委和人民委员会共同颁布了《关于革命法制的决议》。依照该决议,撤销苏联最高人民法院检察院,建立独立的苏联检察院体系。1936年苏联宪法确立检察监督的法律地位及高度集权与自治的检察监督体制。1955年5月,苏联最高苏维埃主席团以命令形式批准了苏联检察机关历史上第一部《苏联检察监督条例》(又称为苏联检察长监督条例)。1977年10月通过新的苏联宪法,新宪法在苏联宪法史上,首

---

① 苏维埃国家设有多个对确切遵守法律实行监督的机器,如法院、检察署、民警机关、劳动者代表苏维埃、国家监察部、苏联政府附设集体农庄委员会、公断机关以及专门检查本机关所处理事务的机构。参见〔苏联〕卡列夫《苏维埃司法制度》,赵涵兴等译,法律出版社1955年版,第23页。

② 参见〔苏联〕诺维科夫《苏联检察系统》,中国人民大学苏联东欧研究所译,群众出版社1982年版,第9—12页。

③ 刘向文:《谈俄罗斯联邦检察制度的历史发展》,《俄罗斯中亚东欧研究》2008年第6期。

④ 刘向文、王圭宇:《俄罗斯联邦检察制度及其对我国的启示》,《中国刑事杂志》2010年第9期。

次以一个专章的篇幅（第164—168条）确认了检察机关的法律地位。（1933年苏联宪法以"法院和检察机关"为章名并列规定在其中的第九章。）并在第164条在苏联宪法史上首次规定，检察机关"对是否准确一致地遵守法律实施最高监督"。1979年11月30日，苏联最高苏维埃通过苏联检察机关史上第一部《苏联检察机关法》。该法将苏联宪法有关检察监督的内容、目的和任务，检察机关体系，检察机关的组织和活动原则等宪法规范加以具体化，并在其第三编第三章规定了《对法院审理案件时适用法律情况的监督》。该法一直生效，直到1991年12月底苏联解体。

1991年底苏联解体，独立国家联合体（简称独联体）成立后，苏维埃社会主义共和国联盟的检察机关改组为独联体检察机关，即各主权国家联盟的检察机关。在此历史背景下，1992年1月，俄罗斯苏维埃联邦社会主义共和国最高苏维埃通过了《俄罗斯苏维埃联邦社会主义共和国检察机关法》（以下简称《俄罗斯联邦检察机关法》）。就性质而言，俄罗斯联邦检察机关既非立法机关、执行机关，也非司法机关，而是属于独立于三权体系之外的一种特殊的国家护法机关。俄罗斯联邦检察机关活动的目的和任务体现在以检察监督方式保障法律至上、保护人权及自由、捍卫国家与社会制度三方面。

1992年检察机关法和1979年检察机关法关于检察监督目的顺序排列有明显不同。1979年检察机关法的排序是：捍卫国家利益→维护社会利益→维护公民的权利与自由。而1992年检察机关法的排序是：保障法律至上、法制统一和健全→维护人和公民的权利与自由→维护法律保护的社会和国家利益。1992年检察机关法在"检察监督"一编里取消了检察机关对法院实施监督的职能，只在其第四编规定了"检察长参与法院审理案件"。[①]

尽管俄罗斯联邦先后对苏联时期的法律作了诸多更改，但从目前已制定颁布的包括检察机关法在内的各种司法改革法来看，一般都保留了

---

① 黄道秀译：《俄罗斯联邦检察院法（上）》，《国家检察官学院学报》2015年第4期；黄道秀译：《俄罗斯联邦检察院法（下）》，《国家检察官学院学报》2015年第5期。

60%—70%的法律传统。①《俄罗斯联邦检察院法》是当下俄罗斯联邦检察制度重要的实定法。其第1条确定俄罗斯联邦检察院是以俄罗斯联邦的名义对遵守《俄罗斯联邦宪法》和执行俄罗斯联邦境内的现行法律实行监督的机关的联邦统一集中体系。其第3条规定检察长依照俄罗斯联邦诉讼立法参加法院对案件的审理,对法院违反法律的民事判决、刑事判决、裁定和裁决提出抗诉。②

检察长参加法院案件的审理具体规定体现在1992年《俄罗斯联邦检察院法》第四编第36条。该条授权检察长对法院的抗诉权:对法院非法的或没有根据的民事判决、刑事判决、裁定或裁决,检察长或副检察长可通过监督程序向上级法院提出抗诉;市、区检察长、上级检察长或副检察长可以对法官就行政违法行为所做出的判决提出抗诉。③

(二)苏联、俄罗斯检察制度及行政诉讼检察制度立法例反思

在列宁倡导以高度集权的检察监督保障的法制统一政治思想及监督理论指导下创建的苏联最高人民检察院检察长法制监督制度,旨在使执政党能够凭借一个规模不大的高度集权的中央集体去对抗地方影响,对抗地方官僚主义,且能在全共和国和全联邦内真正统一地来运用法律,④进而祛除当时苏联在全国地方上存在的割据式"半野蛮"状态,创建法制统一前提下的"文明"社会。其核心在于对政府机关、机关公务人员及全体国民在检察监督下实现准确执行全俄通行的法律、政令。"如果把检察权比作一个磨盘,那么西方检察制度中的磨心就是'诉权',而苏联检察制度中的磨心就是法律监督,其他权力都是环绕这个'磨心'运行。"⑤

换言之,列宁的法制国家以高度集权自治独立的检察监督为基点。在实践中,它主要包括通常所说的"一般监督"和司法监督两大块。

---

① 刘向文、王圭宇:《俄罗斯联邦检察制度及其对我国的启示》,《中国刑事杂志》2010年第9期。
② 黄道秀译:《俄罗斯联邦检察院法(上)》,《国家检察官学院学报》2015年第4期。
③ 参见黄道秀译《俄罗斯联邦检察院法(下)》,《国家检察官学院学报》2015年第5期。
④ 参见[苏联]列别金斯基、奥尔洛夫编《苏维埃检察制度(重要文件)》,党凤德等译,中国检察出版社2008年版,第165—168页。
⑤ 刘方:《检察制度史纲要》,法律出版社2007年版,第105页。

从前述苏联的检察监督立法流变中可知尽管存在波折与断裂，但在近70年苏联检察监督史中这种集权式监控式的法制理论仍然延续着其实践的生命力。甚至于单从现行的俄罗斯联邦的检察制度来看，也还存在这种检察监督思想的底色。正如学者总结道，俄罗斯法制改制中"一般都保留了60%—70%的法律传统"[1]。

如果择取近年立法例的一个截面来看，这种结论也能得以比较可靠的实证，譬如，2014年修订的《俄罗斯联邦检察院法》第三、四编分别详细地规定了"检察监督"和"司法监督"，细致研读其内容，可解读出这两编规定的检察职权与苏联时代的一般监督和司法监督在指导精神、实质内容及其具体规则方面基本一致，只是在原有基础上补充了新世纪以来在人权保障理念方面的内容。这体现了强调监督法制的同时也会兼顾现代司法之独立精神。检察机关的监督权虽然有所"舍"，实际上也有所"得"，在被取消部分权力的同时，也扩张了自己的监督范围，实现了新的发展。[2]

由此可知，现行俄罗斯检察监督制度延续了较大部分苏联时代的制度理念及规则。在行政执法、司法及公民在准确执行法律时的监督方面，尤其侧重列宁所倡导的一般监督思想，对此仍然在立法例中予以体现。这与苏联时代的实践有一定的延续性。苏联一般监督的实践可从以下立法例及相关实践进行考察。例如，1926年颁布的《关于以行政命令使公民由其住所迁移的条件和程序》第9条规定"对于依照行政程序迁移的决定，可以向检察机关提出控告，同时，检察机关可以通过有关的民警机关，使被控告的决定停止执行。"对公民以行政手段迁居的案件监督：为了保护公民的居住权和国家财产，检察长对公民的迁居案件有权进行监督。如当公民非法地占住公家房产，而企业或政府房屋管理局决定要该公民迁出时，必须经该管区、市检察长的批准。如职工或学生被开除而仍强占宿舍时，就可经检察长批准

---

[1] 刘向文、王圭宇：《俄罗斯联邦检察制度及其对我国的启示》，《中国刑事杂志》2010年第9期。

[2] 张艳敏、施源明：《俄罗斯检察监督立法的考察与评价》，《中国司法》2011年第8期。

后勒令强占者搬出。此类行政性质的公民迁居案件,不经检察长的批准不能执行。不服检察长的决定,可以向上级检察长申诉。譬如,监督与检查民警机关对公民罚款是否合法,检察机关任何时候都可以去检查民警机关的工作。发现问题,通常是向同级的民警局长提出意见,对于民警机关的非法决定,则写出意见交给他们的上级机关,由上级机关予以撤销。[①]

但对于行政诉讼检察监督制度而言,则并不明显,这也是当下我国学者在介绍域外行政诉讼检察监督经验时尚未澄清之处。但从苏联当时司法实践中的法制体制及其组织配置来看,这种司法审判监督其实难以起到预设的功效。就当时的人员配置及其组织能力而言,与要施行的监督制度目的之间有明显差距。根据法律的规定,苏联总检察长及其所属各检察长对于审判机关审理民事案件所做的判决、裁定、决议的合法性进行监督。为完成此项任务,苏联检察院民事案件审判监督处专门负责此项工作,在各共和国、自治共和国、边区、省和较大的市如莫斯科、列宁格勒、基辅等也设有同样的处。然而当时苏联检察院民事案件审判监督处的人员组成情况是,处长、副处长各1人,检察员13人,秘书、文书、打字人员共6人。检察员中,有地区检察员9人,每一地区检察员负责一定数目的共和国、省的检察院民事审判监督工作的领导,并具体承办相关案件审判监督工作,另外特设4名检察员分别负责处理特别交办案件、常驻苏联最高人民法院民事庭兼办相关工作、负责民事案件审判监督工作方法研究、负责在接待室接待群众事项等具体工作。如此少量检察人员意图负责指导对全国范围内所有民事、行政案件的审判监督工作,其实效性可想而知。[②]

综上所述可知,尽管在苏联及俄罗斯检察监督流变的立法例中有制度功能建制上对行政案件司法审判的检察监督的法制及其实践,但总体上这种检察监督更侧重于对行政执法及司法中具有执法性质行为而施行

---

① 中国司法工作者访苏代表团编印:《苏联司法工作访问记》,1956年编印,第76、65页。

② 中国司法工作者访苏代表团编印:《苏联司法工作访问记》,1956年编印,第71—77页。

的"巡警式"纠错监督。① 其中采用对行政案件审判的纠偏查错式监督不仅规模上不明显，且在组织体制配备上显然无法满足实践之需求。因而，若从指导精神、制度功能、司法实践而言，难以得出苏联和当下俄罗斯存在与我国行政诉讼检察监督制度相一致的制度结论。甚至传统法制上苏联对行政案件的审判与民事案件实行统一管辖审判，并无严格区分，而实践中更加注重对行政执法过程的检察监督。因此，苏联及俄罗斯的检察制度立法例及实践与我国行政诉讼检察监督制度在渊源上难以形成直接的关联。

二 南斯拉夫行政诉讼检察监督立法例介评

由于在南斯拉夫实践中行政主体及行政活动形式复杂多样，包括法律及其授权组建的联合劳动组织、其他各类组织、团体、公民联合会等及其以自己的规范文件而实施的各类活动，以及履行其他公共权能活动。以今天的眼光来看，对这些组织和团体活动的司法监督，可视作当代公共行政范畴意义上的司法监督。承担这类公共行政的司法监督主体是南斯拉夫的各种法院，不同法院之间解决的争议类型各有分工，普通权限法院主要解决行政机关或公共权能组织与以公民为另一方之间的民事法律关系范围内的争议。②

如果从行政争议解决视角来看，南斯拉夫有独特的立法例，即《行政争议法》。根据《行政争议法》相关规定，个人或组织的受宪法保障的权利和自由受到侵犯或违法限制时，可以申请法院提供特别司法保护。如果自由或权利受到了最终的个别文件的侵犯，而且又没有提供其他司法保护时，则由主管法院根据《行政争议法》的规定做出裁决。

行政争议解决的司法制度在南斯拉夫的社会变动和法律变动时期，

---

① "在进行监督时，不彻底的、零星的、不连贯的、反复无常的和临时的，只在投诉出现时才做出反应，并建立在危机基础之上的监督称为'火警'式监督，相反，'警察巡逻'式监督是监督者主动进行日常巡查式监督。"[美]詹姆斯·W.费斯勒、[美]唐纳德·F.凯特尔：《公共行政学新论：行政过程的政治》（第二版），陈振明、朱芳芳等译校，中国人民大学出版社2013年版，第284—285页。

② 参见[南]Б.克里沃卡皮奇《南斯拉夫对行政的司法监督》，李亚南译，《环球法律评论》1989年第4期。

相关职能发挥得积极有效。第二次世界大战后不久,就废除了南斯拉夫王国时期对行政实行监督的行政法院。为解决原有行政法院体系废除后的法制空白,1952年通过了加强对行政活动实行司法监督的《行政争议法》,1965年通过《行政争议法修改、补充法》,随后1977年通过新《行政争议法》。

从行政争议法的实践来看,该制度实施取得了相当成效。据《联邦审判和联邦行政秘书处1986年统计报告》的材料表明,1986年,法院就30947个行政争议案件作出行政裁决,其中有23%的诉讼被满足。[①]显然在当时来说这已经是相当不错的实效了。

在南斯拉夫司法实践中,主管检察长对法院作出的生效行政裁决提起的审判监督被视作对法院裁决提出抗议的一种非常法律手段,而且主要是基于维护法制立场提出。需要强调的是这种检察监督是基于"保护合法性的请求"观念而确立,即一种旨在保障行政诉讼司法实现法治的基本法律补救方法。该请求只能由联邦检察长或共和国或省一级的检察长提出,且限于反对具有最后拘束力的判决或决定。对于此请求,应由另一个法院作出裁决。关于保护合法性的请求,可以从行政判决送达当事人之日起三个月内提出。

在南斯拉夫行政诉讼检察监督制度中还确立了特殊的行政公益裁决检察监督机制。实践中如果某行政诉讼生效判决违法且涉及公共利益,则检察长应要求重新进行行政诉讼。并且根据检察长的监督权,要求将在行政诉讼中作出的生效裁决作废、撤销或者宣告无效。从法制实践来看,该制度也取得一定成效,如1976年,南斯拉夫主管检察长们对于整体法律诉讼的判决提出的保护合法性请求监督的案件数有916件,其中行政诉讼所作的生效判决,提出关于保护合法性的请求监督案件有24件。[②]

因而,如果从独立常设检察机关对行政诉讼案件裁判进行合法性监

[①] 参见[南]Б. 克里沃卡皮奇《南斯拉夫对行政的司法监督》,李亚南译,《环球法律评论》1989年第4期。

[②] 参见[南]乌科·戈泽·古切迪奇《南斯拉夫检察制度》,潘汉典译,《法学译丛》1979年第2期。

督而言，南斯拉夫的主管检察长对行政裁判的保护合法性的请求监督制度与我国当下的行政诉讼检察监督制度在实质内涵上基本一致，在制度史上也发挥了应有的功能。当然，南斯拉夫的主管检察长提起的行政诉讼裁决监督是基于"保护合法性请求权"这一独特法制理念，并结合了法制维护立场的政治思想要求。这与当下我国行政法治语境下的基于个案纠错及司法协同公正意义上的行政诉讼检察监督在制度内核及其价值取向上各有特色。

三　西方主要国家行政诉讼检察监督概览

从历史视角论，我国法律监督制度可谓是源于法国"国家代理人"式检察制度、历经苏联检察长监督制转化、新中国继受演变而来，其宗旨在于保障法律的统一正确实施。尽管 2011 年中国特色社会主义法律体系已经形成，然而当下中国法律实施现状依然严峻。"不把宪法和法律当回事、不给宪法和法律留面子的实例比比皆是，有法不依、执法不严、违法不究的现象在很大范围内存在，有些地方以权谋私、徇私枉法、破坏法治的问题还很严重。"[1] 因而，行政诉讼检察监督问题仍不容忽视，但对于行政诉讼检察监督诸多具体问题尚未完全解答。现有文献及论断在寻求域外理据、渊源时，仍存在个别误识。下文拟从制度功能角度择取比较标的，对西方主要法治国家中存在的与我国当下行政诉讼检察监督制度功能类似的立法例进行大致考察，着眼于制度形式上之有无和实质功效、发展趋向方面进行探讨。

(一) 法国：侧重对特定行政的法律监督

正如法国著名行政法学者所言，"专门行政法院法官监督制度是法国的发明创造。它使法院二元化了。"[2] 这种颇具特色的行政法院制度，因为了解行政机构而具有"专业性"所以独立于普通法院，因为独立行使审判权而具有"司法性"所以独立于行政机关。很好地解决了行

---

[1] 张文显：《建设中国特色社会主义法治体系》，《法学研究》2014 年第 6 期。
[2] [法] 让·里韦罗、让·瓦利纳：《法国行政法》，鲁仁译，商务印书馆 2008 年版，第 684 页。

政司法中专业性与独立性的调和问题，因而具有解决行政争议机制上的比较优势。①

但经过文献考察可见，在法国行政法院制度当中并不具有严格意义上的对行政诉讼的检察监督的规定，尤其是针对已决裁判提起类似于中国的抗诉制度的规定在法国行政法院制度中尚属罕见。尽管存在对终审判决提起救济的机制，但均为当事人或利害关系人提起而没有规定检察机关以监督者身份对行政生效裁判监督的规定。②上诉审提起主体为当事人接到终审判决后两个月内向最高行政法院提出，而复审由尚未行使被告权利的人或未参加庭审的第三人针对作出不服判决的法院提出。并且这类"复审机制实际意义非常有限"③。同样在王名扬先生论著中相关章节也没有提及检察机关提起的行政诉讼检察监督内容。④

进一步从严格制定法角度看，法国行政诉讼法典中尚未规定检察机关行使诉讼监督权对法院提起行政诉讼检察监督的规定，仅在其第112—5条规定"最高行政法院负责对行政审判进行长期的监督"。而在其第八编"上诉审程序"的第二章"向最高行政法院上诉"中第一节"一般条款"第821—1条中规定"针对上诉行政法院的裁判和所有行政法院的终审裁判，基本上都可以通过复核审向最高行政法院起诉"。该条理应被解读为类似于中国诉讼中的申请再审或申诉机制。紧接着第821—2条规定重审法院。而在第二节规定"向最高行政法院上诉需要经过事先的准入程序"。这节内容甚是关键，事关起动"复核审"主体及其资格。然而，这一节中并没有规定具体内容，更无规定检察机关提起上诉的资格。⑤就此而言，与今天中国实定法及制度规则与法制实践

---

① 王振宇、阎巍：《德国与法国行政审判制度观察及借鉴》，《法律适用》2013年第10期。
② 在其上诉内容部门并没有规定检察机关提起的诉讼监督。参见［法］让·里韦罗、让·瓦利纳《法国行政法》，鲁仁译，商务印书馆2008年版，第866—869页。
③ ［法］让·里韦罗、让·瓦利纳：《法国行政法》，鲁仁译，商务印书馆2008年版，第867—870页。
④ 王名扬：《法国行政法》，中国政法大学出版社1988年版，第650—659页。
⑤ 法国行政诉讼法典（Code de Justice Administrative），2001年1月1日生效；参见王敬波译，王秀丽校《法国行政诉讼法典（法律篇）》，《行政法学研究》2007年第1期。

相比，中国式的行政诉讼检察监督在法国语境下并不存在，甚至制度功能意义类似的制度机制都难以发现。

确切而言，中法两国法律监督"存在较大差别，法国既包括诉讼内监督，也包括诉讼外监督，但诉讼内监督没有审判监督，诉讼外监督则仅限于法定的若干行政管理领域（监督），如特殊的司法职业、精神病院、私人教育机构等"。换言之，法国有检察监督，但其侧重对特定行政的检察监督，却无行政审判监督。纵然法国的"法庭之门总是对检察官打开的"，但须以攸关公共利益为前提。①

但在中国，尽管《宪法》确立了检察机关的国家法律监督地位，但这种法律监督的实际效果却不尽如人意。即便有论者得出结论："在法国，似乎检察监督权与公诉权其实是合二为一的。"② 但检察监督权就是公诉权吗？在对此保持审慎质疑的基础上，本书进一步认为，法国的检察监督更侧重对特定行政过程的法律监督而非对行政诉讼的法律监督，相反检察权对司法审判权保持了较高的尊重及认同。

（二）美国：非官僚层级检察体制下行政机关的诉讼行为监督

从演变意义上讲，美国的检察制度就是美国社会历史发展的特殊产物。"三级两轨制"架构下的独立、分散、自主特征明显，非官僚层级体制的运作特征显著。③ 也有人认为是美国独特的建国历史及地缘构造特点造就的高度地方自治和自由度很高的刑事公诉裁量权塑造出一种以反集权化（decentralization）为核心的现代美国地方检察官体制。因而美国检察官比欧陆科层官僚体制中的基层检察官易于倾向将自己设想为类似于当事人的角色。④

就行政争议诉讼机制而言，美国检察制度近年来体现了明显的行政被告型检察监督特点，诚如 Griffin B. Bell 强调指出，"总检察长不应放

---

① 施鹏鹏：《法国检察监督制度研究——兼与中国的比较》，《暨南学报》（哲学社会科学版）2010年第5期。
② 施鹏鹏：《法国检察监督制度研究——兼与中国的比较》，《暨南学报》（哲学社会科学版）2010年第5期。
③ 何家弘：《论美国检察制度的特色》，《外国法译评》1995年第4期。
④ 黎敏：《联邦制政治文化下美国检察体制的历史缘起及其反官僚制特征》，《比较法研究》2014年第4期。

弃对行政监管机关（如环境保护局）诉讼行为的监督权，……他的根本职责就是代表整个美国的利益，……这一职责远高于因将总检察长仅视为政府代理人的狭隘视角所导致的政府职能部门之间的利益冲突。只有总检察长才能享有这种监督诉讼的权力。"① 以对国家环境保护局的检察监督为例，对行政监管机关的行政诉讼行为的检察监督权具体表现在：检察机关对国家环境保护局的起诉事项、证据种类等享有知情权；对涉及诉讼请求、证据提交、辩论、法庭建议、总结陈词以及任何其他的诉讼行为享有控制权、监督权；有权根据需要在诉讼前委派助理检察官或特别检察官；国家环境保护局诉讼中进行的谈判、和解，必须征求总检察长同意，否则，不得在庭审中提交任何诉状或文件。②

因而，如果从制度功能角度而言，美国行政诉讼中检察监督特点体现在侧重对特定行政机关的行政诉讼行为的监督机制，此检察监督特点与当下中国侧重对行政诉讼的个案纠错式审判监督在价值取向、制度规则及实践操作方面完全不同。

（三）英国：传统浓厚型检察制度下行政诉讼检察监督的缺位

英国的检察制度是在旧有诉讼制度基础之上，通过点点滴滴的改良逐步积淀而成。从12世纪出现大陪审团起诉制，到13世纪设立总检察长、副总检察长，再到1879年设置检察长一职，最后到1985年全国性检察制度的建立，前后历时七八百年，整个进程循序渐进，表现出超强的连续性。其间每一个具体步骤都以尽量保持传统为出发点，以有限变革为归宿。其结果是每个变化都似一次巧妙的推陈出新，犹如水到渠成一般因势利导而促成。尽管事后看来前后变化是重大的，但却几乎是以令人觉察不到的进展方式实现。

英国的检察机关体系与大多数大陆法系国家及中国比较后的一个明显特点，就是其被定位于以公诉为主导的行政机关，基本没有法律

---

① Griffin B. Bell, "The Attorney General's Role as Chief Litigator for the United States", *Legal Counsel*, 1982, pp. 47、73.

② 郭林将：《美国检察机关监督环境监管行为的路径和方式》，《人民检察》2015年第9期。

监督权。这是英国检察制度不同于大多数大陆法系国家及中国的显著特点。①

在英国，检察署既是公诉机关，同时也是政府的法律顾问机构，在三权分立体系中隶属于行政权的一个机构，完全异于行使司法权的审判机构。不同于我国检察机关，英国皇家检察署没有法律监督的权力，也没有直接侦查案件和指挥警察进行进一步侦查的权力。②经检索，在经典的英格兰行政法教科书的体例及章节安排中尚未看到有关行政诉讼检察监督内容。③这也佐证了"英国传统浓厚型检察制度下行政诉讼检察监督的缺位"。

（四）德国：检察公益代表人提起行政诉讼再审机制

在德国行政法学家弗里德赫尔穆·胡芬（Friedhelm Hufen）将"诉讼法的意义理解成实现人权与民权的模式"的视角当中，可看出德国人对行政诉讼制度所持的保障人权与公民权利的重要性。④而在我国行政诉讼检察监督研究文献中通常被引用来证实德国也有行政诉讼检察监督制度的立法根据无不是现行《联邦德国行政法院法》"第35条"。此条包括两款：1. 在联邦行政法院中设有1名检察官。为维护公益，该检察官可以参与在联邦行政法院中的任何诉讼。但不包括纪律惩罚审判庭的案件以及军事审判庭的案件。该联邦行政法院检察官听命于联邦政府。2. 联邦行政法院保障该检察官的发言权。⑤

全面解读该条，可知其乃体现德国行政诉讼制度中"公益代表人"制度而作出的规定，且该制度包括两个法条，即第35条规定的联邦行政法院检察官和第36条规定的公益代表人。换言之，第35条与第36条共同组成德国行政诉讼制度框架下的行政检察公益诉讼机制。尽管它

---

① 参见李培锋《论英国检察制度的演进及其特点》，《法制现代化研究》（第十二卷）2009年第00期。
② 黎杰翠：《简析英国检察制度》，《中国检察官》2006年第10期。
③ 参见［英］彼得·莱兰、戈登·安东尼《英国行政法教科书》（第五版），杨伟东译，北京大学出版社2007年版。
④ ［德］弗里德赫尔穆·胡芬（Friedhelm Hufen）：《行政诉讼法》（第5版），莫光华译，法律出版社2003年版，中译本序言。
⑤ ［德］平特纳：《德国普通行政法》，朱林译，中国政治大学出版社1999年版。

属于行政检察监督之范畴，但并非属于严格界定意义的对行政诉讼的检察监督所包括的外延之中。

进一步而论，德国行政诉讼制度中是否具有类似中国当下的行政诉讼检察监督制度呢？在《德国行政诉讼法》第153条（再审）中规定了"1.对于确定的具有既判力的判决，可根据民事诉讼法第四编提起再审。""2.公益代表人也有权提起无效之诉及恢复原状之诉，在联邦行政法院作为一审及终审法院时，联邦行政法院检察官也拥有该权限。"德国本土学者认为"针对已经终结的程序，再审是一种非正式的法律救济，其目的就是在特定条件下，通过无效之诉或者恢复原状之诉撤销一个已经确定的决定，并重新开始诉讼程序。"[1]然而，《德国行政法院法》并没有就再审专门作出细致规定。而是转致《德国民事诉讼法》第579、580、589条三个条款适用，其中对启动再审的前提条件非常严格，而且必须通过再审之诉本身是否合适的中间判决。德国学者分析认为，实施第153条的再审的情形主要有：特别重大程序瑕疵，可考虑采用无效之诉，但在实践中更为重要的则是恢复原状之诉，例如，倘若有事后证明参加人违反誓言义务，或有贿赂公职人员或者类似的严重违法行为，或者作为判决基础的证书是伪造或者变造的等。并且认为"再审程序具有补充性。"对"异议""监督抗告""申诉权"等监督措施不可以通过法院强制行使，而必须为其提供一条能"对申诉本身进行客观审查和答复"的途径。[2]

因而，德国的行政诉讼检察监督主要体现在再审制度，且必须由公益代表人的行政法院检察官针对涉及公益行政案件提出的无效或恢复原状之诉。就形式及实质内容说，这种检察官作为公益代表人进行的行政诉讼检察监督，与我国行政诉讼检察监督具有相对一致性，但仍不完全一致，我国的检察机关提起行政再审之前提并非公益取向，而是行政诉讼的违法性及对违法的督促消除。

---

[1] ［德］弗里德赫尔穆·胡芬（Friedhelm Hufen）：《行政诉讼法》（第5版），莫光华译，法律出版社2003年版，第628页。

[2] ［德］弗里德赫尔穆·胡芬（Friedhelm Hufen）：《行政诉讼法》（第5版），莫光华译，第627—629、18、18—19页。

（五）小结

西方主要法治国家行政诉讼中有无检察监督的论题一直存在争议，其中不乏偏误之说，也许是角度原因，也许是盲从所致。但多数学者认为不存在中国模式的行政诉讼检察监督，本书基于前述考察基本认同此论断。综上所述，可以看出西方法治国家在整体的行政争议诉讼机制的权力约束方面更加侧重诉讼内部制约机制的规则设置及实践运用，却弱化对司法审判的事后监督。当然这并不意味对法官个体在诉讼行为及日常生活中行为举止是否合乎司法裁判者身份的监督与惩戒。这也体现了诸如美国检察部门对行政过程及行政案件行政部门诉讼行为的检察监督。而这种理念体现了检察部门作为法律监督职能特点对行政领域的监督在诉讼场域的延续。

本章小结

本章通过对行政诉讼检察监督密切相关的两组基础性概念，行政与行政诉讼以及监督、法律监督与检察监督的中外字源、词源梳理、解析，辨析并严格界定了行政诉讼检察监督概念的内涵及外延。确定行政诉讼检察监督是对行政诉讼的法律监督的核心要义。从语义逻辑、生活经验法则和法律规则实践方面质疑过度泛化理解与拓展行政诉讼检察监督外延的见解及其实践做法。在明晰研究对象的内涵及外延的基础上，紧密结合"复合型制度"特质，择取检察院法院司法解释为主要题材对我国行政诉讼检察监督制度变迁进行梳理，总结其中变迁特点与内在规律，尝试塑造我国行政诉讼检察监督制度的历史观。进而从制度功能视角对域外典型国家的"类似"行政诉讼检察监督现象，即立法例及相关实践进行考察、评介，对我国既有文献中的个别认识偏误与疏漏进行辨析与廓清。这样，通过基本概念解说、制度史梳理及域外比较法考察，形成了主题明确基础上的纵横结合的制度大致认知框架，为对我国行政诉讼检察监督制度的进一步研究进行铺垫。

第二章 我国行政诉讼检察监督原则

本章基于法律原则内涵、特征及其判断标准等原理,结合我国行政诉讼检察监督的传统与现实、学理与实务,将行政诉讼检察监督原则表述为:集中体现行政诉讼检察监督的本质与价值,反映现代宪法核心精神、行政法治时代特质,效力贯穿于全部行政诉讼检察监督或重要行政诉讼检察监督规则当中,对行政诉讼检察监督规则的制定、实施、修改具有普遍指引作用的根本性法律准则。具体来讲,又可将其解析为以下诸项原则,即合法律性监督原则、司法公正协同原则、程序性监督原则。该三项原则各具特定内涵及具体要求,但在根本理念与核心宗旨上统一于行政诉讼检察监督的根本目标:督促行政诉讼法律统一公正实施,因而在逻辑体系上协调一致,形成一个各有侧重、结构协调的原则体系。

第一节 行政诉讼检察监督原则界说与研究述评

一 行政诉讼检察监督原则界说

东西方学界对法的原则的认识大同小异,西方法学界将法律原则阐释为:"法律的基础性真理或原理,为其他规则提供基础性或本源性的综合性规则或原理,是法律行为、法律程序、法律决定的决定性规则。"[1] 我国法理学者指出,法律的基本原则是"体现法的本质和根本

---

[1] Black's Law Dictionary, West Publishing Co, 1979, p. 1074.

价值，是整个法律活动的指导思想和出发点，构成一个法律体系的灵魂。"① 另有观点将法律原则的核心语义定位于："统率法律具体规则的根本性规则"②。由此看出，对作为法律规则的精神内核的法原则的整体看法，以及法原则在联结理念与规则的功能认知方面，及其在整个法律系统内的根本性地位的定位，中外基本一致，即这种决定法的统一性和稳定性的根本性规则对于特定法而言其重要性不言而喻。

由此可将行政诉讼检察监督原则诠释为：集中体现行政诉讼检察监督的本质属性及价值功能，其效力隐含于全部行政诉讼检察监督或重要行政诉讼检察监督规则之中，并对具体规则的拟定、实施和修改具有普遍指引作用的根本性规则。

基于该内涵所指，可进一步归纳出行政诉讼检察监督原则的三个基本特性：其一，法律效力的贯穿始终性，即行政诉讼检察监督原则所蕴含的精神与理念必须在具体规则中得到全面充分遵从、落实和体现；其二，内容的根本性，即能为具体规则提供基础或本源，且能对具体规则的表述及其适用予以论证和解释；其三，形式的抽象性，即由学者或实务工作者以理性认知后对实践活动加以归纳、提炼升华而来。进一步而言，这三个特性既可表征行政诉讼检察监督原则的内容及形式的特质，也是用以判别某一原则是否当属行政诉讼检察监督原则的主要依据。③ 确定内涵、特征与判断标准后，可将视野转向行政诉讼检察监督原则研究现状，对其作学术研究历时与现实性考察，既可从中梳理出相关研究的主线与脉络，也可探究现有理论认知的局限与漏洞，才能进一步拓展相关研究的深度与广度。

二　我国行政诉讼检察监督原则研究述评

（一）现有研究特点

理论界对行政诉讼检察监督原则的研究伴随该制度的确立经历了一

---

① 张文显：《法哲学范畴研究》，中国政法大学出版社2001年版，第55页。
② 李傲、臧荣华：《略论我国行政检察原则》，《法学评论》2014年第5期。
③ 参见李傲、臧荣华《略论我国行政检察原则》，《法学评论》2014年第5期。

个渐次发展的学术进程。但长期以来相关研究存在几个明显的特点：其一，将行政诉讼检察监督原则与民事诉讼检察监督原则混同一起考察，容易忽视民事诉讼与行政诉讼之间的事实上的区别，无法针对行政诉讼检察监督特质提炼其基本内核。其二，没有紧扣法律原则的本身内涵、特征及判断标准，难以区分行政检察的一般理念与原则、技术与原则、规则与原则的联系，容易导致原则内涵泛化，无法发挥出其就有的作用。其三，没能兼顾到原则的指导性功能的分析，缺乏原则与规则及实践操作之间的有机联结。基于前述局限，本书针对制度本身特质，紧密结合原则内涵、判断标准、指导功能尝试对行政诉讼检察监督原则的理论研究作简要分析。

(二) 现有研究述评

制度结构组合性特点决定了相关制度在原则上的复合性特质，这也导致了学界在讨论行政诉讼检察监督制度原则时，惯于从诉讼制度或检察制度或宪法原理出发考察分析。尽管认知各有侧重，但对于实质上统一的制度原则的思想内核及其价值观念难以达成共识。行政诉讼检察监督制度在制度结构方面涵盖了行政执法、行政诉讼及检察监督三项各自独立制度，由此确定行政诉讼检察监督原则有其固有的独特性与复杂性。有论者就此指出，"民事行政检察监督基本原则就其本质而言乃是诉讼规律、检察规律和其自身特殊规律等三方面磨合、融汇而成的"。进而基于制度特有规律和基本特征，归纳出行政诉讼检察监督三大特有原则：全面监督原则、依法监督原则和客观公正监督原则。[1] 但也有论者主张，"由于涉及司法体制的权力架构关系，行政诉讼检察监督规则，……应当由立法机关立法或立法性解释确定……"进而提出"监督有限原则"观点。[2] 还有论者从"（行政诉讼检察监督）原则的确立既需要反映行政诉讼的基本精神，又需要反映检察制度的基本原理，还

---

[1] 汤维建：《挑战与应对：民行检察监督制度的新发展》，《法学家》2010年第3期；汤维建：《民行检察监督基本原则研究》，《法治研究》2012年第8期；汤维建：《论民事诉讼中检察官的客观义务》（上、下），《国家检察官学院学报》2009年第1期、第2期。

[2] 魏建新：《冲突与完善：基于行政诉讼检察监督的属性分析》，《理论月刊》2011年第10期。

要遵循其自身的特殊规律"立论出发,提出了行政诉讼检察监督需要遵循的"依法监督、有限监督、权利保障"三原则。①

综合上述观点可见,不同观点的立论基础基本一致,却在论断方面明显不同,在法律制度现象的结构性特点方面都给予关注,进而在依法监督原则上达成共识。就监督程序性要求而言也可从依法监督原则中推导得出,没有明显分歧。但在监督范围上分歧明显,以汤维建为代表的全面监督论者从根本性准则层面出发,主张"全面监督观",倡导检察机关对行政诉讼施行全程监控型的监督。暂且不论这种流程式、全面控制型监督在实践中实行的可操作性难题,就该主张与其他原则之间的协调性方面,矛盾凸显。全面监督原则与依法监督原则在逻辑上无法严丝合缝,所谓依法必须要有法律的明确规定,对照2014年《行政诉讼法》第11条及第93条规定,即可得出全面监督与依法监督在内容上相冲突,即如果严格依法则无法全面,而追求全面,则无法落实依法。否则,只能是"依法下的全面",显然这种语义难以自洽,由此该两种原则存在无法兼容并存的逻辑关系。

而"有限监督原则论"与依法监督的观点在逻辑上相对更易于兼容并存。但"依法监督原则、有限监督原则"与"权利保障原则"之间似有不兼容之处。试问检察监督旨在保障法律的统一正确实施,而权利保障通常被认为是权力机关以对公民权利遭受侵害时提供的救济为取向。行政诉讼立法目的上确有权利保障之预设,但在行政诉讼检察监督制度中,是否仍然以此为重心呢?对此无法轻易断定。若从检察体系的客观主义原理来说,似乎确立这类监督中的权利保障为根本性准则有些牵强,即便通过行政诉讼检察监督有时能达到这种效果,但这种实效也仅仅是行政诉讼法律公正实施的附随后果,属间接效果。

尽管全面监督原则主张与有限监督原则说都基于各自立场出发为行政诉讼检察监督确定了有价值取向的根本性准则,也不乏学者的真知灼见及其合理性的一面,但对行政诉讼检察监督原则仍然有进一步讨论的

---

① 李玉龙:《论我国行政诉讼检察监督制度的完善》,硕士学位论文,四川师范大学,2015年。

空间与方向。

与上述观点侧重或选取监督范围、依据、标准、功能某一方面探讨的进路不同,另有论者从行政检察活动的"运作原理、功能价值、依据与标准、形式与过程"四个方面着手,相应地解析、归纳并阐释了"制衡法定原则、公益原则、合法性原则与程序公正原则以及各自的实践要求"①。比较全面地对我国急剧转型期的行政检察的根本性规则进行了体系上的重新建构。尽管行政检察与行政诉讼检察监督在内涵及外延上并非等同,但两者逻辑上的包含关系意味着前者原则阐释对于理解后者的原则问题仍具有较大的参考意义。

另外,杨立新教授主张民事刑政检察原则包括:立场公正原则、审查公开原则、效率优先原则、减少讼累原则。②还有观点从更加抽象层面指出民事行政诉讼检察监督制度需要遵从的理念有:改变有错必纠及重刑事轻民事刑政检察监督的理念、树立程序本位理念、树立法律至上和全面监督理念、树立人性尊严和效果衡平理念、树立优势证据理念等。③

结合上述学界对行政诉讼检察监督原则相关研究来看,在依法监督这一点上基本达成共识,毕竟作为对法律实施监督的检察监督活动,本身必须合法。但是关于监督范围却有全面与有限之争,在监督对象上也不尽一致,有人主张监督对象涵盖所有诉讼参与人,也有的主张只限于公权力机关。在阐述该原则时,更加全面深入体现复合型制度特点方面还有待进一步研究的空间。

第二节 我国行政诉讼检察监督原则具体内涵及其体系重述

正是以列宁法制监督理论及法制统一政治思想为制度源泉,新中国

---

① 李傲、臧荣华:《略论我国行政检察原则》,《法学评论》2014年第5期。
② 杨立新:《民事行政检察教程》,法律出版社2002年版,第76—79页。
③ 张显伟、杜承秀、王丽芳:《民事行政诉讼检察监督制度研究》,中国法制出版社2011年版,第124—163页。

成立之初即确立了法律监督为国家根本政制根基。尽管略带中国特色，但在基本理念、根本制度，甚至表述上皆形同苏联式的法制监督政制。如前文所述，确立这种政制之核心思想表现是：自上而下地集中监控国家政府机关及其公务人员与国民在社会活动中准确执行法律从而稳固政权进而实现社会文明。换言之，即由检察机关对"是否准确执行法律"进行监督控制成为法律监督之根本。即便在后列宁时代的苏联及俄罗斯联邦的检察制度对继承法制监督的一般监督和垂直领导体制已有所改变，但在今天的俄罗斯检察制度中仍然隐含着这一政制思想及其规则。改革开放以来的检察监督制度也已部分恢复原先列宁法制监督本质，尽管垂直领导检察体制已经不再，但以检察机关承担国家法律监督职能保障法律统一正确实施之宗旨仍是检察权之根本。因而，在讨论行政诉讼检察监督原则时，不能忽视这一大的法制及政制脉络与背景。

结合法原则的内涵、特征与判断标准，本书提出行政诉讼检察监督三大原则：合法律性监督原则、司法正义协同原则、程序性监督原则。该三原则能相对全面深入地概括行政诉讼检察监督特有的价值功能、核心理念、制度规则等基本性内涵，理应成为制度设置及运作的根本指引。其中以合法律性监督原则为基本内核，统领、体现与切实贯彻国家法律监督机关在行政诉讼检察监督中的目的宗旨、监督范围及监督标准，并能涵盖制度必然涉及的行政执法、公民依法维权、行政司法审判、行政司法审判检察监督四者之间实现法律统一正确实施的宗旨。进而以此根本性准则统率行政执法、行政司法审判、行政司法审判检察监督三种公权行为及公民维权之个体行为的基本准则。

一 合法律性监督原则

合法律性监督原则是指检察机关对行政诉讼实行法律监督时，在监督宗旨上确定为保障行政诉讼活动的实施合乎法律的权责规定，并将严格意义的法律规范确定为监督的依据及标准，还为监督机关实施监督时自身恪守法律要求提供法定准则。换句话说，诸如何为行政诉讼检察监督、何以监督及如何监督等核心问题的解答基本上都可以在合法律性监督这一根本性准则中得以充分圆融的解说与阐释。该原则还兼顾行政诉讼检察监督制度组合性制度特征,即无论是诉讼还是监督,只能在符合法律原则与具体规则的框架下,才能切合国家与社会格局中的法治化追求,才能涵盖多重制度最大公约数的基本价值观与实践观。据此,该原则当属原则中的原则,是行政诉讼检察监督的元规则,即基本原则。

从逻辑层面来说,检察机关进行法律监督的基本逻辑是:"利用法律来监督法律的实施。"监督法律实施的过程,同时也是法律实施的过程本身,法律是检察监督活动的全部出发点和最终归属点。[①] 如果偏离"合法律性"这一准则,所谓法律监督就不复存在。检察制度奠基人王桂五先生指出,"作为宪法规定的履行法律监督职权的检察机关只是从是否遵守法律、是否合法的观点上进行监督,检察一切违法犯罪的行为,它不过问思想作风问题,也不检查各部门工作中的一般缺点错误,以及是否完成工作任务等。"[②] 从司法行为角度而言,"司法行为的底限是基本的法律原则和法律规范。这是无论何时均应给定的一个限制。"[③] 最新行政诉讼检察监督检察司法解释也确定"坚持合法性审查"监督人民法院、行政机关依法行使职权的原则。因而,可以说该原则已上升为一定程度的法定原则。[④]

确立合法律性监督原则对行政诉讼检察监督制度不仅具有重大的理论意义,而且还有较强的实践功能。从理论上讲,有利于在学理上进一步拓宽行政执法、行政诉讼、行政诉讼检察监督在适用"法律规范"问题上的研究视野与深度;就实践而言,可以更好地指导检察监督实践,可以从原先由检察机关、审判机关与行政机关从行政活动的事实与法律层面的各执己见,转化到对法律及法律精神、原理与具体规则的统一公正的理解与适用上来,这能够为行政诉讼检察监督的实施确立可操作、可预见的"标尺"。正如有学者所说,"行政法治的发展历程必然是一个将政府官员从对其上级的绝对服膺中解放出来并

[①] 汤维建:《民行检察监督基本原则研究》,《法治研究》2012 年第 8 期。
[②] 王桂五:《人民检察制度概论》,法律出版社 1982 年版,第 41 页。
[③] 龙宗智:《"相对合理主义"及其局限性》,《现代法学》2002 年第 4 期。
[④] 《人民检察院行政诉讼监督规则》(试行)第四条。2016 年 3 月 22 日最高人民检察院第十二届检察委员会第四十九次会议通过。2016 年 4 月 15 日公告施行。

转而由成文的法律规则进行控制的过程。这当然并不意味着上级失去对下级的控制，而只是意味着上级对于下级的控制本身必须受到法律的控制。"①

进一步而论，行政诉讼检察监督事实上不可能完全撇开行政诉讼的"合法性审查原则"另起炉灶，去确定另一套全新的衡量行为是否合法。因为完全以检察机关确立的一套标准来审视行政诉讼活动的合法性并相应做出再审检察建议与行政抗诉的决定，这无疑会导致检察院法院两家在司法裁判标准与法律监督标准问题上的严重分歧，事实上造就了检察监督判断与审判机关裁判之分歧，以及带来国家整体性司法权威与公信的分割及其潜在危机。再者，法律监督的核心功能在于确保法律的统一公正实施，维护公共利益，促进法治。其针对的是违法现象的检查并督促其予以纠正以恢复合法，故而在行政诉讼裁判及其检察监督的标准问题上，确立"合法律性"标准无疑是更加理性的选择。这一原则确立的"是否合乎法律标准"事关行政诉讼检察监督的重大理论与实践意义，既是在行政诉讼"合法性审查原则"基础上的提升，也回答了检察机关以何种标准监督行政诉讼的问题。

合法律性监督原则确立了行政诉讼检察监督旨在实现行政诉讼与对其检察监督之双重合法律性，遵从该原则的基本要求包括：其一，审判机关运用行政审判权力组织、指挥诉讼时，必须合乎行政诉讼法之各项权责之具体规定；其二，检察监督机关对行政诉讼施行监督时，需从保障行政诉讼法律被切实遵守的取向进行客观公正地发现、核实、督促其中的违法或错误，以司法复查者角色和以对法律负责任的立场与姿态进行监督，即体现出行政诉讼法律守护者身份及其职责本色；其三，无论是审判机关抑或检察监督机关都必须在法律规范所确立的精神、理念及其价值准则的指引下活动；其四，尤其强调该原则中的"法律"仅仅是指严格意义上国家权力机关颁布实施的国家法律而非其他法律意义上

---

① 吕尚敏：《行政执法人员的行动逻辑———以 W 河道管理局为样本的法社会学的考察》，中国法制出版社 2012 年版，第 51 页。

的规范。①

二 司法正义协同原则

司法正义协同原则在表述上借助于民事诉讼模式理论中协同原则论说之句式,但本书此处用意并非仅仅指称检察监督机关对行政诉讼实施法律监督时,检察院法院之间在合作、商谈意义上使用,而是从确立行政诉讼检察监督制度的更高层次宗旨、目标维度而指称,即将确立维护、增进、保障"行政诉讼司法正义"作为检察院法院在行政诉讼检察监督中的宗旨与目标。同时,还涵盖了为达成该目标而需要检察院法院之间监督实践中遵守合法底线基础上的必要协作之意涵。②

行政诉讼司法正义是法院运作其审判权的本职所在,但由于法院系统内外部体制与社会环境之综合因素影响而使行政诉讼系统之本能功能难以实现。因而,多数学者主张强化行政诉讼检察监督。然而,这种单纯借助外部系统监督实现纠偏与督促纠正的努力,能否一劳永逸地解决行政诉讼中的诸多难题,无不令人疑惑!事实上多年的实践已经表明,近30年来的行政诉讼检察监督的实效差强人意!假定能以行政诉讼检察监督的外部监督彻底解决行政诉讼中的痼疾的观点成立,至少在数据上可反映出行政诉讼的上诉率、申请再审率和申诉率一定会呈现逐年下降走势,但事实并非如此。以2007—2011年周期

---

① 假定检察机关可以"非法律"标准或依据进行监督,这就背离了法律统一正确实施的法律监督之原意。在当下中国行政执法、司法实践中大量存在的"非法律"规范是导致违法现象普遍存在的主要根源,实践中,执法机关和司法机关运用制定各种"规定、细则、办法、方案、条例"有意无意转换国家法律及其具体规则中隐含的公正、公平、公开、便民、高效、及时等良善愿望与利益取向。这些现象恰恰是客观上需要检察监督以"法律标准"监督的重点对象。

② 汤维建教授基于传统检察监督理念中"对立监督理念、绝对主义理念"的滞后及其导致的实践困境,倡导塑造新型检察监督协同理念,其基本特征在于消弭存在于诉讼模式传统二元论之间的绝对界限,将当事人主义和职权主义的有益因素恰当地优化配置起来,形成同时发挥当事人和司法者两个方面能动性的新型诉讼模式。具体进路包括:参与实现检察监督、树立司法合作精神、恪守诚信监督的理念。参见汤维建《论中国民事行政检察监督制度的发展规律》,《政治与法律》2010年第4期。本书与其内涵及其进路并不一致。

为例，全国法院行政诉讼上诉案件 164362 件，占全国法院一审判决与裁定总和的 77.93%，年度上诉率从 72.85%—85.29% 不等。同期刑事案和民事案上诉率分别只有 15.00% 和 20.92%。① 因而借助行政系统外部独立的检察监督系统监控式介入以化解行政诉讼内外部难题无疑是困难的。对此卢曼所言极是，"没有任何一个功能子系统能够解决其他子系统的核心问题。"② 存在检察监督实践与制度预设的反差的主要原因是检察权运行规律与审判权运行的内在规律之间本身难以兼容。"只有不断改进监督方式和方法，实现检察院法院良性互动，保障检察院法院两家协调有序有效地开展工作，才可能得以共同维护司法公正和法制权威。"

综上所述，确立司法正义协同原则的基础在于行政诉讼检察监督制度的复合性特质及其运作中所必要的程序规则。行政诉讼活动涉及多方参与者的权力（利）与义务及责任，不仅当事人定会竭尽全力自利，裁判者也会力图在整个诉讼进程中实现自利，作为广义上的监督者的司法机关当然也会考虑自己的利害关系。因而，整个制度运作中自然形成了多重制度与行动者之间的博弈关系。另外，检察机关对行政诉讼施行检察监督时，其实是两个系统、两套制度体制、两班人马在行动，尽管监督者为主动，被监督者处于被动状态，但凡监督必以过错为动因与指向。尤其在严格的司法绩效考评与严肃的司法过错追责制下，司法监督所导致的检察院法院因监督而生的对抗与冲突事实上是难免的。"如果司法不能与各方保持适度的'嵌入关系'，那么其效力与权威都难以得到保障。由此，检察院、法院和当事人需要基于共同司法平台的沟通，实现司法对于个别化思维的统一。"③ 因而确立更加宏观、更高层级的整合性司法正义的价值取向及制度理念是用以指引、缓解检察院法院之间的对立之制度特质所决定的。正如论者指出，"司法监督的目的并非以监督取代司法，而是监督司法按照其自身的规律和要求运行，以最大

---

① 参见包万超《行政诉讼法的实施状况与改革思考——基于〈中国法律年鉴〉（1991—2012）的分析》，《中国行政管理》2013 年第 14 期。
② 卢曼：《法律的自我复制及其限制》，韩旭译，《北大法律评论》1999 年第 2 期。
③ 李亚凝：《检察指导案例与共识性裁判的生成》，《国家检察官学院学报》2015 年第 4 期。

限度地实现公正。"① 2001 年检察机关以民事行政抗诉案件办案规则形式确定了人民检察院对行政诉讼活动进行法律监督，着重维护国家利益和社会公共利益、维护司法公正和司法权威、保障国家法律的统一正确实施（简称检察"两维"理念），即是体现了司法正义协同原则的精神理念。这种从原先侧重检察监督权对行政诉讼片面"纠错式"监督转向共同谋求行政诉讼司法公正和司法权威的司法正义价值观体现了行政诉讼检察监督原则的价值取向及根本准则的理性回归。

司法正义协同原则为形成行政诉讼检察监督各利益相关者的"重叠共识"提供条件，意义深远。行政诉讼检察监督作为独特的"司法平台"在为法院、检察院、当事人提供对话博弈共同语境的同时，也需要各方遵守同样的规则。通过统一规则的共同遵行，既排除了司法审判的"独断性"，也能彰显裁判结果在检验中的"共识性"。这种经由司法监督过程形成的司法裁判"共识性"为国家和社会创造了一个公共空间，也为法院提出自己的论证来回应当事人及检察监督机关的质疑提供了可能。② 在以证据采信与否定、事实认定及法律充分论证说理释义的沟通过程中，质疑不断被解答，才可能实现共识的达成。真正最终的裁判是法院、检察院、当事人在司法平台上，以证据为基础的论证交互所得出的，是一个不断提出怀疑，又不断消除怀疑，最终弥合差异达成共识的过程。一旦各方从法律共识中获得了在对抗制环境中完备性学说所不能获得的目的，那么这种法律共识就会得到各方的信任，从而达成重叠共识。这里的重叠共识性再审裁判即是蕴含各利害相关者共同接受的司法正义精神及理念。③

从司法实践论，检察机关对行政诉讼的法律监督既非一味地找错和纠错，也非对抗性地以检察判断取代法院的认定与裁定，而是基于共同

---

① 袁登明、吴光荣、郑成良：《监督与司法公正问题的讨论（三）》，《人大研究》2004 年第 5 期。
② 参见李亚凝《检察指导案例与共识性裁判的生成》，《国家检察官学院学报》2015 年第 4 期。
③ 参见李亚凝《检察指导案例与共识性裁判的生成》，《国家检察官学院学报》2015 年第 4 期。

维护司法公正、实现社会正义为基本出发点，以行政诉讼案件裁判的合法正当与否作为切入点，寻求促进司法公正社会正义的最大公约数。最新行政诉讼检察监督司法解释确定了"监督和支持人民法院、行政机关依法行使职权"准则，强调检察权与审判权、行政权既相互制约又良性互动，即是司法协同正义原则的具体化。①

该原则具体要求体现在：一是构建行政诉讼中法院与检察院之间具体个案监督时，常态化日常交涉机制，如在检察机关调卷时，以规范化的程序约束检察院法院之间的任意及专断；二是对检察监督机关作出的监督意见及其处置决定，相应地法院需要及时回复与解释说明，而不能置之不理，以体现并维护国家法律监督的地位及其权威性；三是检察监督机关进行监督时，对法院的诉讼组织指挥权行为需要给予基本的尊重与维护，如对于正确裁判遭受申诉人无理纠缠时，须维护法院的权威，共同人做好息诉服判工作。尤其是对于行政诉讼裁判的抗诉机制的起动，要慎之又慎，这是因为抗诉代表的"是国家意志而非诉权持有者的个体意志，是拟制的国家意志主体对诉讼程序的强行进入"。只是在相对合理主义视野下的权宜之计②谨防对司法权威与公信造成不必要的冲击，假定司法程序违法但裁判实体结果基本合法正确，尚未造成当事人的较大权益损失时，可通过检察建议司法机关内部纪律惩戒方式进行处置而非得一概通过抗诉进行监督。

该原则也在一定程度上吸纳了检察院法院之间在诉讼监督机制中形成的权力分工及平衡精神，司法审判权旨在对争议进行裁断，其本质是适用法律规范对待决案件的判断权之体现，而行政诉讼检察监督权旨在对诉讼活动的合法性进行考察与督促，只有两者定位于实现司法正义的更高层级价值追求中，才能寻求双方需要共同遵从的公约数。然而，这种系统外的监督关键在操作环节的顺畅与监督信息的及时共享方面，只能通过协同双方在监督时的有机互动才可能实现司法公正服务之价值。

---

① 徐日丹：《〈人民检察院行政诉讼监督规则（试行）〉发布——最高人民检察院民行厅有关负责人详解〈规则〉五大亮点》，《检察日报》2016年5月25日第1版。

② 龙宗智：《相对合理主义视角下的检察机关审判监督问题》，《四川大学学报》（哲学社会科学版）2004年第2期。

在实践中，为达到这种司法协同，多个地方检察院法院机关在人大的领导下构建了协同机制。① 因而，提炼出该规则也有充分的实践基础为根据。

三 程序性监督原则

行政诉讼检察监督程序性监督原则是指检察监督机关对行政诉讼的合法律性的监督侧重从程序启动意义上而施行，无权直接对涉及的行政诉讼的程序及其裁判合法与否直接做出决定与处置。"从目前对司法进行'实体'监督为主转移到以监督司法过程的正当程序性为主。"② 举最能引起争议的行政抗诉权为例，检察机关的抗诉权并不能彻底地否定法院的司法裁定与判决。因为这种抗诉尽管能"迫使"先前的司法裁判的效力客观上处于效力待定的状态，可这只是暂时性地体现检察决定优于法院的判定，恰恰这里的"暂时性时间限定"体现了检察权的程序性的属性所在，只因行政案件的最终裁决权仍然由法院而不是检察院所掌控。

该原则确立的基础既有传统列宁监督理论所强调的检察机关与其他国家机关之间权力分工及防止权力混同与侵越理念，也有现代程序法治的鲜明论断。列宁强调："检察机关没有任何行政权，对于行政上的任何问题，这都没有表决权。"③ "向任何非法决定提出异议是检察长最重要的职责之一"④ 隐含于这一著名论断中的深层意涵是国家权力分工及平衡原则的体现，作为法制监督者的检察机关如果又有对监督事项的直接实体上、结果上的处置权，则必会导致另一专断性权力的产生，势必产生监督监督者的逻辑循环反复之弊。因而列宁深刻意识到检察监督机

---

① 臧荣华：《从对立式走向协作式的检察监督——基于检察机关与被监督机关间"交互工作机制"的分析》，《求实》2013年第2期。
② 袁登明、吴光荣、郑成良：《监督与司法公正问题的讨论（三）》，《人大研究》2004年第5期。
③ [苏联] 列别金斯基、奥尔洛夫编：《苏维埃检察制度（重要文件）》，党凤德等译，中国检察出版社2008年版，第166页。
④ [俄] Ю.Е.维诺库罗夫主编：《检察监督》，刘向文译，中国检察出版社2009年版，第34页。

关不得有实体处理权限,而只能是"程序处置权"。这既是对权力间分工协作的运用,也是对检察监督机关本身的规制。同时,确立程序性监督原则也有我国学界的程序法治理论为基础。季卫东教授"新程序主义观"强调,"程序的基础是过程,其实质是反思理性。程序在使实体内容兼备实质正义和形式正义的层次上获得一种新的内涵。"① 孙笑侠教授力图以监督程序法治化来化解中国传统监督政制弊端,指出"监督程序中的角色分化后,……就体现了程序的特质——管理与决定的非人格化,由此使社会关系在程序中得以简化。尤其是在多元监督对象和监督方式中,权力运作过程极为复杂,监督程序的这一特质降低了社会关系的复杂性,进而将各种与程序无关的因素排除在程序运作之外,以此防止监督过程成为实际存在的各方权力的角逐场,使得权力的目标得以实现。"②

因此,将实体性处置权分配给行政执法与司法审判权后,检察监督权只得执掌程序启动职权作为履行我国集权体制下一元分立制的国家权力的具体形式。这种分化也体现了一定的组织结构或者功能在进化过程中必然逐渐演变成两个或两个以上的组织或角色作用的过程原理,因而检察监督权只得以程序性监督权承担并实现其独立的制度价值。由此现代检察制度的程序性已成共识,作为我国履行国家法律监督职能的检察制度的程序性也渊源于此。

另外,确立该程序性监督原则还有现实基础。行政诉讼作为一种解决行政争议的程序机制,具有浓厚的程序性,对其进行监督也势必具有程序性。否则,以一种无序或者权变的监督机制对严整的程序性行为进行监督就似往排列严整的墙体里硬塞进一块毫无规则的乱石一样。不仅不能增进墙体的牢固,反而适得其反,破坏墙体的固有结构与完整。因而,对行政诉讼的检察监督制度进行考察时,须强调监督程序与行政诉讼程序的严丝合缝,在程序上具有兼容性,监督者与被监督者之间在必

---

① 季卫东:《程序比较论》,《比较法研究》1993年第1期。
② 孙笑侠、冯建鹏:《监督,能否与法治兼容——从法治立场来反思监督制度》,《中国法学》2005年第4期。

要程序机制上形成协作机制，使监督者能监察得到和督促得动。因而，在设置行政诉讼检察监督制度、体制、机制时，必须遵从程序法治的准则。

但在行政诉讼检察监督制度中涉及诸多法律程序，如被诉行政行为的行政法律程序、行政诉讼运行程序、检察机关对行政诉讼监督之程序等。因而易于令人误解的问题是检察监督是否对所有这些程序进行监督复核及评价并作出相应处理，抑或仅会对其中部分特定程序进行监督。本书强调指出，行政诉讼检察监督的程序性监督原则是指就检察监督事项作出的决定的性质而言的程序性，检察机关无权就监督事项直接作出新的处理及变更或撤销等实质性决定。但凡制度都得由人实施，而"人是监督不尽的，随事而监督之，势将徒劳而不可遍"①。由此只能以权力之间的分工及其规制才得以实现权力有效且有限之合理状态。从程序性监督原则中，也可解析出检察机关对行政诉讼的监督是有限的。离开了程序方面的法治准则，既无法切合行政诉讼本身的内在特点，监督难免失之准心。同时，监督本身没有法治的严格规制，必然导致以无序的监督去监督有序的行政诉讼。因而，难以体现两者之间的有机良性牵制关系之构建。

该原则的具体要求是：第一，对行政诉讼行为是以程序合法性为监督的侧重点。通过阅卷、必要的调查核实，确定在行政诉讼所进行的立案受理、审理、裁判、执行的程序环节上有无违反行政诉讼法的情形。第二，监督本身也须程序法治化。通过制度规范的监督起动、受理、审查、决定等严整的程序，使监督免于随意、无序与权变等潜在弊端。强化受案线索得到公正透明的处理，而不得仅凭领导随意处置，并在受理、起动审查、作出相应监督程序的各项环节当中，体现严格的程序性要求。力争以严格公正高效的监督程序对本身是程序机制的行政诉讼活动进行监察与督促，才能既遵从监督制度的内在规律性，又能兼顾被监督对象的本身特质，实现两者之间的相容与协作。第三，检察机关不得直接变更、否定、撤销行政诉讼的程序性及实体性法律决定，假定检察

---

① 吕思勉：《中国政治思想史》，中华书局2012年版，第107页。

机关认为行政诉讼构成违法与错误，其也只能以检察建议方式或纠正违法通知书、提请抗诉、抗诉等法定方式作出监督决定。换言之，履行监督职责的方式是分析、核实、建议、抗诉，哪怕是发现明显违法与错误，甚至隐含着犯罪嫌疑也无权直接作出改变被监督事项的实体处置决定。检察机关诉讼监督具有程序性、建议性、非终结性的性质和特征，与之相适应，需要采取适当的工作方式。① 使得一切不可靠因素尽可能处于制约与平衡的整体格局之中。

本章小结

主要从法律原则的基本内涵出发，指出法律原则作为体现与统领法律规则的核心理念、价值取向、具体规则，是隐含贯穿于法律规则之中的根本性准则，具有内容根本性、形式抽象性、效力贯穿性等特性。以法律原则特性为判断依据，将行政诉讼检察监督原则阐释为体现该制度的核心精神及其基本理念并用以指引具体规则创制、实施活动的根本性准则。继而对我国学界对行政诉讼检察监督原则问题的研究现状考察评析并对其中可进一步讨论的方面与方向进行梳理。基于行政诉讼检察监督制度的组合性制度特征，紧密结合相关法律实践解析出行政诉讼检察监督三个原则：合法律性监督原则、司法正义协同原则和程序性监督原则，并对三原则的基本内涵、确定理论及现实基础、规则与实践具体要求进行阐述。从而对行政诉讼检察监督的价值功能、监督对象及范围、监督依据与标准和监督的程序等方面必须遵从的根本性准则做了相对全面而且深入的概括并重新阐述。

---

① 龙宗智：《检察机关办案方式的适度司法化改革》，《法学研究》2013年第1期。

第三章 我国行政诉讼检察监督范围

本章在前一章理论基础上,对行政诉讼检察监督范围进行研究,即对行政诉讼检察监督主题中"监督什么"问题进行考察讨论。行政诉讼检察监督性质上的对等性、助成性、建议性、纠错性等多重性,决定了确定监督范围时,既要考虑目的之必要性,也要顾及实践可能性。多年来学界与审判实务界在倾向于严格的法定监督范围及"有限监督论"主张方面保持一致,这与检察实务界"全面监督论"形成明显反差。长期以来检察院法院在监督范围问题上呈尖锐对抗态势,尽管新世纪以来在构建公正、权威、公信司法的党政方针统筹指引下,检察院法院对抗有所趋缓,但导致两者冲突的根本基础尚在。监督范围对行政诉讼检察监督整体意义重大,既表征检察权对行政诉讼之监督权的强弱,也折射审判权自治程度之大小,还隐含了"一府两院"公权力间权力联动关系,同时还蕴藏着复合型制度现象中多重实践逻辑的博弈及其演变轨迹。

本书从决定和影响监督范围的基本因素切入,首次尝试探讨行政诉讼检察监督范围的确定模式,即概括式与列举式抑或原则与规则之界分,厘清法学与法律界在此问题上的争论的实质。通过对联结国家制度安排与微观司法运作的司法解释的梳理,解读出行政诉讼检察监督范围的"三阶段论"。进而全面梳理评析相关理论脉络,透析全面与有限监督范围理论表象下隐含的行政权、审判权、检察监督权及公民权之间的内在关系。借助"司法场域"实践理论和逻辑分析工具对行政诉讼检察监督范围实践中多重实践逻辑博弈现象的深入剖析,揭示作为复合型制度的行政诉讼检察监督的独特属性。最后以平衡监督理念尝试提出我国行政诉讼检察监督范围的平衡监督范围论主张。

第一节 决定和影响我国行政诉讼检察监督范围的基本因素

一 行政诉讼检察监督范围界说

监督范围是行政诉讼检察监督在实践中必须确定的基本问题,通常而言是指检察机关对行政诉讼实行监督的具体对象的广度,即检察机关对行政诉讼活动哪些事项有权进行监督、哪些事项无权实施监督。从实质意义上讲,即是检察机关对行政诉讼实行监督行使的监督权限之大小、宽窄。

如果从行政诉讼角度审视这一监督范围问题,也可将其视作行政诉讼活动受到检察机关监督的限制与约束的广度。从权力关系视角论,行政诉讼检察监督范围利害关系重大。它不仅直接体现检察监督权与司法审判权之间的监督与被监督关系,也折射出我国司法审判权的自治与独立性之强弱。如果检察监督范围广,则监督权强势,司法审判权受制力度大,则其本身自治程度低及独立性弱小,反之亦然。同时,它还间接反映出司法审判权对行政执法权监督的功效高低,即如果行政诉讼运作公正高效,则意味着司法审判权对行政执法权监督有力、功效实现到位,能满足社会实践需求,这时行政诉讼系统内部运行有效,则弱化检察监督权对其进行外部的监督的客观需求,检察监督权势必弱化。反之亦然,势必强化检察监督权。

进一步而言,行政诉讼检察监督范围也反映了其社会基础及其实效性。由于实践中启动此监督的信息基本源自当事人,尤其是行政相对人一方对行政裁判的不服。由此假定行政相对人基于对行政裁判的不服申请救济时认为检察监督有效即会侧重转向检察机关寻求救济,这也能体现监督的社会基础好、实效性强,制度社会认可度高,自然监督范围就应当广泛。反之则意味着监督制度社会认可度低,其范围必然趋向于狭窄。因而,对行政诉讼检察监督范围论题需要从多角度、全方位进行审视,才能深入剖析其中利害,才能从其中洞察到监督制主体对其采取的立场与态度及其实践行动的内因。

也有观点从监督与被监督主体角度解说监督范围,将检察诉讼监督范围界定为:"在诉讼活动中,法定的、应受检方监督的司法方依法所执掌诉讼权力的具体范围"。从而区别于检察诉讼监督内容,后者"是指司法方在执掌诉讼权力或者适用诉讼法律过程中所发生的违法犯罪行为或事件"。[①] 还有观点从监督权力角度解说监督范围,指出"总则规定的检察机关诉讼监督权力的广泛性和分则规定的具体监督方式的狭窄性之间存在矛盾"[②]。这种单向度的释义,尽管也能对监督范围进行一定的阐释,但仍存在进一步拓展的空间。

概言之,行政诉讼检察监督范围似乎仅仅指向检察机关监督行政诉讼的广度,常被视作无关紧要之小问题。然而,其隐含了重大的法理及法制意涵,既关乎国家行政权、审判权与检察监督权和公民权之紧密且紧张关系,也蕴含着行政诉讼检察监督制度实践运作中多重逻辑博弈及其推动的制度演变密码,从而决定着制度的发展轨迹与走向。因而尽管学界难以将其列为研究焦点,但在实践中行政诉讼检察监督范围至今仍是焦点。那么,决定与影响行政诉讼检察监督范围的基本因素有哪些?不同因素如何决定与影响这个范围变动?以及影响程度如何?将是接下来讨论的主题。

二 决定和影响行政诉讼检察监督范围的基本因素

根据影响法律制度及其运作的主客观要素及内外部因素,结合制度特有的功能价值、目的任务、操作规则及运作体制等方面内容考虑,可将国家宏观层面背景因素简化为两个:体制因素、环境因素。从制度中观规则、微观实践层面可抽象出的因素有:对象因素、主体因素、效果因素。

(一) 体制因素:集权体制

确定监督范围的宽窄的实质意义在于划定检察监督权与司法审判权

[①] 杨迎泽、薛伟宏主编:《诉讼监督研究——中国检察诉讼监督视角》,法律出版社2012年版,第395页。

[②] 杨立新:《民事行政检察教程》,法律出版社2002年版,第94页。

自治之间的监督关系之宽窄,监督范围设定宽泛,意味着检察监督权对司法审判权的规制范围广,对司法审判权而言,意味着自治空间受限大、独立程度小。因而,范围划定表征着国家检察监督权与司法审判权之间监督的广度的大小。

我国不存在完全的"三权分立"制的独立的司法审判权与纯公诉意义的检察权,而是在党的总揽体制及人大制集权体制下的分工负责权力架构,即以检察权对行政权与审判权的牵制而成的一元分立格局。此格局下易形成分工协作而非独立制衡的国家权力之间关系模式。由此,行政诉讼检察监督范围或大或小,或宽或窄根本上基于国家政体层面上检察监督的必要性与可行性,适时依据社会基础与社会实效而进行调整与划定。由此,我国不存在独立的审判体制,检察权对审判权的监督范围势必紧随国家对行政权的规制、审判权的约束以及检察权自身的约束等方面因素宏观调整而在实际操作层面作变动。因此,与该基本因素紧密关联的两个基本因素分别是作为监督对象的行政诉讼的运行状况和作为监督主体的检察监督机关的运作原理。

(二)对象因素:行政诉讼制度的运行状况

行政诉讼制度是我国行政法治领域中核心的司法制度与实践环节,其运行状况可通过观察其整体过程对制度预设功能的实现程度体现出来。我国行政诉讼的目的通常来讲包括三个:解决行政争议、救济公民权利和监督行政。但近30年来的司法实践效果并不尽如人意,体现在"立案难、胜诉难、执行难"等方面。行政诉讼机制解决的行政争议数量少,实践中存在诸多艰难困顿局面。针对修订后的行政诉讼法实效,何海波教授研究认为,"《行政诉讼法》的修改取得了预期的效果,中国行政诉讼迎来了它历史上最好的一个时期。尽管如此,困扰行政诉讼的深层次问题仍未解决,行政审判依然步履艰难。"[1] 解决行政案件数量稀少意味着社会公众认同程度低,这也可直接通过中外国家行政诉讼案件对比进行观察。法国各级行政法院每年审理约25万件案件。[2]

---

[1] 何海波:《从全国数据看新〈行政诉讼法实施成效〉》,《中国法律评论》2016年第3期。
[2] 王振宇、阎巍:《德国与法国行政审判制度观察及借鉴》,《法律适用》2013年第10期。

(2001年）法国行政法庭（基层行政法院）接到、审结、年底待审案件数目分别是134560件、132799件和223162件。① 同一年度我国全国法院受理的各级各类行政案件为126424件。② 德国全部法院年审（1999年）非宪法性公法争议案件的数为50万件以上。③ 另外，比较近年来我国其他行政争议机制化解的纠纷数量也可得出行政诉讼机制的实施困境程度。据统计，2015年，全国司法所协助基层政府调处的涉及有关部门的社会矛盾纠纷（非民间纠纷）151.31万件，调处成功147.73万件，成功率为97.63%。④ 行政诉讼在司法运作的整体过程中运行不畅，尤其受到行政主导型体制的制约明显，影响行政诉讼的公正性与效率明显。

行政诉讼运行实效差强人意致使学者们主张扩张检察权对行政诉讼实行更加严格与有力的检察监督。希望借助于检察权这一外力形成对行政诉讼，尤其是对其中的司法审判权进行强有力的监控以保障行政诉讼运行在正确的轨道上，促进实现解决行政纠纷、救济权利与监督行政的三大目标。检察学界与实务部门也大体持有此相同立场与看法。因而，行政诉讼的运行实效在对行政诉讼检察监督的客观需求方面影响的强弱是确定行政诉讼检察监督范围的基本因素之一。

（三）主体因素：检察监督制度自身的运作原理

制度结构上的复合性特征决定了不仅监督对象——行政诉讼运行状况——是基本影响成因，而且，检察监督制度同样也是基本影响监督范围的成因。具体而言，检察监督本身必须符合监督制度的基本运作原理。监督制度基本原理可从监督主体地位、监督动力、监督压力、监督能力、监督信息及监督公正性等方面加以考察。在对行政诉讼的检察监督领域，同样也可以基于这些监督制度的基本元素进行考察。

---

① ［法］让·里韦罗、让·瓦利纳：《法国行政法》，鲁仁译，商务印书馆2008年版。
② 中国法律年鉴编辑部：《中国法律年鉴》（2002年），中国法律年鉴社2002年版，第1240—1241页。
③ ［德］弗里德赫尔穆·胡芬（Friedhelm Hufen）：《行政诉讼法》（第5版），莫光华译，法律出版社2003年版。
④ 中国法律年鉴编辑部：《中国法律年鉴》（2016年），中国法律年鉴社2016年版，第227页。

第三章 我国行政诉讼检察监督范围

宪法确定检察机关为国家法律监督机关地位为检察权对行政诉讼的监督地位提供了宪法依据，这也是行政诉讼检察监督得以创设的根基。但任何制度的运行都必须具备一定的推动力，即公务人员有动力去贯彻实施制度的规定，实现制度的预设目标及任务，尤其是监督制度更是如此。因为监督是以他人或他事的违法或差错为工作的指向，这种独特的职权指向天然具有可选择性，因而更需要足够的动力。与此相关，监督中遭遇的抵制也常常会大于一般职权运作。由于其对象往往是职权活动及其公职人员，掌握的各种各类的职权易于被利用来对抗监督的进行。

在所有的监督活动中，监督信息的掌控可以说是决定性的。大体上，监督可分为同步进行的监控类的与事后纠偏类的。前者，如同考试过程中的监督者对考生进行的实时现场的监考，可时时进行监督与控制，随时利用各种技术条件并通过各种方式进行掌控监督所需要的信息，与此类似的还譬如运动场上裁判们的监督。后者，类似于审计机关对离任人员的财务审计监督和纪检监察机关获取举报后进行的监督，这类监督注重对已经成为事实的违法或差错人员及行为进行事后的核实与调查，旨在对已经发生的偏差进行纠偏，以维护法纪的尊严与权威。实践中大多是属于事后纠偏类监督。因为，同步监控类监督的成本巨大，尤其是对于广泛的监督对象在纷繁复杂、变动不居的实践中，同时进行监督则意味着实现同一个目标，则需要付出成倍甚至多倍的成本，[①]而且，不像考试与竞技运动活动范围确定、固定，且事先已有明确的规则，大多的职权活动在开展的时空方面存在变动不居的特点，有诸多并不确定，或是即使人员确定，但在活动的空间、地点、环境与方式上都无法确定与预见。因而，实践中监督的类型多是以事后纠偏类呈现。

行政诉讼检察监督运行的特点更具复杂性，不仅时空变动不居，活动规则"认知上的开放性"与规范效力的闭合性并存。卢曼早就指出，法律是"一个在规范上封闭而在认知上开放的系统"。[②]前者，意味着

[①] 许多职权活动操作程序本身为了公正与监督就配备了双倍或内部监督机制。

[②] Niklas. Luhmann, The Unity of Legal System, in Gunther Teubner (ed), Autopoietic Law-A New approach to Law and Society, Berlin: Walter de Gruyter, 1987, p. 20.

不仅当事人和法官对法律的理解与认识无法一致,而且,在效力上,法官的裁判具有法定的拘束力。其间活动的方式既有行政性质的,还有协商性质的。活动的空间,既有正式严格规整的庭审与宣判,也有办公室的协调、沟通、平等对话等。因而对这种多主体参与、多方式与环境,且不连贯组合而成的行政诉讼进行检察监督,在事实上的操作难度很大。

由此,对行政诉讼进行检察监督所必需的监督信息方面,检察机关相对于被监督者处于劣势与被动局面。无法及时掌控全面充分的监督信息实质上决定了监督的可能范围大小。

(四) 环境因素:行政诉讼检察监督的社会认同与客观需求

社会制度的设置、确定及其运作必须以社会认同及其客观需求为根基,实践中运作有效,能较好地实现制度设定初衷和功能则可持续生产出维持其正当性的源泉。行政诉讼检察监督制度也不例外。其本身存废的客观规律并非仅在于制度本身的科学合理性,还在于社会对它这种科学合理性的认可与认同。因而,表现在行政诉讼检察监督范围问题上,制度的社会认同程度及其客观需求程度决定监督范围的大小与宽窄。如果监督过于宽泛,但其实效不彰,则须向狭窄监督范围调整,反之亦然。

三 我国行政诉讼检察监督范围的确定模式

行政诉讼检察监督范围的模式,就是立法确立的关于行政诉讼检察监督范围的基本制度形式。它反映了立法者设定检察机关主管监督行政诉讼活动的法定范围广度,即哪些活动、事项应当纳入检察监督视野,哪些不纳入。相应地规定了在行政诉讼领域,司法审判权与检察监督权各自的主管及自治领域在这种法定范围划定下得以确定。监督范围确定模式问题,既是理论问题,也是实践性很强的问题。在现有相关研究领域中,往往论及时仅仅针对某个监督事项作个别化讨论是否应该纳入监督范围,而忽视了从整体或基本模式上进行相关研究。这种只注重个别监督事项的"点"而忽视"面"的研究方向难以透视整体监督范围的确定的理性及实践价值,因而本书对此主题作一创新性研究尝试,力图对行政诉讼检察监督范围作整合性认识。

学界通常以列举式和概括式作为划定法律范围的基本方式。概括式是指在法律中对特定法律范围通过特定标准作出概括的规定，该模式在立法形式上表现得简单、全面，划定标准较为抽象笼统；而列举式是指由法律对于当属于特定范围的事项逐项分别具体列明规定，在立法形式上表现得详细、明确、具体，划定标准较为确定，在列举式中可细分为：肯定式列举、否定式列举、法规列举、行为方式列举、行为内容列举等。

就行政诉讼检察监督范围的确定模式而言，即是指在法律及其法律性文件中，通过抽象概括或具体列举方式划定检察机关对行政诉讼有权履行法律监督职权的范围。换言之，行政诉讼中哪些属于检察监督的权限范围，哪些不属于。由于法律本身具有相对滞后性及其不确定性，因而，大多在划定法律范围时，都采用概括式与列举式混合运用的模式，称为混合式。

我国行政诉讼检察监督范围的确定模式也属于此种混合模式。具体来说，在《行政诉讼法》总则与分则中分别就监督范围作出相关规定。即《行政诉讼法》第11条与第93条分别作出规定。研读这两个条款，即可发现，我国行政诉讼检察监督范围的确定模式的基本内涵及其实践意义。可以说，引致该领域学界热烈讨论与实务部门检察院法院之间长期争执的就是这两个条款。从范围确定模式角度而言，该两个条款构成我国行政诉讼检察监督范围的基本框架。换言之，分析与讨论这个监督范围时，必须以该两条为基准，不能脱离它们而从其他方面确立这个监督范围。这是理解该范围确定模式的基本点。

其次，在如何理解两个条款在划定监督范围时的地位与作用时，需要作务实与可操作性解读。第11条尽管被规定在总则部分，但若以其为根据推论检察机关有权对整个行政诉讼进行全程性监督，则难以成立。换言之，不能片面以该条作为统领整体行政诉讼检察监督范围的确定原则与根本，还需要根据更高层级的宪法中对审判权及检察权的具体规定，辅之以《行政诉讼法》第93条结合第91条的综合分析确定。因为，若仅仅以第11条作为划定监督范围的原则，则可推论检察机关对行政诉讼实施全方位的监控式监督，而这与宪法规定的审判独立原则相违背。

当然有人会以确保行政诉讼制度功效实现、行政诉讼法律实施这一正当目的为论据，但是不能忽视这种监督的现实操作成本及其可能性。前文已经分析过监督制度的成本的负担、监督的可选择性及监督的公正性等因素都会导致构建这种最大化监控式监督范围的巨大成本与实际操作难度。与此不同，另一种观点主张第11条只能起到指导作用，在宣示检察机关在行政诉讼中的法律监督机关地位时，并不能据以实施具体的检察监督活动。因而，真正划定监督范围的是第93条，该条款是体现划定检察权与审判权在行政诉讼中权力分工范围问题时的核心与基准。

对于上述不同主张，从行政诉讼检察监督范围模式视角而言，便可作整全性辨析。透过宪法中审判权及检察权独立性原则的规定，及《行政诉讼法》第11条及第93条之规定，可基本得出这一监督范围划定模式属于混合式，这是其一。其二是第11条无法单独作为该模式的原则地位，而需要宪法审判独立与检察独立原则结合起来确定。其三是在前两层含义基础上作为具体划定该监督范围的依据是第93条，其也是实施行政诉讼检察监督的主要的具体依据，无论是审判机关抑或检察机关在作相关司法解释时，都不能完全撇开第93条的规定。这是对行政诉讼检察监督范围确定模式的基本理解。而对该模式的运用则需要进一步地对相关条文、司法制度及其政策、司法实践进行研究。

第二节 司法解释维度我国行政诉讼检察监督范围的演变："三阶段论"

尽管行政诉讼检察监督制度的宪法及法律制度安排体现了理想与平衡的国家公权力关系，但在司法解释的制定层面这种理想的平衡权力格局渗入检察机关与审判机关各自的部门利益取向及实践运作利害之考量，因而具有检察院法院之间的对抗性及随之而来的不平衡性。就检察院法院司法解释维度检视我国行政诉讼检察监督范围而论，总体上呈现出初创阶段时法定监督范围之遵从到20世纪90年代开始的以检察院法院部门取向为基础的对峙阶段，后至21世纪以来新的"两维"理念指引下的共识阶段。由此，可将司法解释层面的行政诉讼检察监督范围演变大致划分为"三阶段论"。

一 初创阶段：法定监督范围之遵从

该阶段以两高联合制定施行《关于开展民事、经济、行政诉讼法律监督试点工作的通知》为标志。这是首个明确、直接规定行政诉讼检察监督制度的司法解释，而且由两高联合发布，其制度创建意义重大。该通知确定以湖北、广东两省中院为试点，规定了检察机关对生效裁判违法的抗诉权，及参加裁判执行权，体现了严格遵从法定监督范围特征，监督范围明确、具体、狭窄等特点明显。由于制度创建初始，无论是对相关规范的理解，还是相关理论的阐释都体现了初步探索与试验的性质，所以检察院法院之间在如何理解及适用行政诉讼检察监督范围时，自然倾向于以生效法律直接的、明确的规定为行动指针。因而在实践中多以肯定列举模式确定监督范围为依据，即以《行政诉讼法》（1989年）第64条确定的生效行政诉讼裁判为监督范围。加之该阶段行政诉讼本身实践形式尚处于简单化起步阶段，也未有相应的较为完善的法理为基础。因此，行政诉讼检察监督范围总体以简化、严格遵从肯定列举式规定实施。紧接着最高人民检察院单独制定《关于执行行政诉讼法第六十四条的暂行规定》，尽管此规定已被2001年民事行政抗诉规则取代，但透过此规则仍然可解读出许多意涵。首先，此规定明确指出其制定依据是《行政诉讼法》（1989年）第10条和第64条的规定，即表明以行政诉讼检察监督为主题。其次，在时间节点上具有紧随性。《行政诉讼法》于1990年10月1日开始实施，而此规定紧跟《行政诉讼法》的实施出台。再次，在规定内容上，确定的监督范围是针对法院作出的违法生效行政判决与裁定。人民检察院针对违法生效裁判可提出抗诉，对诉讼活动是否合法实行监督。这可从当时个案中作进一步分析。

全国首起行政抗诉案：夏某起诉县公安局行政拘留二审改判行政抗诉案

案情简介：1990年8月下旬，浙江省某县红光、强烈两村在修复被山洪冲毁的堤岸时，共同抢夺一块250公斤的石头。红光村村民委员会主任夏某见对方人多势众，便通过村有线广播喊话，"凡在村的社员，都到黄家田公路边上去，强烈村要强抬石头，我们不肯罢休，这口气一定要出！"随后，发生两村村民斗殴。9月10日，县公安局根据《治安管理处罚条例》第19条第（5）项中的"造谣惑众，煽动闹事的"规定，以"煽动闹事"为由，决定对夏某治安拘留12天。夏某不服提起行政诉讼，一审维持公安处罚决定，杭州市中院在二审时认为：夏某意气用事，在客观上助长了村民的对立情绪，但他没有编造谣言煽动群众闹事的故意，因而改判。随即，浙江省检察院提出抗诉。后浙江省高院开庭审理此案，认定杭州中院原审适用法律错误，采纳检察机关抗诉意见，撤销二审判决，维持一审判决。

案例评析：该案发生在"两高诉讼监督试点通知"发布施行之初，尽管此文作者是与本案有利害关系的作出被撤销裁判的法院的法官。但就本案涉及检察机关对行政诉讼的法律监督范围而言，体现了严格以法律规定监督范围为准则的精神。检察机关对行政诉讼的法律监督在操作层面严守《行政诉讼法》（1989年）第64条及"两高诉讼监督试点通知"第二点中规定的可监督事项内容。

作为行政诉讼检察监督制度核心体的行政抗诉制度在本案中得以较为完全地体现，但该案也折射出监督范围问题隐含的根本性命题，即行政诉讼检察监督制度中检察机关对审判机关作出的生效裁判的合法性与正确性的监督，其实意味着检察制度与审判制度在主管国家职权分工前提下的权力交叉关系。从此案中可看出，决定该案检察监督抗诉成功的决定性因素是由被告的省级主管机关浙江省公安厅的法制处以内部工作请示公安部，公安部以内部批文就此工作请示提出的《关于"造谣惑众，煽动闹事"是指一种行为还是两种行为的请示》（1991 年 5 月 20 日）的批复。① 该批复内容实际支持该行政诉讼中对被告作出行政处罚决定时的理解。

由此，检察机关的行政抗诉获得法院的支持，案件成功改判。事实上，这表明检察机关通过行政抗诉对行政诉讼进行监督这种形式的实质是检察机关以行政抗诉形式通过对生效裁判的质疑，进而对整体行政诉讼的程序、内容、事实、证据、法律适用等进行的复查。有时甚至越过法院和被告自行运用调查权重新调取新的事实证据或搜集相关规范依据来否定原审中法院审理裁判的事实认定与法律适用的正确性，从而确证检察机关监督的客观性与正当性。

二 对峙阶段：部门取向下检察院法院分歧

进入 20 世纪 90 年代中期，检察院法院之间对行政诉讼检察监督范围问题的矛盾伴随行政诉讼实践中的复杂深入逐渐凸显。以最高人民法院制发《关于对执行程序中的裁定的抗诉不予受理的批复》（1995 年）为代表，该批复中明显体现出法院对行政诉讼检察监督范围的限制。随之而来的审判机关利用司法解释制定司法政策对行政诉讼检察监督范围进行不断的限定。

其基本逻辑是：检察机关在司法实践中针对生效裁判，尤其是生效裁定提起抗诉，法院就此是否受理逐级向最高人民法院请示，最高人民法院往往以检察机关抗诉无明确法律依据为理由批复下级法院不予受理。具体可以采取通知检察院退回抗诉书、告知检察院抗诉于法无据、不予受理等形式进行单方限制行政诉讼检察监督范围的举动。这一点可以在相关司法解释性文件中得以实证。据不完全统计，最高人民法院自 1995 年 8 月 10 日起制发《关于对执行程序中的裁定的抗诉不予受理的批复》至 2003 年 5 月 15 日止就民事、行政类案件共计制发限制检察院

---

① 答复明确了涉案规定"造谣惑众，煽动闹事"是指两种扰乱公共秩序的行为，两种行为均可合并裁决处罚适用。参见尹昌平《全国首例行政抗诉案件所涉及的法律问题——兼述人民法院审理行政案件的法律依据》，《法学》1992 年第 7 期。

对民事、行政类诉讼的抗诉监督的司法解释性文件不少于10件。①

为强调审判权的权威与独立性,最高人民法院作出《关于人民检察院提出抗诉按照审判监督程序再审维持原裁判的民事、经济、行政案件,人民检察院再次提出抗诉应否受理的批复》(1995年)明确限定原抗诉检察院再次抗诉权。这直接体现了审判机关运用其司法解释权以司法政策形式对检察权对行政诉讼的监督范围的限缩,此乃检察院法院对抗的直接表现。

当然,这种法院单方确立一级检察机关一次抗诉权规则,虽然限缩法律监督权的内涵与外延。但却具有一定的合理性与正当性,尤其是权衡检察院法院对生效裁判存在明显分歧,经过一次再审后,分歧仍然存在时。这种事实上的司法判断割裂现象无疑会对国家司法权统一完整、公信力、权威性,对社会关系的稳定,对法律确定的可预期性都造成较大负面影响。在既有的法律尚未确定进一步的解决规则时,一味地适用同级检察机关的多次监督、重复抗诉,而法院则相应地疲于应对、重复裁判,既浪费稀缺的司法资源,也势必削弱民众对国家司法权的信赖与敬畏。因而,确立每级检察机关对个案合法律性的监督的一次抗诉权的规则约束,是权衡利弊得失后的妥当部署。

面对法院利用司法解释不断实质性限缩检察院的监督范围的局面,最高人民检察院进行了应对。在1995—1998年最高人民法院连续制发司法解释性批复限缩检察机关抗诉监督范围的不利局面下,最高人民检察院在1999年制发《关于对已生效的中止诉讼的裁定能否提出抗诉的答复》中指出,由于行政抗诉旨在提起再审,既然人民法院作出的中止诉讼裁定并不是对案件的最终处理,也不是诉讼程序的终结,人民法院无法进行再审,人民检察院对人民法院已经生效的中止诉讼的裁定,就"不宜提出抗诉"。但是,此类"裁定确属不当的,可采用检察意见的方式向人民法院提出"。该司法解释生动展现出检察院法院之间在监

---

① 参见最高人民检察院民事行政检察厅编《新编常用民事行政检察手册》(2012年版)(上、下册),中国检察出版社2012年版;最高人民法院、最高人民检察院官方网站。http://china.findlaw.cn/fagui/p_1/134403.html。2018年1月25日检索。

督范围问题上的微妙关系,检察机关承认行政抗诉旨在引起再审,既然无法导致再审则应排除出抗诉范围。然而却仍旧可以检察建议方式监督,只是不同监督方式的选择,并不能完全排除监督范围之外。检察机关力争以监督方式的灵活运用性保障其监督范围上的强势立场可见一斑。

司法解释介于宏观政策、法律制度安排与微观实践之间,饱含检察院法院各自将制度安排细化进而作为实践依据的关键环节的丰富意涵。因而对生动体现检察院法院之间在行政诉讼检察监督范围的分歧上互有功守、及时应对的典型司法解释内容进行解读无疑具有重大理论意义。既可看到检察机关的司法实践样态,又可透析出检察机关在监督范围划定主动性方面相较于审判机关的劣势。

相关司法政策文件中表露出的意涵有:一是针对当时连续性法院对检察监督范围限缩的回应;二是传达了检察机关尽管在该批复中认同对于法院中止诉讼裁定的不可抗诉性,这体现了检察机关以退为进的策略性;三是同时进一步展示了检察院对生效裁判的监督范围的灵活机动性,即对行政诉讼的监督范围只是监督权的一个层面,尽管不适宜抗诉监督,但并非豁免检察监督,而是监督的方式运用不同。在检察院不多见的行政诉讼检察监督范围司法解释中,在此文件中体现了检察机关力争在监督范围上的强势立场与监督方式的灵活运用性。因而可看出此阶段中检察院法院对行政诉讼检察监督范围问题在司法实践中的分歧的明显与激烈。但隐含于其中的权力矛盾关系及其实践逻辑将会另行剖析。

三 共识阶段:司法公正协同下的协作性监督

上一阶段的检察院法院分歧与对抗格局在世纪之交有所趋缓,实践中检察院法院对行政诉讼检察监督范围的争议成为偶发现象,更多的是以法律程序上的完善,从检察监督与行政诉讼的司法公正理念、价值及其规则统率检察院法院在监督范围的不同立场与取向。这既与最高人民检察院民行部门领导人事的调整有关,同时也与国家党政方针政策密切关联。21世纪初最高人民检察院民行检察部门主要负责人王鸿翼强调

"公正与秩序是民行检察存续、发展的核心价值所在"[①]。维护司法公正是民行检察制度最为核心的价值,应最大限度地发挥其公正和秩序的制度价值,而将其对审判独立、法院权威、司法效率及对当事人私权的干预等可能的负面影响予以消除或者减少到最低限度。切实以"维护司法公正、维护司法权威"思想统率民行检察,并在实践中确定新的民行检察工作原则为:依法原则、超然原则、同级原则、事后监督原则、全面且重点原则、有限原则、协调原则、效率和效果原则。

在这些焕然一新的行政诉讼法律监督理念及原则指引下,最高人民检察院制发《民事行政检察厅关于规范省级人民检察院办理民事行政提请抗诉案件的意见》(2001年),强调为保证办案质量,对省级检察院不予受理行政案件的情形明确作出规定。这种检察机关自行限缩行政诉讼检察监督范围之举,透露出与之前片面追求全面扩张监督范围完全不同的监督范围理念,可视为"以退为进"的战略之重大转变。

由此,最高人民检察院一改原有一味追求扩大监督范围取向,在策略上调整为有所为有所不为,既强调对生效裁判的抗诉监督,也进行条件上的限定。在维护行政诉讼司法公正与权威更高层次理念的指引下有重点、有区分地决定是否监督。注重对行政诉讼生效裁判违法进行法律监督的社会效果及法律效果,并对申诉人提起的检察监督进行次数上的限定。这样在检察监督程序上更加理性与规范,在强调监督对象的同时,也加强自身监督的程序法治化构建。

自此,行政诉讼检察监督的范围就从原先的分歧与争执状态转向在检察院法院共同维护司法公正与司法权威理念统率下,以秩序与公正为旨归的新的发展阶段,检察院法院在监督范围的共识阶段恰是对此阶段的总体概括。相继而来,检察院法院在行政诉讼司法实践中的监督范围更趋统一,向程序公正的价值取向进一步演变。

当然,在监督范围达成初步共识前提下,并不意味着行政诉讼检察监督范围的固定不变与僵化。只是检察院法院在对监督范围的变化方面

[①] 王鸿翼:《规范和探索,感性与理性——民事行政检察的回眸与展望》,中国检察出版社2013年版,"自序"第1—2页。

较之以往更易于达成一致意见,而不会动辄以对抗方式进行实践运行中的博弈。甚至于在实践中法院也会对检察抗诉作出有限让步,譬如,在《最高人民法院关于裁定准许撤回上诉后,第二审人民法院的同级人民检察院能否对一审判决提出抗诉问题的复函》(2004年)中明示二审法院同级检察院有对一审判决继续抗诉的权力。检察院也不断优化自身内部职能部门,尤其是抗诉部门与职务犯罪侦查部门之间在内部职权行使时的分离与制约机制,尽力提升检察监督机制的公正及合理化程度。

由此,在检察院法院之间对于行政诉讼法律监督范围也体现了不同于之前常态化的对抗式监督,不断向协同性监督方向转变。[①]譬如,《最高人民检察院关于加强和改进民事行政检察工作的决定》(2010年)就强调,要加强与人民法院的沟通协调,既把握检察权运行的内在规律,又尊重审判权运行的内在规律,不断改进监督方式和方法,保障检察院法院两家协调有序有效地开展工作,共同维护司法公正和法制权威。[②]

第三节 我国行政诉讼检察监督范围的理论介评

行政诉讼检察监督范围形式上表征检察院对法院及政府在职权行使方面进行法律监督的广度,即检察机关对哪些行政诉讼领域内的审判权与行政权进行"从旁察看、督促纠正"其行动中违法与差错之问题。因而,其制度结构方面的组合性特征决定了在涉及这种监督的对象问题时,研究者易于从不同权力内在规律及其之间的边界交叉关系,得出各自的观点。也容易受到复合型制度影响生成似是而非的见解与立场,因而有对其进行理论梳理、剖析的必要与意义。

[①] 臧荣华:《从对抗式走向协作式的检察监督——基于交互式检察方式的解说》,《求实》2013年第2期。

[②] 周小刚:《〈人民检察院行政诉讼监督规则〉(试行)发布 最高人民检察院民行厅有关负责人详解〈规则〉五大亮点》,《检察日报》2016年5月25日第1版。

一 我国行政诉讼检察监督范围理论概要

学界对行政诉讼监督范围的专门性研究并不多见,大多将其置于整体行政诉讼检察监督制度中作为监督对象、抗诉对象,或是监督管辖与受理问题予以讨论。如实务界相对权威的杨立新教授的论著中将其编排在检察监督管辖与受理程序中阐述。① 张步洪检察官在将其置于广义行政检察范畴中,并在行政诉讼检察监督的对象中进行讨论。② 也有论者只是在行政抗诉中进行稍带描述。③ 一些学位论文中对其有专题讨论,在论证结构上有较大趋同性,其模式大致可归纳为:"行政诉讼问题→法律规定缺陷→检察监督范围狭窄→监督实效不佳→拓展监督范围。"④ 即使是新行政诉讼法相关规定,有论者也仍然认为总体上依然偏向抽象原则,无法充分体现法律原则的应有之义。⑤ 理论方面亟须补足的是必须弄清与透彻揭示行政诉讼存在的根本难题及其成因是什么?检察监督的范围与这些根本难题及其成因之间的关系如何?二十余年来的行政诉讼检察监督实践能提供哪些实证强化检察监督范围主张正当性的经验素材?诸如这些基础性命题与实证性论据亟须学界与实务界的深入研讨与搜集提炼。

二 全面监督论与监督范围

湛中乐教授从早期行政诉讼检察制度的历史性指出,检察机关对行政诉讼生效裁判的审查及抗诉,进行"特定小范围的监督",是现时立法和执法方面的侧重,而不是成熟、固定的制度。预期将来条件具备,

---

① 杨立新:《民事行政检察教程》,法律出版社2002年版,第105—116页。
② 张步洪:《行政检察制度论》,中国检察出版社2013年版,第189—195页。
③ 傅国云:《行政检察监督研究:从历史变迁到制度架构》,法律出版社2014年版,第197—198页。
④ 参见戴严《论行政诉讼检察监督制度的完善》,硕士学位论文,南京师范大学,2013年;刘慈:《行政诉讼检察监督制度研究》,硕士学位论文,甘肃政法学院,2014年;李玉龙:《论我国行政诉讼检察监督制度的完善》,硕士学位论文,四川师范大学,2015年。
⑤ 高威:《行政诉讼检察监督实证研究——以内蒙古自治区为例》,硕士学位论文,内蒙古大学,2017年。

"立法上应该赋予检察机关全面监督行政诉讼的职权"。[1] 这是以制度发展眼光阐述行政诉讼检察监督范围从有限监督到全面监督的演变趋势。这也为全面监督范围论奠定了基调,其后的全面监督范围观点基本上借鉴了这种分析问题的理路:从历时性法定监督范围的必要性出发,论证其有限监督范围之历史局限性,进而得出有限监督转向全面监督的发展必然性。检察实务界人士主张"监督权力的范围应当和被监督权力的范围相一致,即监督权力应当全方位覆盖被监督权力"[2]。这体现了强势监督的理念与思想,也折射出检察机关对行政诉讼检察监督范围问题倾向于全面监督意图。但这与权力分工负责的现代国家权力构造相矛盾,也成为人们质疑其现实可操作性的根源。

与纯粹理论阐释或实践取向论证路径不同,杨立新教授从法律移植历史角度对行政诉讼检察监督范围进行阐述。他认为,"中国现行的民事行政诉讼检察监督制度,虽然借鉴于苏联,但是与各国检察机关对民事诉讼和行政诉讼的监督权力相比较,中国的民事行政检察监督制度规定的不是太宽,而是太窄。"[3] 汤维建教授从监督范围立法规定层次、现代程序性监督理念、创新构建新型诉讼菱形结构及保障诉权合法行使等角度深入阐释了检察院对行政诉讼实施全面、全程监督主张,既通过"事后监督的抗诉再审、参与诉讼的诉中监督、公益诉讼的诉前监督以及审判延伸的执行监督"等四大领域,实现行政诉讼检察监督范围"全覆盖"。并指出全面监督原则核心内涵为:"哪里有审判权(含执行权)的运行,哪里就应有检察院的监督。"[4] 体现了全面监督论的思想以及对整体行政诉讼进程监控型监督主张,是全面监督范围论的代表者。

莫于川教授基于检察机关身为国家法律监督机关角色出发,指出

---

[1] 湛中乐、孙占京:《论检察机关对行政诉讼的法律监督》,《法学研究》1994 年第 1 期。
[2] 李桂茂、邹建章、张国吉:《我国法律监督制度的改革与完善——论"监督法律关系"》,《中国社会科学》1997 年第 2 期。
[3] 杨立新:《民事行政诉讼检察监督与司法公正》,《法学研究》2000 年第 4 期。
[4] 汤维建:《论中国民事行政检察监督制度的发展规律》,《政治与法律》2010 年第 4 期;汤维建:《挑战与应对:民行检察监督制度的新发展》,《法学家》2010 年第 3 期;汤维建:《民行检察监督基本原则研究》,《法治研究》2012 年第 8 期。

"检察机关应对法律体系的全部要素和所有环节都负有监督职责,其法律监督职能必然要在现有法律规定的范围上继续扩展,其有权也有责任对行政诉讼的全部过程进行监督。"①

从实务部门人员的角度来看,全面监督论意图更加明显。时任最高人民检察院民行厅厅长郑新俭认为,"就行政诉讼检察监督而言,其监督范围应该涵盖行政诉讼活动中公权力行使的全过程。"时任最高人民检察院民行厅行政检察处长田力认为,"对行政机关行为的监督,除包括对行政机关诉讼违法行为的监督外,还应该包括对抽象行政行为、具体行政行为的监督。"②

与典型的实务界倾向于直接全面监督论有所区别,最高人民检察院副检察长孙谦主张间接全面监督,侧重对行政诉讼被告进行监督,其实属于被告型监督论。他指出,"在行政诉讼中,法律规定检察机关对行政诉讼活动进行监督,实际更核心的应当是怎样有效地对行政权发挥制约作用。"③ 这种被告型监督论其实暗含了全面监督的理念,只有当全面监督时,才有可能推进到加强对行政诉讼被告的监督。而且,此种主张因为针对现实行政诉讼中面临的被告干预司法审判权进而导致行政诉讼种种弊端的难题而提出,有较强针对性与现实意义。王学辉教授基于我国行政诉讼的现实,强调指出,"行政诉讼检察的重心由审判型监督转向被告型监督,能够补强法院行政审判的权威,与法院形成监督行政、抵制行政权不当干预司法的合力。"④

正如前文阐述行政诉讼检察监督范围确定模式指出的,现行模式可概括为:"肯定列举为规则,体现于2014年《行政诉讼法》第93条,该条对应于1989年《行政诉讼法》第64条,以及肯定概括为指导,

---

① 祈菲:《"行政诉讼法修改与检察制度的完善"学术研讨会综述》,《国家检察官学院学报》2013年第2期。
② 祈菲:《"行政诉讼法修改与检察制度的完善"学术研讨会综述》,《国家检察官学院学报》2013年第2期。
③ 祈菲:《"行政诉讼法修改与检察制度的完善"学术研讨会综述》,《国家检察官学院学报》2013年第2期。
④ 王留一、王学辉:《依据、结构与框架:行政诉讼被告型检察监督制度研究——以行政诉讼检察职能二元化为切入点》,《宁夏社会科学》2015年第2期。

体现于2014年《行政诉讼法》第11条,对应于1989年《行政诉讼法》第10条"。但凡涉及该论题都绕不开这两条,因而有论者就此产生了纠结。有论者基于《行政诉讼法》(1989年)第64条的规定,分析指出"由于整个诉讼过程的结果最终要通过生效裁判体现出来,因此通过对生效裁判提起抗诉的方式,检察机关也可以间接地实现对诉讼过程的监督"。由此我国《行政诉讼法》(1989年)第10条明确规定检察机关诉讼监督的范围,并无修改的必要。然而却进一步认为,"当前存在的问题,主要是监督的间接性所导致",因此有必要对《行政诉讼法》第64条进行修改,废除对监督范围不适当的限制,施行全面监督。[①] 其中隐含的论证逻辑问题在于,既承认第64条规定的间接监督所蕴含的全程监督之现实意义,又进而质疑它的合理性,主张修改第64条,实施全面监督。这种论证上的纠结与矛盾折射出对行政诉讼检察监督范围问题的解说存在理论与实践中的复杂性及其困难。

  无论基于强化公正司法、行政法治、法律监督本意,抑或从法律移植历史、立法及其解释的科学性角度出发主张对行政诉讼实施全面监督的立场与观念,必须具备的前提基础是:行政诉讼本身对检察监督的客观需要,社会对行政诉讼检察监督的需求,以及检察监督机关的地位、能力与条件能满足这些需要。但无论对于行政诉讼存在的问题本身及问题成因与检察监督能否切实缓解或化解该问题的条件,运行了多年的行政诉讼检察监督的实证素材方面尚未有充分与透彻的论证。大多依然在宪法国家权力架构方面,尤其是以检察权监督制约审判权与行政权这种宏大叙事模式,阐述检察权对行政权的恣意及司法审判权实践中的诸多流弊予以强势监督的客观必要性与正当性。但检察权本身与行政诉讼本身特质以及两者之间的关联实际操作机制及运行体制等方面的核心命题及实践性规则梳理尚需要深入探究。

  概言之,全面监督论者动机与宗旨都是无可辩驳的,关键在于对行政诉讼的全面监督过程中是否能达到监督预设目的,以及如何与现行法

[①] 薛刚凌、范志勇:《检察机关在行政诉讼中的功能定位》,《国家检察官学院学报》2013年第3期。

定国家权力分工负责、各司其职、各负其责相统一起来。一句话，能以检察机关对行政诉讼的全面监督解决所有的行政诉讼困境吗？假定回答是肯定，则这么多年来的行政诉讼检察监督实践后，行政诉讼怎么还依然"艰难困厄、步履维艰"？是否存在人们警示的"理性的形式与追求理性的美好初衷代替了理性本身"？① 进一步而言，假定是原有检察监督范围过窄局限了监督实效，则全面监督后的行政诉讼就一定能走出困境吗？！解答诸多疑惑前需要再作一番"有限监督论"者的学理考察。

三 有限监督论与监督范围

检察制度与检察学奠基者王桂五先生从检察机关参加行政诉讼角度分析认为，"检察机关有必要参加行政诉讼，但并不是说检察机关要参加一切行政案件的诉讼，这既没有必要，也没有可能。检察机关参加行政诉讼应当是有选择的、有重点的。"② 这可被视作行政诉讼检察监督范围有限论的原初观点。该主张是否已过时？这可以透过相关学界对该论题的探究演变中得以解答。

审判机关人士的观点比较明显地对全面监督范围论持否定看法。最高人民法院杨临萍法官从行政抗诉案件类型角度提出，"检察院作为国家法律监督机关，其抗诉应当仅仅局限于国家公益范畴。"③ 从抗诉案件范围上进行了限定。他还强调要加强检察机关对行政权干预审判权的监督。④ 最高院副院长沈德咏从中外制度比较出发，指出"检察机关不对民事、行政生效裁判提起抗诉，已经成为现代各国的通例。因此，对是否有必要继续保留或者是一定范围内保留检察院民事、行政抗诉之权力"提出质疑。⑤ 时任最高人民法院副院长江必新从强调当事人监督的重要性，间接否定全面检察监督论。其主张以非"诉讼程序"方式监督单纯的审判程序违法的问题，重点加强当事人对诉讼监督权利的建

---

① 宋功德：《行政法哲学》，法律出版社 2000 年版，第 376 页。
② 王桂五：《行政诉讼与检察监督》，《中国法学》1987 年第 2 期。
③ 杨临萍：《论我国行政再审制度之建构》，《法律适用》2002 年第 7 期。
④ 杨临萍：《行政诉讼法修改十大焦点问题》，《国家检察官学院学报》2013 年第 3 期。
⑤ 沈德咏：《关于再审之诉改革的几个问题》，《人民司法》2005 年第 9 期。

设,用诉讼权利监督审判权力,而且当事人监督具有零成本优势。因此,行政诉讼法修改必须强化当事人对审判权的监督和制约。① 这体现了实务界人士对检察权全面监督行政诉讼制度的质疑与反思。

从法学界来看,更多论者对全面监督范围论持不同看法。段厚省教授基于检察监督实践中检察运行的行政特质及其实效利害取向,强调指出:"检察机关应当确立现代监督理念,有所为有所不为,方能打开民事行政检察监督新局面,更好地履行法律监督职责。"② 章志远教授从相关立法例的理解及其利害关系着重指出,"行政诉讼法在总则中原则性地规定了检察机关有权对行政诉讼实行法律监督,但这并不意味着检察机关可以无所不在、无所不能。否则,就会人为地造就一个无所不能的'法律监督机关'。"③ 肖金明教授侧重对诉讼中非审判性活动的监督,他指出,"检察制度改革中限定民事行政抗诉的范围和意义,是理顺检察权与审判权关系的重要改革措施之一。检察机关面向审判机关的监督,主要不是监督和制约审判,而是监督和制约审判机关的立案、执行等非审判性活动。"④ 童建明教授指出,"要全面、理性、辩证地认识诉讼监督的功能和作用,防止把诉讼监督看成是无所不能、无所不为、无所不包的思想倾向,防止打着改革的旗号盲目追求扩张监督范围、扩张监督权力的思想倾向。"⑤ 也有论者通过阐述与论证"检察机关诉讼监督的谦抑性"体现了有限监督的理念。⑥

胡卫列教授认为,"检察监督具有有限性的特点,无论是对刑事诉讼、民事诉讼还是对行政诉讼的监督,……检察机关都不可能包打天下……"⑦ 张步洪检察官指出,"客观地说,检察机关同步监督行政案

---

① 江必新:《完善行政诉讼制度的若干思考》,《中国法学》2013 年第 1 期。
② 段厚省:《民行检察监督的观念更新与理念重构》,《国家检察官学院学报》2003 年第 11 期。
③ 章志远:《行政公益诉讼热的冷思考》,《法学评论》2007 年第 1 期。
④ 肖金明:《论检察权能及其转型》,《法学论坛》2009 年第 6 期。
⑤ 童建明:《加强诉讼监督需把握好的若干关系》,《国家检察官学院学报》2010 年第 5 期。
⑥ 程晓璐:《检察机关诉讼监督的谦抑性》,《国家检察官学院学报》2012 年第 2 期。
⑦ 祈菲:《"行政诉讼法修改与检察制度的完善"学术研讨会综述》,《国家检察官学院学报》2013 年第 2 期。

件审理并且同步纠正违法并不现实。对法院受理、审理、裁判、执行行政案件进行监督，并不意味着全程同步监督。"① 陈瑞华教授也认为，"对于行政诉讼的同步监督并不存在。"②

应松年教授对行政诉讼检察监督范围的立场体现了从全面监督到有限监督论的转变。从"把检察机关对行政诉讼的法律监督应该理解为是对整个行政诉讼制度的监督"③ 到"行政诉讼检察监督范围应该是有限的，不应该也不可能是对所有行政诉讼行为的监督，不要期望通过行政诉讼检察监督活动纠正所有的违法行为。要有自我克制的态度，慎用检察监督干预权。"④

纵观有限监督论说，其立论更多基于行政诉讼活动本身的特质、检察权的特质及行政诉讼检察监督实践规则现实性。不同于全面监督论说的侧重于制度预设目的与宏观权力规制，有限监督论说强调制度实践性与现实功能。全面监督范围论预设的前提只有全程无漏洞地对行政诉讼进行监督才能保障行政法律的统一、正确实施。而有限监督范围论预设的前提是行政诉讼存在的问题并非仅仅通过检察监督即可化解，在现实意义上讲，检察机关也无法实施全面无漏洞监督。

四 全面监督范围与有限监督范围理论评析

两种论说体现了理想与现实主义两种立场与态度。其中隐含的基本命题是行政诉讼监督范围实质是检察权直接监督审判权以及间接监督行政权与诉讼权的广度与限度。这种权力之间的监督势必符合国家整体权力架构的基本原理：分工负责、各司其职、各负其责。这十二字准则蕴含了现代国家权力之间得以妥当协调有效运行之精义。无论是分权政制，还是集权政制都无法跨越，尽管在形式上、机制上会有区别。分权制有权力分立、分享及其制衡的形式与机制，集权制有决策、执行、监

---

① 张步洪：《行政诉讼检察监督新规的一种体系解释》，《人民检察》2014年第24期。
② 陈瑞华：《检察机关法律职能的新发展空间》，《政法论坛》2018年第1期。
③ 应松年：《检察机关对行政诉讼的法律监督》，《国家检察官学院学报》2013年第3期。
④ 应松年等：《行政诉讼检察监督制度的改革与完善》，《国家检察官学院学报》2015年第3期。

督之间的分工与协作，它们确立的权力类型之间都不可相互取代与侵越。我国集权制下的监督权与其他国家权力之间的关系必然要遵行这十二字准则，由此检察权作为国家监督权无论在法律上还是在实践中都无法取代被监督者及其活动。这是基准与底线，不得超越的权力边界。卢曼系统理论指出，任何社会子系统功能都难以被他系统取代，这也是现代社会分工理论要求的专业性及其效率价值所需要的。①

假定实行全面、全程、无漏洞、不留死角的对行政诉讼的监督难免会令人深思这是否意味着此类"监督权"事实上还是"从旁察看、督促纠正差错"的监督权？这种"全覆盖"下的审判权还是国家、社会正义的权威裁断者？如果全面型监督是一种理想的、彻底的监督制的话，则是否会导致监督权一权独大？此种监督下的审判权还是明断是非、定纷止争的裁断权吗？其实这时已难以区分出检察权与审判权的清晰边界和各自特性了。

全面监督论的前提预设是否过度质疑审判权之不足？诸多疑惑不得不令人反思：在现代国家权力架构十二字准则统率下的检察权、审判权、行政权及公民权之间的边界理应划定在哪里？又如何构建与维系其中的交叉与关联规则及机制？"就历史经验论，任何制度，绝不能有利而无弊。任何制度，亦绝不能历久而不变。"②

当转向实证研究视角时，司法实践中数据表明全国检察院行政抗诉案件中得以改变③的案件占比数据在65%—75%。"从对生效裁判监督案件的质量来看，近三年（2012—2014年）的行政抗诉案件改变率为61.4%。"④ 这个数据显示出在行政抗诉案件中检察权对行政诉讼审判监督的成功率较高，检察监督在抗诉监督中颇有成效。然而，行政诉讼检察监督的宗旨在于保障行政法律统一、正确实施，要实现此目的，还需要在抗诉成功率数据基础上充实行政抗诉成功案件占全部行政案件的

---

① 卢曼：《法律的自我复制及其限制》，韩旭译，《北大法律评论》1999年第2期。
② 钱穆：《中国历代政治得失》，生活·读书·新知三联书店2012年版，第1页。
③ 凡经行政抗诉后改变的案件都被视作检察监督的成功。
④ 最高人民检察院民事行政检察厅：《行政检察工作的现状与发展》，《国家检察官学院学报》2015年第5期。

比重，即要有相当数量规模的成功监督才能更加坚实地佐证在整体上保障行政法律统一、正确实施的制度功能的实现。

然而就检察法律监督实现"国家法制的统一建制及其实施"而言，张步洪检察官指出，目前的行政抗诉过分拘泥于个案公正，尚未发现通过个案抗诉创建行政规范的案例。没有具有重大法律意义的行政裁判，尤其是督促纠正因地方保护或行政干预导致违法的行政裁判，从而维护行政法制的统一正确实施的个案。因而现有着重于个案监督的多元方式对于整体的法律统一正确适用显然尚有很大空间。①

我国每年度行政抗诉成功案件占所有行政案件比重是多少呢？数据显示这个比重在 0.06%—3%，② 也就是说绝大多数行政案件就生效裁判来看是成功的，这表明司法实践中行政诉讼检察监督的实效在规模上过于微小。换位思考，从审判权视角而言，即至少97%以上的行政案件在适用行政法律时裁判结论是合法正确的。由此，检察权的监督实效与功能和审判权的实效在行政抗诉成功率及行政抗诉案件成功数量占全部行政诉讼案件的比重两个数据的大致比较中，可初步看出审判权履行的合法性与正确率显然很高，而检察监督职能尽管在个案抗诉监督中高效但却在实现其制度宗旨时甚微。总体而言，得出目前我国民行检察监督的效率不高的结论仍是有依据的，这主要表现在"速度慢、周期长以及数量少"③。

当然有论者会质疑道，"检察监督功能成效并非体现于规模与数量，而在于成功抗诉案例的示范与鞭策效应中的倒逼功能"，甚或有人反而推论得出：行政诉讼过程之合法性裁判之正确率之高，恰恰是得益于行政诉讼检察监督成功抗诉案件的倒逼功能的体现。这里涉及监督制度实效、价值标准及其体现的一个两难命题：即监督实效越差，被监督者活动目标越难以达成，监督价值本应无从体现，然而实践越需要强化监督，如是，则监督制度貌似就越发达，可能的成功监督的数量与规模

---

① 张步洪：《略论完善行政诉讼检察监督》，《人民检察》2004年第4期。
② 沈德咏：《关于再审之诉改革的几个问题》，《人民司法》2005年第9期。
③ 汤维建：《挑战与应对：民行检察监督制度的新发展》，《法学家》2010年第3期。

就越大,似乎越能体现其价值与地位;反之,监督实效越好,则被监督者活动目标越易于达成,监督价值本应越能体现,然而实践却越无须监督,于是监督越加弱化,如是,则监督制度趋于消亡,貌似监督制度价值越难以体现,其地位与价值愈低下。此乃监督制之根本悖论,令人反思。诚如王鸿翼先生所说,"民行检察工作有它的历史性,可能过了若干年后,这项制度会消亡,也可以说,我们正是为了消亡这项制度而工作。"[1]

其中隐含着衡量监督制度效能的基准是量少质优抑或量大质优?这是洞察监督制度正当与否的根本疑问。尽管学界与实务界往往忽视了它的关键意义,但是,若从监督制度旨在以察看、发现,并督促纠正被监督者违法与差错,进而保障法制统一、正确实施之大局看,应推论监督成功与否仅局限于个案成功与否是不充分的,而需要辅之一定数量的成功才可视为实现其制度宗旨。否则难免陷于监督制度的另一个陷阱:选择性监督及其引致的监督悖论。尤其是监督对象本身存在明显的问题,社会对其有强烈的监督需求时,而行政诉讼恰是流弊积累甚多,监督需求强烈的监督领域。因此,过少的个案抗诉监督成效实难得出检察权监督实效理想之结论。

退一步讲,现行《行政诉讼法》确定的检察机关有权对行政诉讼实行法律监督,对生效裁判、涉及公益的调解书及所有审判程序进行合法性监督,足以体现国家法律监督机关对行政诉讼的监督职权之充分性。况且,生效裁判本身蕴含着诉讼过程的基本信息,使得检察机关通过抗诉事实上也能针对行政诉讼基本信息及关键节点进行监督。[2] 值得深思的问题是:监督范围宽窄与监督实效是否呈正比关系?该命题预设的是考察行政诉讼检察监督范围宽窄固然必要,但关键的是要确保既定的监督范围内监督实效的实现,否则再宽的监督范围也徒具形式、徒有虚名。

---

[1] 王鸿翼:《规范和探索,感性与理性——民事行政检察的回眸与展望》,中国检察出版社2013年版,第59页。
[2] 薛刚凌、范志勇:《检察机关在行政诉讼中的功能定位》,《国家检察官学院学报》2013年第3期。

由此，现行的法定监督范围可以被视作实践合理意义上的相对可行的检察权与审判权、行政权、公民权在监督广度上的权限划定。之所以得此结论，理由有三：一是现有全面监督与有限监督分歧过于片面注重监督的目标之达成或行政诉讼特质之保障，前者易于陷入工具理性主义陷阱，后者易于走向形式主义空谈。二是尚未解析监督方式与监督范围之内在关系，双方分歧成为各抒己见，难以找到分歧争点与实质。全面监督倾向于流程上追求全程同步监督，有限监督理论侧重从事后监督角度分析。三是忽视了监督效能问题。无论是全面或是有限监督的重点都须注重功效的保障，否则，都会流于形式。

第四节 行政诉讼检察监督范围与权力关系：多元异质权力监督复合体

一 行政诉讼检察监督范围的实质：权力监督的广度

行政诉讼检察监督范围是指检察机关对行政诉讼进行监督的广度。结合行政诉讼检察监督意指检察机关从旁察看、发现、督促纠正行政诉讼活动之违法与错误的本义，可知检察监督范围其实质是指检察机关为履行国家法律监督机关职能，对行政诉讼的哪些事项有权实施这种监督活动，以实现在行政诉讼领域中法律得以统一、正确实施之目的。不同于通常意义监督制度中监督对象是明确具体的活动者相对固定在特定场所实施的产生特定实际影响的活动或行为。行政诉讼既是指称"民告官"之司法审判活动这种通常意义内涵，又包括诉辩审三方权力（利）义务辩证统一的法律结构，还可以被视作用以解决无法自行化解的行政争议与矛盾的社会独特系统。行政诉讼多层意涵也能在其制度宗旨中得以体现，即行政诉讼制度预设为：解决行政纠纷、救济权利及监督行政。

从司法活动角度看，则需侧重审判权为主导而作出的生效裁判、调解及生成其程序的公正性与合理性。如果将其视为特定法律结构，则须明晰其中组成各方地位及责、权、利上的平衡。如果以独特社会系统观之，则须关注其系统功能及其运行的有效性及协调性。行政诉讼这一特定监督对象的基本要素有争议焦点、证据与事实、法律理解及适用。但这些方面都具有"主观性、相对性和变异性"。① 用卢曼的话来说，即法律规范系统既有开放性，同时又有封闭性。卢曼指出，法律是"一个在规范上封闭而在认知上开放的系统"。② 这种监督对象本身的特性容易导致"检察监督者认为的实体性裁判结果有时会与裁判者所认定的实体性裁判结果产生距离"。加之其他利害关系人对裁判在认知上的分歧，使得各方之间对行政诉讼难以达成共识。这种裁判认识上的分歧在行政诉讼检察监督中最终会演化为"检察院法院两家在实体认知上以及权力运作上的矛盾和冲突"③。检察监督者提出的实体性监督意见，未必能够为实际行使最终裁判权的法官所接受和认同。其结果是，检察院法院在行政诉讼检察中的实际对抗格局成为多年来的常态，尽管新世纪后在更高层次监督宗旨上达成理论上的共识，但这种宏观抽象上的共识也还需要经受不断的实践磨合、调适及考验。

实践中化解检察院法院分歧及其困境的可能路径是确定以程序性监督为主、实体性监督为辅的监督客体理念的转向。实体性监督应当依附于程序性监督，正是在程序性监督中，实体性监督才寻找到坚实的基础和依据，才更有说服力，并最终转化为显性的监督效能。从纯实体性监督领域有选择性地转向程序性领域也是检察院法院职权在行政诉讼检察范围的权力分工的内在要求的体现。明确监督范围实质乃权力与权利之间的关系表现后，可进一步探究具体有哪些权力关系及其模型。

二　行政诉讼检察监督范围隐含的权力关系：多元异质权力监督复合体

科学哲学家托马斯·库恩（Thomas Kuhn）提出科学革命的结构理论，深入诠释了科学范式从常规科学到非常规科学演变的结构性理论：即以常态范式遭遇新生现象及问题的危机挑战进而重构得以有效解说新

---

① 汤维建：《论中国民事行政检察监督制度的发展规律》，《政治与法律》2010年第4期。
② Niklas. Luhmann, The Unity of Legal System, in Gunther Teubner (ed), Autopoietic Law-A New approach to Law and Society, Berlin: Walter de Gruyter, 1987, p. 20.
③ 汤维建：《论中国民事行政检察监督制度的发展规律》，《政治与法律》2010年第4期。

问题的答案的新范式。① 借鉴这种分析问题的结构化理论研究方法,对行政诉讼检察监督范围隐含的权力关系予以阐释,可勾勒出其中权力关系模型:复合型监督权力关系结构。如图3-1所示。

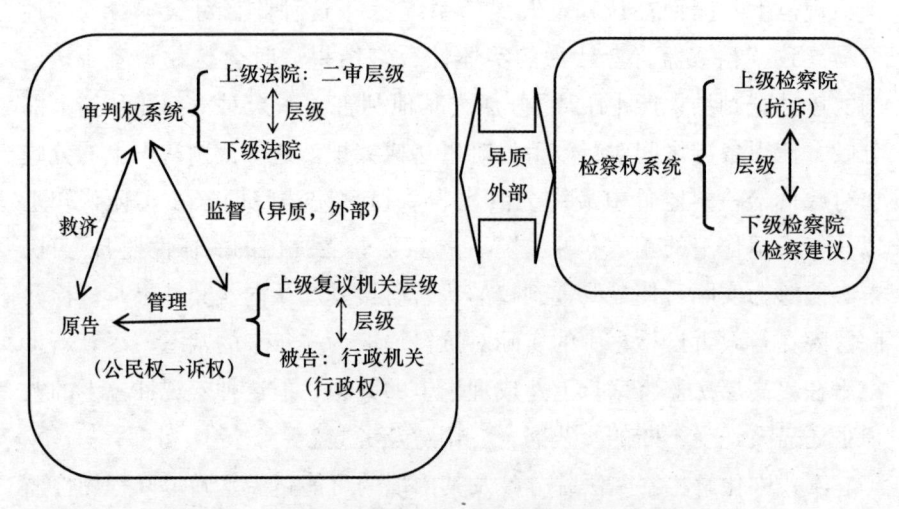

图3-1 行政诉讼检察监督复合型监督权力关系结构
资料来源:笔者归纳分析提炼。

图3-1结构显示,行政诉讼检察监督中权力关系结构呈复杂样态:可简称为"多重权力复合体",其间监督权力关系性质体现在:"多元性、层级性、内外性、异质性"。具体而言,监督范围内既有检察权内部层级的监督权,又有审判权内部上下级之间的复审监督权,还常常涉及行政权内部层级监督权。因而,监督范围上必定呈现出内外部权力混合一体化。由于行政诉讼中原告享有诉权可被视作公民权的具体化,既是行政诉讼启动的源泉,也是绝大多数行政诉讼检察监督案件监督信息的来源。因此,公民权也属嵌入在监督范围中不可或缺的重要因素。从公民权基础性作用而言,没有公民权,就无行政诉讼,也无行政诉讼检察监督。因而无视公民权,仅仅从权力因素分析是不全面的。

---

① [美]托马斯·库恩:《科学革命的结构》(第四版),金吾伦、胡新和译,北京大学出版社2012年版,"导读"第4—5页。

布迪厄精辟断言道，"司法场域是争夺垄断法律决定权的场所。"①换言之，即在司法领域中对不确定性事项的法律决定权的垄断是所有利害相关者意欲掌控的对象。但现代国家权力分工原则决定了国家机关必须各司其职、各负其责，譬如，对公共行政事项管理权由行政机关履行，争议双方是非对错、合法非法等决断权力由审判机关掌控，裁判本身合法与对错的复核权被授予检察机关，启动审判权的主动权则由公民或检察机关掌控。但在复合型的行政诉讼检察监督活动中涉及的并非单一性权力形式，而是多种类型权力的组合体。检察机关对行政诉讼进行监督时，检察权与审判权之间存在着的是"权力配置"问题而非单一型制度下的"权力设置"问题。尤其是行政诉讼检察监督结构上的复合型制度特点势必关联两种及以上的公权力之间及其与公民权利之间相互交叉、融合甚至对立与冲突的种种复杂关系在其中。②据此，在前一示意图基础上可进一步将行政诉讼检察监督运行之中隐含的具体权力关系细化为：四方利益相关者与三组权力和公民权关联的关系组合模式。如表3-1所示。

表3-1　　　　行政诉讼检察监督范围隐含的权力关系

	监督形式	权力态势	权力关系	作用形态
检察权—审判权	直接监督	相对均势	直接监督	协同"两维"、纠错或保障
检察权—行政权	间接监督	检察权相对弱势（党政地位中弱化）—行政权全面强势（源自：党"总揽体制"+"党政一体"+内部性行政一体体制）	间接监督	规制、督促行政法治
审判权—行政权	直接监督	审判权弱势（被动性+党政地位中弱化）—行政权全面强势（源自：党"总揽体制"+"党政一体"+内部性行政一体体制）	直接监督	规制监督行政法治

---

① 布迪厄：《法律的力量——迈向司法场域的社会学》，强世功译，《北大法律评论》1999年第2期。

② 王鸿翼：《谈民事行政检察权的配置》，《河南社会科学》2009年第2期。

续表

	监督形式	权力态势	权力关系	作用形态
检察权、审判权、行政权—公民权	间接监督与直接监督混合	检、法（相对强势：组织性、国家性、权力能力）+行政全面强势（组织性、国家性、强制性）与公民权（全面弱势：源自个体性、诉讼能力）	检察权保障性监督公民权；审判权救济公民权；	保障、救济+反作用（监督信息来源、间接推动党的监督机制）

资料来源：笔者归纳。

行政诉讼检察监督范围隐含的权力关系颇为复杂，在"多元、层级、内外、异质权力关系复合体"概括基础上，对其中涉及的权力关系细化剖析，可探究其中的权力关系中丰富的具体内容及其形式。

一是检察权对审判权的直接监督关系。这对权力关系在权力各自态势上具有相对均衡特征。司法权的本质特征有两点：首先是服从法律，其次是创造法律。[①] 审判权掌控对行政诉讼的实际主导权，在其组织、指挥并裁断行政争议过程中，对其中证据、事实、法律三方面的不确定性进行确定化，从而在诉讼中主导地位明显。检察权对行政诉讼的法律监督核心在于对审判权在行政诉讼中履行审判职权及职责进行合法性监督。以生效裁判作为主要监督范围，体现了检察权对审判监督的边界与广度。检察权以生效裁判的程序性抗诉监督介入行政诉讼当中，在程序上实质掌控了部分的行政诉讼裁判效力复核审查权限。检察院法院之间对行政诉讼在裁判终局效力方面实行了某种意义的分工，法院主管作出生效裁判，而检察院执掌复核检验审查权。两权在维护司法公正、司法权威的崇高理想指引下分工协同、各司其职、各负其责。

二是检察权对行政权的间接监督关系。行政权本义是执行政策与法律规范，旨在高效严格执行上级指令实现政策与法律确定的具体任务与目标。[②] "服从法律是行政权的特征之一，但服从上级却构成了行政权的更本质的特征。法律不是行政权的'唯一上帝'，它的逻辑前提是多

[①] 喻中：《服从与创造：关于司法权本质特征的一种认知》，《四川大学学报》2004年第4期。

[②] 郑贤君：《论检察权与行政权的关系》，《河南社会科学》2011年第6期。

元的。"① 何时、何地针对何人,如何行动快速、高效实现具体任务是行政活动运行之常态,不同于审判权与检察权多以对事实证据、法律理解、释义及适用的精确、公正、严谨的行动特征。因而当这种高效及上命下从逻辑的行政活动引发官民矛盾被起诉至法院后,这个诉讼过程中的行政权状态及其履行是否与行政执法过程中的行政权一样?该问题既有较强理论意义,又有较强实践价值。但学界一直忽视了该论题,这也是分析检察权监督行政权时的基础问题。

按行政法学界通说,行政权在行政执法领域具有确定力、公定力、拘束力及执行力。但随着进入行政诉讼领域,这种法律效力理应照样适用。但这种单纯法理之定论在实践中却受到了巨大的挑战与背离。多年来在行政诉讼中,有相当比重行政诉讼以撤诉结案,"有接近50%的案子,法院千方百计地做工作让原告撤诉了"②。实践中大量的行政诉讼中被告与原告之间在法院及相关部门,如司法管理机关、政法委、政府、律师协会等组织下时常进行沟通、协商,甚至讨价还价。这种法理上的行政法定效力在实践中被严重化解。

假定行政诉讼中行政权受严格拘束、不得变更行政行为准则,甚至完全由检察权代行诉讼,则行政权的监督将会受到一种严格且有效的事后司法审判权结合检察权的联合监督,这或许可以一改行政诉讼及行政诉讼检察监督弱势及低效的弊端。否则,行政权主导驾驭审判权及其波及的行政诉讼检察监督疲软态势将会持续下去,且难以更改。

三是审判权对行政权之直接监督关系。这层权力关系是行政诉讼的核心实质表现,由于实践中党的"总揽体制"+党政一体体制+国家组织体系内行政一体化的政治格局决定了国家政策及法律的实现主体是行政机关。这种党政格局无疑使行政权成为权力的中枢与主干。相形之下,审判权在行政诉讼中甚至在行政诉讼检察监督之中时常受制于行政权的干预而难以公正,权威不再。③"在行政诉讼中,享有行政权的被

---

① 喻中:《服从与创造:关于司法权本质特征的一种认知》,《四川大学学报》2004年第4期。
② 何海波:《行政审判体制改革刍议》,《中国法律评论》2014年第1期。
③ 江必新:《完善行政诉讼制度的若干思考》,《中国法学》2013年第1期。

告（行政主体）对于法官的影响甚至比刑事诉讼中的检察官对法官施加的影响更为明显。"①

四是检察权、审判权、行政权与公民权之间的关系。这层权力（利）关系具有基础性、监督性、救济性、保障性、服务性、反作用性等诸多性质。这决定了行政诉讼检察监督中权力关系复杂性程度与广度。在总体上公民权相对于公权力天然弱势，因而易于受到行政权、审判权之侵犯与漠视。但在检察权与公民权之间更多呈现出救济保障为主，监督为辅的样态。尤其当检察机关意欲积极履行行政诉讼监督职责以力求检察绩效时，公民权一方便成为检察权之合作者与同盟军，其既可提供丰富客观的监督信息，也可在社会舆论方面为检察权的监督提供条件与有利影响。一旦检察监督权的监督实效不彰，公民权也就淡化了对检察监督的主动与配合。因而检察权与公民权之间这种基于利害而谋动的特征在实践中具有不确定性。

三 行政诉讼检察监督范围与权力关系：强弱监督下的权力关系解说

行政诉讼检察监督范围实质是检察权对行政诉讼中审判权、行政权、公民权诸权力（利）之监督广度，其实体现了"多元、内外、层级、异质"复合型权力监督关系体特性。作为理解复合性权力监督关系切入点的监督范围理论，历来是以全面监督与有限监督之分歧为主导。正如布迪厄指出，"人们可以在法律职业者之间的权力关系中发现规则的司法效果，即规则的真实含义。"②从监督职能预设角度可视这种二元监督范围理论为强监督范围与弱监督范围的具体化。再结合复合型权力监督关系特性后，可基本得出两种监督范围理论中四组权力（利）之间关系概貌。

强监督范围背景下，检察权居于主导地位，直接发现、核实、督促

---

① 喻中：《服从与创造：关于司法权本质特征的一种认知》，《四川大学学报》2004年第4期。

② 布迪厄：《法律的力量——迈向司法场域的社会学》，强世功译，《北大法律评论》1999年第2期。

纠正审判权在履行审判职权时程序上及实体上的违法与错误，并通过这种监督职能鞭策审判权合法正确行使。审判权受制于监督权强势督促与鞭策，而处于被规制地位。但这种强弱地位具有相对性，审判权由于掌控生效裁判权，因而可以形成自我防备权能。同样，尽管无法直接对诉讼中的行政权进行评价与处置，但强势监督也能以检察建议等方式形成对行政权的附带性监督，主要体现在对违法裁判有利于行政权时，可通过检察抗诉机制形成间接监督之效。在审判权与行政权这组权力关系中，受强势监督范围影响，审判权由于受监督权之触动而加强对行政权合法性监督动力较强，且承受较大监督压力。因而，审判权会对行政权产生强监督的动力与压力。但行政权依然对审判权形成明显强势，只因导致行政主导地位的政治生态格局所决定。在检察权、审判权、行政权与公民权这组权力关系中，由于强监督范围影响，公民权能在权力（利）复合关联中找到更多实现自己利益及意志的空间与时间。作为诉讼发起者及其对行政争议基础事实上的信息全面掌控者，能形成对检察权、审判权、行政权的一定的反作用。

弱监督范围背景下的行政诉讼检察监督权力关系体现在以下几个方面：一是检察权相对于审判权、行政权处于弱势地位，无法对行政诉讼过程形成全程、同步监督，难以掌握诉讼中的诸多监督信息，在监督及时性与可靠性方面相对被动。二是审判权与行政权相对于检察权更具有主动性。审判权能运用其审判主导权形成对监督的反制，行政权也能以其在整体国家体制中的强势地位及资源进行规避检察监督。

因而，强弱监督范围下，复合型监督权力关系也必然呈现较大差异性特征。但是，在实践中往往难以观察到强弱监督范围下诸多权力关系的地位明显的势差及其变化的轨迹。常见的是因时、因地、因人、因事等具体情形而在行政诉讼检察监督实践中呈现出更加丰富生动而复杂得多的图景。其缘由在于传统分析往往基于实定法之规范及其逻辑进行，而忽视了社会生活实践中法制、政制、文化、传统、人性等诸因素的客观存在。缺少一种社会化法制的视角，易于走向工具主义法制或是形式逻辑主义法制，前者习惯于纯外部视角观察法制，后者惯于内部视角看待法制，难以克服各自的局限。

第五节　行政诉讼检察监督范围与
多重实践逻辑

一　布迪厄的司法场域理论：超越形式主义与工具主义法律观

布迪厄是现代法国著名的哲学家和社会学家，深受马克思实践哲学的影响，创立社会实践理论。该理论核心在于创立并诠释解答了实践理论三个相互联系的基本问题，即行动者在哪里活动、如何活动以及用什么活动，并以三个分析性概念建构了独特的分析性概念。其一，"场域"，指各种位置之间存在的客观关系的一个网络（network），或一个构型（configuration）。其界定的根据是这些位置在不同类型的权力的分配结构中实际或潜在的处境，以及它们与其他位置之间的客观关系。由此，布氏着重指出根据场域概念进行思考就是"从关系的角度进行思考"。其二，"惯习"，指场域中行动者或机构的千差万别的性情倾向，它由行动者通过一定类型的社会条件和经济条件以内在化方式获得。其三，"资本"，指社会行动者以各种形式及途径获取、积聚起来的特质或精神条件。[1]

布氏将其实践理论运用至法律场域，创立了独特的"司法场域理论"。以此反思批判了两种传统法律研究视角及其论断：形式主义法律观与工具主义法律观。他指出，"形式主义法理学从内部视角将法律看作一个自主、封闭和功能自洽完备的体系。"认为严格依据这个体系，按照"法律的逻辑"，就可以发现法律的正确结论。法律因而获得了其所谓的"自主性"及其自我发展的内在动力。与形式主义法理观相反，"工具主义法理学从外部视角将法律仅仅看成是国家、阶级或集团实行政治统治与社会控制的工具。"认为法律是现存的社会权力关系与经济基础的直接反映，法律是支配的工具。法律因而在工具主义法理学中丧失了"自主性"。[2] 布迪厄批判"形式主义法理学完全忽视了法律的社

---

[1] 宫留记：《布迪厄的社会实践理论》，《理论探讨》2008年第6期。
[2] 邓玮：《论法律场域的行动逻辑——一项关于行政诉讼的社会学研究》，博士学位论文，上海大学，2006年。

会约束与社会压力,陷于法律自治的乌托邦;而工具主义法理学则忽视了法律的相对自主性。"要同假定法律与法律职业之独立性的形式主义意识形态决裂,同时又不陷入相反的工具主义法律观,就必须认识到这两种对立的视角(一个从法律的内部,一个从法律的外部)同样完全"忽视了一种完整的社会世界的存在",这一完整的社会世界被其指称为"司法场域"。①

在超越法律形式主义与工具主义两种观念基础上,创立独特的"司法场域"概念。布迪厄指出"这个场域的特定逻辑是由两个要素决定的,一方面是"外部社会特定的权力关系与斗争,另一方面是司法运作的内在特定的逻辑比如中立性、普适性与一致性"。② 因而,认识法律"重要的是弄清楚法律这种类似魔术般的权力的社会条件及其限制是什么"。需要重新考虑司法工作在司法场域与更大的权力场域的关系中所体现出来的深层的逻辑。③

布迪厄在反思形式主义与工具主义两种法律观片面性基础上创立了兼顾历时与现实两方面社会条件的极具实践性的司法场域理论,充分整合了单纯内部或外部视角探究法律现象之优势与劣势。据此场域理论本身的包容性、开放性及原生性的特点。就此而言,布迪厄的场域理论给其他研究者提供了一个理论式的工具箱。

行政诉讼检察监督范围涉及多方利害关系者的因素,是隐含"多元、内外、层级、异质"权力监督关系的复合体。针对现有研究侧重形式主义法律观,难以全面透彻揭示社会诸条件对其的限定性之不足。尝试以司法场域理论为分析工具对行政诉讼检察监督范围的多重实践逻辑进行剖析。运用司法场域理论及其核心观点,对场域、资本、惯习概念予以解构并化约为更加有中国法律实践特色且易于理解的"监督地

---

① 邓玮:《论法律场域的行动逻辑——一项关于行政诉讼的社会学研究》,博士学位论文,上海大学,2006年。
② 布迪厄:《法律的力量——迈向司法场域的社会学》,强世功译,《北大法律评论》1999年第2期。
③ 布迪厄:《法律的力量——迈向司法场域的社会学》,强世功译,《北大法律评论》1999年第2期。

位（位置）""监督能力（位置）""监督动力（惯习）""监督阻力（惯习）""价值取向（资本）"与"监督策略（惯习）"等概念组合，进而对行政诉讼检察监督多重实践逻辑进行提炼。如图3-2所示。

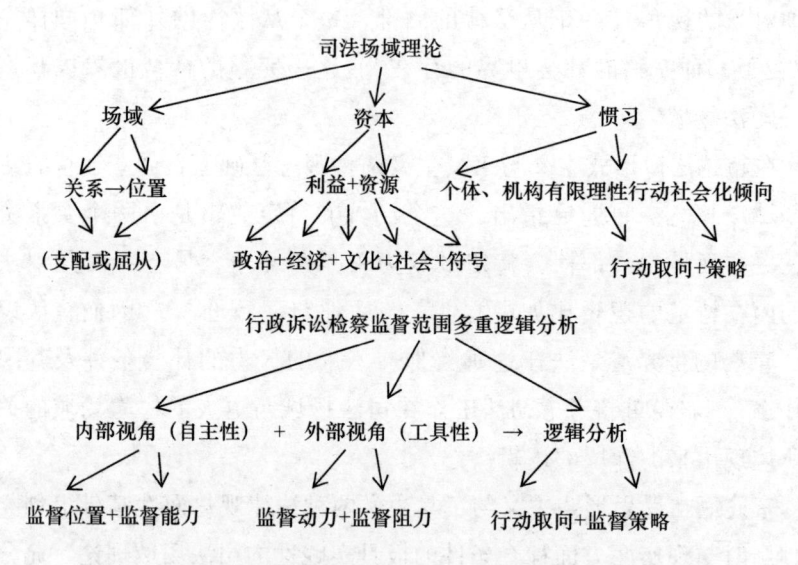

图3-2 行政诉讼检察监督范围多重实践逻辑分析概念示意

资料来源：作者对相关文献研究提炼。

借助逻辑内涵，结合复合型制度特征对行政诉讼检察监督范围进行多重实践逻辑视角的解构与诠释。中国现代逻辑的奠基人金岳霖认为，"逻辑是一个命题或判断序列，从一个得出另外一个……它是一个必然序列"[①]，逻辑作为最节省的力量（agent）为我们提供便利。如果一个人相信导致一个结论的一组前提，那么他就相信作为过程的结论。[②] 另外，周雪光、艾云教授运用"多重制度逻辑"分析框架成功阐释中国北方某镇八年期间的村庄选举的重大制度变迁实践现象背后的机制和过程也为本书研究提供了启发。[③]

[①]《金岳霖全集》第6卷，人民出版社2014年版，第477页。

[②] 刘新文：《金岳霖论题——一个逻辑的形而上学问题》，《清华大学学报》（哲学社会科学版）2016年第1期。

[③] 参见周雪光、艾云《多重制度逻辑下的制度变迁：一个分析框架》，《中国社会科学》2010年第4期。

二 多重实践逻辑下的全面监督与弱势监督

（一）全面监督与强势监督

行政诉讼检察全面监督范围理论的出发点是通过扩大检察监督的广度以增强检察权对行政诉讼全面的监督功能，就此种意义来说，全面监督可视为强势监督的表征。在形式上，从实定法规则而言，检察机关以全面性的行政诉讼监督，可全面甚至同步介入行政诉讼程序之中，进而能更好地察看、发现、督促其中违法与错误的裁判与行为。为行政诉讼的合法高效运行保驾护航，这体现了一种目的正当理性。反之，仅仅对行政诉讼程序或实体进行有选择性的、节点式的介入进行察看，难以及时、全面、充分高效发现并督促纠正其中存在的违法与错误，这种有限监督因而常被视为弱势监督的体现与代名词。

但事实并非如此。全面广泛的监督并不必然强势监督，甚至相反；反之有限监督也并非必然就是弱势监督。事实上法律的实施是一个多重的、立体的、模糊的实践形态，制度与行动是在不断地交错互动中建构与重构的动态过程。

行政诉讼不只是一个在"无摩擦力"完美状态下的法律规则的适用过程，其他诸社会变量对于法律制度的运作与实现有着极其重要的影响。[①] 行政诉讼检察监督同样如此，实定法规则即使穷尽完善，但其必然会滞后于现实。这是法的不确定性本质所决定的。[②] 法律的一般性与个案具体情况之间的差异在本质上不可消除。[③] 即使假定这种人间善法被发现并制定出来，它依然由具有既有历时又有现时双重局限性的"有限理性经济人"实施，在理性有限、私欲尚存的驱使下"善法"难以"美治"，法律规则失效成为一种常态。"实际上，程序失灵普遍存

[①] 邓玮：《论法律场域的行动逻辑——一项关于行政诉讼的社会学研究》，博士学位论文，上海大学，2006年。
[②] 王晨光：《法律运行中的不确定性》，《法学》1997年第3期。
[③] ［德］加达默尔：《真理与方法》（下卷），洪汉鼎译，上海译文出版社1999年版，第685页。

在于所有诉讼领域。"①

就人类社会法律规制的历史经验而言,法律能自动自主地创造出有序与正义社会的理念正成为一种人类理想。且不谈第二次世界大战时希特勒正是凭借所谓"法治"方式攫取政权,②却给人类带来了史无前例的灾难。就当下我国立法机关制定的众多法律中所确立的诸项规则又是否都及时"落了地"呢?回答是否定的。例如,行政诉讼法明确规定符合法定条件下必须受理行政相对人的行政告诉,但实践中长年存在的"三不"现象(不受理、不裁定、不收文书)却令人深思。"行政机关之所以敢于挑战法院的权威,是因为它有着藐视法院的资本或资源,以及对上级机关不会干预的自信。"③不能无视这些现象,理论界得以运用相关分析性概念或分析工具、框架对其中隐含的道理进行剖析并提出确切的解说恰恰是研究的职责所在。

(二) 多重逻辑下全面监督向弱势监督转化

运用"司法场域理论+多重逻辑原理"融合而拟定的"位置、能力、动力、阻力、取向与策略"组合概念分析行政诉讼检察监督场域的全面监督与弱势监督的关联,是本节内容重点,可从以下几点阐述。

一是检察权主动位置与相对均势潜在能力。有《宪法》"国家的法律监督机关"的地位规定,加之检察组织法、行政诉讼法等法律规定,在制度层面确定了检察权对行政诉讼实行法律监督的法定地位,这种法定监督地位为检察权在行政诉讼检察监督场域中占据主动位置提供了权威依据与法理根据。④同理,检察权对行政诉讼履行的职权具有监督属性与职能。由于检察权履行职能具有主动性,即可依据申诉人申请、上级检察院交办、其他机关转办而被动实施,也可依据职能主动启动对任何一起行政诉讼中任何环节进行初步的合法律性监督。这是基于法律内

---

① 吴英姿:《论制度认同:危机与重建》,《中国法学》2016年第3期。
② [加]大卫·戴岑豪斯:《合法性与正当性:魏玛时代的施米特、凯尔森与海勒》,李毅译,商务印书馆2013年版,第27页。
③ 余凌云:《论行政诉讼法的修改》,《清华法学》2014年第3期。
④ 截止到2012年底,全国31个省、自治区、直辖市人大常委会均出台了决议、决定,加强检察机关的法律监督工作。参见王新友《建议全国人大立法加强法律监督》,《检察日报》2013年3月14日第10版。

部视角进行分析的结论,即在法理上成立,作为理想类型中的检察实践也必须完全依此规范履行职责。

二是相较之下,场域中审判权在位置上被动及潜能上相对均势。作为行政诉讼法定及事实上的主导者,在我国司法职权主义模式依然存在背景下审判权是诉讼中的组织者与指挥者,其对行政诉讼运行的程序及实体结果的合法性与正当性肩负主要法律职责。因而,审判权成为检察权监督的直接对象,在此意义上,审判权在该场域中的位置处于被动位置。这体现在:首先,审判权无论如何无法主动启动司法审判程序;其次,无法预知检察权是否、何时针对诉讼程序或实体、审判行为或是审判者提起检察建议、再审检察建议或抗诉;最后,即使是依抗诉或再审检察建议再审作出的裁判结论也仍然处于检察监督的职权效力约束状态之中。据此,我国行政诉讼审判权与检察权二元化构造在实质上对司法裁断权进行了相对意义上的实体与终局意义的程序性分割,这在法理上对审判权带来的影响是客观存在的,也是造成裁断权被削弱的主因。[①]

但审判权在潜能方面却不至于完全弱势,在潜能上具有相对均势。从比较法来说,我国审判权与三权分立制下的司法审判权明显差别在于,前者的既判力受制于检察权复核性监督之局限而略显单薄,后者的既判力则具有深厚的社会法律文化底蕴与现实政权构造之权力支撑而坚实与完备。因而审判机关一直力争对检察权之审判复核监督的层级与次数进行限定以谋求真正意义上的完全的既判力,进而夯实审判权的权威性,增强自身的机构潜能。

三是,行政权与公民权在检察权对行政诉讼实行法律监督的场域中的位置是基础性的,它们之间的争议是行政诉讼得以产生以及行政诉讼检察监督产生的前提。加之审判权在诉讼中的主导位置,行政权与公民权在诉讼中的位置在实定法层面上相对审判权具有相对被动性,特指在终局裁判上的被动性。但由于诉讼本身结构上的互动性及流程性,对整体诉讼的进展公民权也可通过诉权施加影响,如撤诉权、变更请求权。作为被告方行政权也可以通过改变被诉行政行为诱导原告撤诉而影响诉

---

① 郑成良、袁登明、吴光荣:《司法监督与司法公正》,《中国司法》2004年第6期。

讼进程或者是利用内部行政一体体制影响司法审判权。在互动关系中才可以更加全面认识其中的实质与潜能。

上述这种实定法规则层面的位置与能力分析依然是一种法律内部视角的观察结论,并不意味着事实上的位置与能力,而且行政诉讼检察监督中四方利害关系的位置及能力往往呈现出动态性与潜在性而不是一成不变。实践中受到社会诸条件的影响有所变化甚至发生突变,决定它们动态位置与潜在能力发生变化的主要两项因素是动力与阻力。

就法律规范本身来说,实定法规则在制定时即是各方博弈的产物,其本身隐含了社会个体之间与群体之间以及个体与群体之间的利益差异及其对立。此种意义的法律规则本身就是一种理想化产物,蕴藏了法律实践中难以被所有成员信奉与遵从的潜在危机。这种危机随着社会环境的变化,尤其是其中政治、经济条件、科技条件之变化及其实效传导至各位置上的个体与机构,不仅会导致其主动与被动地位发生变化、潜在能力在转为现实能力时也发生变化。"法律制度在司法实践中的意涵也就成了具体的社会建构的结果。"看上去"理性"的组织结构往往是社会建构(social construction)的结果。每个组织领域(organizational field)中都有相对确定的对结构的要求,而该领域中的每个组织都必须通过"同构"(isomorphism)的过程来使自己的结构符合这些要求,从而在其所处的组织领域里获得合法性。[1]

因而实定法规则在现实中存在被激发或抑制两种实际可能状态。由此实定法确立的规则在实践意义上往往成为行动者参照的行动框架之一,此乃法律规范社会的实践意义所在。

法律无法为人们提供一个完全法律规制下的社会秩序,无论是个体权利抑或公权力在实践中总会存在失灵,即便被指称为"权利最后一道防线"的西方司法权履行时也错案难免。[2] 法律作为一种规范通常以一种潜在的约束力作用于社会,这种潜在的约束力在何种程度与范围发挥,则需要以社会条件为基础。

---

[1] 刘思达:《法律移植与合法性冲突》,《社会学研究》2005年第3期。
[2] 陶婷:《错案论》,博士学位论文,华东政法大学,2014年。

行政诉讼检察监督范围中的动力与阻力即是这种激发与抑制该场域法律规则发挥现实作用的主要社会条件。从动力因素来说，理应有强推动力的是检察权，理由有：一是法定授予检察机关之职权；二是国家法律监督机关之职能定位；三是行政诉讼弊端导致社会对监督行政诉讼之客观需求强烈。但实践中行政诉讼检察监督案件数量规模很小，其社会效应一般。尽管社会对其关注度小，但在学界与实务界的关注热度一直呈上升态势。这种理论研究与实践之间反差的内在缘由或许通过对影响行政诉讼监督范围的检察监督动力与阻力因素的二元化分析才能突破局限于实定法规则层面分析的不足与缺憾。

实践中这种检察监督的动力与阻力可从内外部及权力关系互动两个层面理解。从系统内部而言，检察机关的行动既要依法而行使，同时还需要内部考核机制的推动，或者上级对下级层级督促。这是由于整体性的以单位"业绩考核制"为核心的"向上集权制"决定了的。从外部来说，党的组织、权力机关或主管部门等强势机构皆可利用对检察权的履行施加各种影响，如财务、人事、物资诸方面，进而可形成实践中检察权的推动力。实践中党政决策、实权部门对司法的控制相对便捷。[①]

同样，检察监督的阻力有来自内部与外部两个方向的影响。对检察权履行监督职能产生推动力的各种机构、组织既可施行促进的积极影响作用，也可施加相反的作用力于检察权，即形成阻力，可抑制、抵制、甚至对抗检察权发挥发现、查明、指出、督促纠正违法时的效力与进程，这就是检察权实践操作中会时常出现的实践与实定法表达背离的主要原因。

行政诉讼检察监督范围中的检察动力与阻力因素的提炼与分析能弥补单纯法律内部视角分析之局限，为法律规范之实践运作的失灵现象提

---

① 参见韩成军《司法公正权威与检察监督的关系》，《当代法学》2015年第6期。许多地方法院特别是基层法院院长上任后往往第一件事就是要拜见"财神爷"，为办公楼跑经费，为人员跑工资。参见肖扬《关于司法公正的理论与实践问题》，《法律适用》2004年第11期。"为了获取维系组织存续必不可少的财政资源，司法部门必须积极向资源的分配者亦即各级党政部门靠拢，这使得法院更倾向于将其自身定位为地方的机构而不是一个统一的法院体系的组成部分，助长了地方保护主义。"参见张洪松《司法经费省级统管改革的政治分析》，《理论视野》2015年第4期。

供相对切合现实的解说角度与进路。尤其是由于监督权本身天然正当性及其具有可选择性的根本属性,若从法律规范内部视角,从定义、概念及其法律逻辑推论进行分析势必得出全面、全程监督论的逻辑结论,以及必然要完善实定法规则进一步扩权之修改法律的定论。然而这种以被监督者及其活动必定犯错而须督促纠错为理论预设的理论及其建制却生成了另一种事实与理论的悖论:监督者同样会犯错,如何监督监督者。

尽管有观点以"职权分工实在论"为这种理论预设辩护[①],但这仍然是法律规则内部视角的分析,即法律规定了被监督权力与监督权力之分工,因而当被监督权违法或错误,则监督权发挥查明与督促纠错的实效。换言之,这种辩护仍然是以对被监督权与监督权两类权力的潜在合法性的二元划分为前提:法定被监督职权是可能违法或差错的,而监督职权是法定纠正其他职权违法或错误的。这种法律的权力分工配置规则是不可置疑的,因而只需严格依照这种职权分工,就是国家法治化的体现。其中的核心骨架仍然是:"监督权天然会依法履行+其他权力违法履行=监督权正当"。该骨架成立的前提乃是假定监督权正当性与其他权力失灵必然性。所以权力法定分工论的辩护依然有其局限性,即法定权力没有被"一视同仁"的困境。只有集合内部视角与外部视角的分析实定法规则无法完全施行之内部与外部成因,才能作相对完备的归纳与分析。

为推进思考与辨析的逻辑周全考虑,须对监督权的先天优越及其隐含可选择性作一诠释。核心论点是监督权与普通公权力的权责状态存在重大区别,这种区别导致了监督权的理论预设上的先天优越性及其可选择性。通常来讲,权力分解为职权与职责,怠于行使职权则导致职责的承担,可通过法定程序与机制追究其不作为履行职责的法律责任,如诉讼。而且有明确的履行职权与否之标准以供判断。但监督权的权力形态是以发现、查明、指出、督促纠正被监督者或行动之违法与错误以保障被监督者或活动预定目标之达成为特征。因而,其是否履行职权的决定由监督者单方决定,尤为重要的是这种单方决定意味着无法通过第三方

---

① 田凯、贾佳:《适应实践需要 期待立法完善——2008 中原民事行政检察论坛综述》,《人民检察》2008 年第 24 期。

诉讼裁断机制为申请监督者对监督者作出的不予监督决定提供救济。譬如，行政诉讼当事人不服生效裁判申请检察监督，却被拒绝，假定该裁判确属违法或存在错误，由于单方监督决定性，因而检察监督不作为的法律责任将会无法追究。换言之，检察权监督不作为违法的责任及其实现机制在法理上难以存在，因为监督制存在的理论预设是监督者是纠错的，因而不具有初级实体权责处置权能，其不会再错，至于实践中的监督者的差错与监督行为的违法只能内部解决，或只得被化约为整体国家制度正常运转的系统性代价与成本。

实践中，这种监督权运作时的单方决定性意味着其在现实中的潜在的自由裁量性及其附随的可选择性：对谁、何时、何地、如何监督等具体操作完全可由监督机关决策者相机、便宜决定。这即是监督权的特性，也是其根本局限所在。一句话，监督权是次级法定权责处置之体现，旨在弥补、消除初级权责无法实现之法律困境而创设，其差错须依内部行政化路径解决。

因而是否及如何对行政诉讼履行检察监督，决定权与选择权由检察权掌控，且其职权与职责难以辩证统一。但凡研究监督权制度时必须顾及此关键点。由此，行政诉讼检察监督范围的全面监督意义上的强势监督也完全可能转化为实践中的弱势监督。其缘于：一是检察机关动力不足，如内部考核机制不合理、职业尊荣感不强、社会认同感低；二是能力上欠缺，如内部人力资源配备不到位[①]、法定实践权力运行机制不合理、调卷、上级抗诉下级审；三是实施中遭遇较大阻力，如审判权抵制、行政权抑制、公民权不配合、党政机构压制、权力机关压制等。一句话，既定法定位置格局下，受监督动力不足及足够强大阻力抑制，这种全面监督范围表征的强势监督也可能转变成弱势监督。

[①] 检察民行部门长期以来存在被边缘化导致其人力资源弱化现象普遍。相当多基层院民行科为二人、三人科，其构成人员部分是年龄较大的从事其他部门调整过来的同志，部分是新入职人员，存在年龄断层，且缺乏民行检察工作经验。譬如，贵州省毕节市检察机关市院加8个县区院共有正式民行干警21人，被抽调从事其他工作的人员达17人，占到干警总数的81%，已严重影响工作的正常。参见最高人民检察院民事行政检察厅《行政检察工作的现状与发展》，《国家检察官学院学报》2015年第5期。

三 多重实践逻辑下的有限监督与强势监督

（一）有限监督与弱势监督

有限监督的监督范围理论强调权力的分工及各自权力之间的界限，检察权对行政诉讼履行法律监督时，也必须在分工负责、各司其职、各负其责的准则下活动。由此，在行政诉讼检察监督范围场域中，检察权不能全程、同步监督，而应是有选择性、有重点地监督。以此维系整体国家权力间有序与协调运作的格局。就此而言，有限监督范围理论在对国家宏观层面权力的地位上是"一视同仁"、平等对待的，有其相对合理性，至少不会在权力与权力之间人为造就优越与卑微之分。然而有观点认为有限监督范围意味着监督权对行政诉讼的潜在违法及其错误的放纵与迁就，因而是对检察权监督职能的不当限制，所以质疑有限监督论，认为其不符合宪法规定的检察权身为"国家的法律监督机关"之角色定位。加之行政诉讼实践中诸多弊端现象，对有限监督持否定论者借此进一步批判有限监督论造成了行政诉讼违法之大量存在及其监督行政、救济公民权利与解决纠纷之失灵，因而亟须扩大对行政诉讼的监督范围。但是有限监督是否必然导致弱势监督？可借助司法场域理论中相关概念提炼而来的组合性概念进行实践层面的分析。

（二）多重逻辑视角下有限监督向强势监督转化

一是位置与能力。检察权位置主动且能力相对充分，宪法、行政诉讼法、检察院组织法中相关法律规定的定位确定了主动性检察监督职能与潜在的监督职权。值得指出的是将有限监督等同于弱势监督论者往往忽视了有限监督操作中监督对象的独特性及其导致的影响波及的广度与深度，而片面注重形式上的有限性。具体而言，有限监督范围指的是仅能针对行政诉讼生效裁判中少数特定几类裁定提出检察抗诉监督而言，[①] 在众多生效裁定中选择性确定几种裁定的可抗诉性。这从形式上确实是有限监督范围，对检察权之监督职能实现是不利的，也是弱势监

---

① 不予受理、驳回起诉、管辖异议三类可上诉，其他只能申诉，《最高人民法院关于适用〈行政诉讼法〉的解释》（2017年11月13日）第101条规定13种裁定。

督的表现。

但另一方面，行政诉讼活动本身是集合了诉辩审三方于一体的多元、异质、流变性的系统，在原初功能定位上，行政诉讼旨在解决行政争议、附带救济公民权利与监督行政。其内部或外部视角都必须正视实质性解决官民矛盾构建官民关系有序与正义这一最现实职能，有可能救济权力、也有可能监督行政，但也可能无法实现充分、彻底及全面解决行政侵权与规制行政的重任，但必须实质性化解行政争议，缓解官民关系恶化、无序才是核心。

因而，行政诉讼活动中必须以大量的生效裁定与判决以向社会表露其定纷止争职能的实现。生效裁定针对程序进展、判决针对实体权责，其中蕴含的绝非仅仅是一纸诉讼文书，而其丰富内涵汇集了诉辩审三方在行政诉讼活动中利益、意志、取向及其策略，甚至于诉讼外部利害关联的党、政、权等组织的干预与影响都内化于其中，其生效裁判本身产生程序也可成为监督对象。因而，对生效裁判的监督可以覆盖至行政诉讼全面，通过裁判蕴含的证据、事实与法律适用的监督可以对行政诉讼进行实质性监督。真正局限在于这种监督在程序上是事后监督，而不是全程同步式的监督，在监督及时性方面是受制的。对于诉讼中多数生效裁定仅仅是不可抗诉监督，并非不可监督，检察权仍然可以检察建议方式进行监督。这表明，检察权的位置与能力并不完全受制于形式层面的监督范围，有限监督不可完全等同于强势监督。

二是动力与阻力。检察权具有实定法确定的强势监督之位置与潜能，这种地位与检察潜能能否转化为事实，则需进一步地分析实践操作中可能存在的影响监督职能实效的动力与阻力两大因素。从动力而言，检察机关内部和外部都可能具备积极作用的正向推动力，激励、促进检察监督在有限监督形式下向强势监督转向，如业绩考核机制、人事奖惩、职业尊荣感、社会舆论认同、党政组织重视与倡导、权力机关认可等。[①]

[①] 诉讼监督评价机制与其他业务的考评一起构成了检察机关内部业务考评体系，业务考评的结果直接与检察官个人、检察机关领导的业绩、晋升和福利等切身利益挂钩。参见齐冠军《诉讼监督工作的评价模式和标准研究》，《中国刑事法杂志》2012年第10期。

在我国，院长、检察长客观上要对该院所办案件承担全部责任，他们就应享有相应的监督管理权。因为任何检察院和法院在现实上都无法接受"权力在法官、压力在法院、责任在院长"的格局。①但也可能这些动力因素以相反作用力呈现出来，这时就会对检察监督职能带来阻力作用，譬如，内部人事奖惩不合理、业绩考核机制片面不当、职业尊荣感弱化、社会认同度低下、党政组织忽视与否定、权力机关的忽视等，尤其是监督对象的不配合、不支持、抑制、抵制、对抗，党政组织的否定等易于形成事实上的阻力。这种消极因素势必成为检察机关在施行监督职能时的反作用力，使得实定法规则失灵。尤其在检察权进行法律监督时具有巨大的选择空间与时间的条件下。

因而，行政诉讼检察监督有限监督理论并不等同于弱势监督，既定法定位置格局中只要没有足够阻力抑制，在强大动力因素推动下，结合行政诉讼裁判监督的特质，这种有限监督范围理论表征的弱势监督也可能向诉讼纵深方向突破进而转变成强势监督。

四 超越全面监督与有限监督论："两维"理念下的动态平衡监督范围论

监督位置、能力、动力与阻力要素分析表明，全面监督表征的强势监督受动力不足与强阻力抑制双重影响可能向弱势监督转变，有限监督表征的弱势监督受动力充分驱动与阻力弱化双重因素影响可能向强势监督转变。因而在行政诉讼检察监督范围理论中全程同步与选择受限两种传统的监督范围理论的界分存在局限与不足，因而需要更加有实践性的逻辑分析理路予以补充。

本书尝试就此提出基于全面性监督与有限性监督范围理论的一种基于规则、实践与逻辑相结合的行政诉讼检察监督范围理论："维护行政诉讼司法公正、维护行政诉讼司法权威"（简称"两维"）理念下的动态平衡监督范围论。

---

① 顾培东：《再论人民法院审判权运行机制的构建》，《中国法学》2014 年第 5 期；朱孝清：《试论"监督管理责任"》，《人民检察》2016 年第 12 期。

第三章 我国行政诉讼检察监督范围

(一)"两维"理念下的动态平衡监督范围论内涵

从实践与逻辑的角度,无论是检察权对行政诉讼实施全面性监督或者是有限性监督,及其推论的强势监督或是弱势监督利弊得失分析和扩张监督范围或限缩监督范围主张。其侧重点都是基于实定法规则的规范分析,即属于一种法律内部视角的分析与提炼。从技术、程序规范、确定性方面有其合理之处,但这种内部视角的分析易于导致简化、固态的结论。往往与司法实践相去甚远,说服力与解释力的不足是其局限。

因而需要司法实践中紧密结合相关影响因素深入剖析法律规则外的影响,并据此分析现实中行政诉讼检察监督的各利害关系方的行动取向及其行动策略。此乃多重逻辑分析的角度结合实践的角度的分析,运用这种多重实践逻辑分析,才有可能对行政诉讼检察监督范围课题作切合法律规则与社会实践、系统与环境的分析,体现全面性要求与便利与科学之处。

传统全面监督与有限监督旨在强调监督者通过监督以保障督促监督对象目标实现之直接功能,这种监督制原理具有单向性与显要性。但易于导致监督与被监督方之间的立场、利益、行动策略的对立与冲突。因而亟须提升监督制在理念上的统合价值理念及其行动立场。21世纪初检察机关就此提出的"两维"理念,就检察机关对行政诉讼实行法律监督的价值功能从原先的"纠错"转向维护行政司法公正与维护行政司法权威就显现了监督价值取向的重大转向。其不仅表征传统检察监督的理念更新,也预示检察院法院之间在更高价值位阶上的统一,还体现了检察监督权能在现实操作的行动取向与策略上更加注重大局观与可操作性之统一。

单就行政诉讼检察监督本质上属于监督制而言,检察权具有主动性位置,其在监督理念更新与监督规则拟定上更具相对优势。因而检察机关的"两维"理念的确定为行政诉讼检察监督范围的调整奠定了基调。由此,"两维"理念下的行政诉讼检察监督范围理论由传统的全面监督论和有限监督论转向动态平衡监督范围论的内涵是指,实践中相关场域中利害相关者在履行相关监督责权利时必须以维护行政诉讼司法公正、维护行政诉讼司法权威为价值取向,并在此理念指引下确定并严格遵行

135

统一的行动准则。要言之，检察权对行政诉讼实行法律监督的具体范围须在"两维"理念指引下确定检察权与审判权、检察权与行政权、检察权与公民权之权限边界，遵从分工负责、各司其职、各负其责的现代权力构造准则。并且结合前文的多重逻辑分析结论，重新认识这种权力范围其实并无完全固态、僵化不变的严格界限，而是在基本价值取向下在行动策略上进行框架式的动态性的划定与界分。简言之，即在"两维"理念上构建一种整合性的动态监督范围，并且是整体上趋向于权力平衡的监督范围。

（二）动态平衡监督范围论下的检察权与审判权的监督边界

审判权主导行政诉讼的进程及其最终结论，其中对案件的证据采信、事实认定、法律释义及适用是核心，加之整体过程的日常性事务的组织及指挥当中蕴藏了审判权的法律效力于其中。检察权与审判权是行政诉讼检察监督之中的核心内容，这两种权力的划定是确定动态平衡监督范围的主体。确定两者之间基于诉讼监督的权力边界是各自主管职权范围，即审判权主管诉讼的组织指挥及生效裁判权，检察权主管对其中生效裁判的监督权，对日常性质的诉讼秩序的组织指挥事务，检察权须保持基本的尊重而无须监督。但对于生效裁判作出的程序与实体内容方面的合法性及合理性，检察权得依法实行法律监督。

（三）动态平衡监督范围论下的检察权与行政权的监督边界

作为当事人一方的被告的行政权近年来成为学界研究的侧重。其中主要理由在于实践中行政权干预行政诉讼的审判权导致其存在诸多弊端。但从逻辑上说，行政诉讼主导者理应是审判权，法院有职权及职责对这种干预进行应对与处置。至于没能及时有效抑制行政权之干预，有时甚至形成自然而然迁就与顺从这种干预的惯习而置司法公正于不顾，则是审判机关的懈怠与不作为之表现。对此类审判机关司法违法的过错的发现、查明、指出并予以督促纠正本是检察权之主管职权范畴。因而只需加强检察权对审判权之监督即可实现间接监督行政权之功效。因而对行政权的监督实则是检察权对行政诉讼的间接监督之附带权能之体现。假定检察权直接对行政权实行监督，反而易导致架空审判权之事实，置审判权对诉讼主导权流于形式之境地。那种强调行政诉讼被告型监督的观点主要体现的追求检察权联手规制强大行政权的良好动机,若从逻辑来看,这种被告型监督实则难以操作与运用。其理想性大于现实意义。①

(四) 动态平衡监督范围论下的检察权与公民权之监督边界

由于公民权在诉讼中主要以诉权形式体现,因而检察权对行政诉讼实行法律监督时,即体现在是否对诉权进行监督的问题。总体上,由于我国诉讼模式仍然贯行职权主义,诉权仅仅在程序上对诉讼有影响,在更大程度上受制于审判权及行政权,加之诉讼规则确立了诉讼风险承担规则,诉权受检察监督之必要性并不存在。偶尔有观点主张需要对滥用诉权进行监督,但这种监督能通过审判权加以规制,无须动用检察权对其监督。

本章小结

本章主要讨论了行政诉讼检察监督范围论题,即检察机关对行政诉讼实行法律监督时"监督什么"的问题。本章是文章的核心部分。以相对抽象的监督范围为研究对象涵盖了相对具体的监督对象问题,是研究检察监督命题时的核心问题,只能洞悉了监督什么之后,才可以进一步研究如何监督的问题。

学界传统以来形成的全面监督范围理论与有限监督范围理论有其各自合理与现实意义,但侧重于法律规范内部视角探究,与事实有较大差距,难以充分解释与说明行政诉讼检察监督范围课题的成因及其疑惑。因而本书分别从影响监督范围的基本因素切入,提炼出基本的影响因素。以这种因素为依据探究了行政诉讼检察监督范围的模式,对其中的列举式、概括式及其混合式进行了解析。进而从司法解释维度对传统行政诉讼检察监督范围的演变"三阶段论"、理论观点进行概述,对其中的全面监督范围理论及有限监督范围理论进行了评析。进而指出其中局限在于侧重内部视角与形式主义法律观进行研究导致的解释力不足及理

---

① 肖金明:《论检察权能及其转型》,《法学论坛》2009 年第 6 期。

想化。进一步指出布迪厄司法场域理论的独特与合理性，并借助该理论的合理内核于行政诉讼检察监督范围课题研究中，提炼出相应的监督位置与能力、动力与阻力、行政取向与策略三组紧密相关内在关联的分析性组合概念。

在运用三组分析性概念剖析行政诉讼检察监督中四个利害关系方之间的权力关系后提出了"两维"理念下动态平衡性监督范围论。尝试对全面监督与有限监督理论进行创新与拓展，并简要厘定了这一监督范围理论下检察权与审判权、检察权与行政权、检察权与公民权之间的监督权力边界。

第四章 我国行政诉讼检察监督方式

在前一章检察机关对行政诉讼实行法律监督范围的讨论基础上进一步分析实现这种法律监督的方式。在行政诉讼检察监督范围内如何实现监督的方法、形式即是本章命题所在。复合型制度结构决定行政诉讼检察监督隐含的权力关系是一种"多元、内外、异质的权力监督关系",并且诸利益相关者基于在该场域中各自位置、能力、动力、阻力等相互作用铸就了各自行动取向及策略。表明实现此种法律监督的具体方法及形式上的特质,即多元化监督方式。实务界与学界长期以来主要依赖与侧重"行政抗诉"这种强势监督方式的理念及规则,将行政检察监督权等同行政抗诉权的认识与实践具有片面与局限性,因而需要更加全面的审视行政诉讼检察监督的实现方式。[①] 因而,本章着重针对行政诉讼检察监督多元化方式进行研究,并在此基础上针对其困境与成因提出优化的思考方向及路径。

第一节 法定行政诉讼检察监督方式

一 行政诉讼检察监督方式之规范性文本及评析

(一)行政诉讼检察监督方式的初步探索

行政诉讼检察监督方式是指检察机关对行政诉讼实行法律监督的具体形式与方法。诉讼监督方式既有别于行政又不同于司法和立法,它是以"指出和建议"、"特定行为纠正"以及"启动救济程序"(如民事、

---

① 张步洪:《修改行政诉讼法与优化检察权配置》,《国家检察官学院学报》2013年第3期。

行政抗诉）等为内容和行为方式的特殊法律行为。检察机关的诉讼监督具有程序性、建议性、非终结性的性质和特征,需要采取适当的工作方式。①朱孝清先生指出"诉讼监督方式,是指检察机关发现有关机关及人员在诉讼存在违法或错误后,启动监督纠正程序的方式。诉讼监督主要方式有:对职务犯罪实施侦查、纠正违法通知或意见、纠正错误通知或意见、检察建议等。"②有论者从广义上将对行政诉讼中所有审判活动及执行活动中违法、违纪及错误的立案、受理、调查、核实、决定等过程与实体内容一概视为检察机关对行政诉讼实行的法律监督的方式,容易导致论题外延泛化,难以起到聚焦问题核心与关键的作用。由此,本书在界定行政诉讼检察监督方式问题时,着重从论题本质与核心出发,将其定义为:检察机关对行政诉讼中公权力运行实施法律的违法或错误行为予以核实、查明、警示及督促纠正的方法、形式与措施。

从制定法沿革来看,最早规定行政诉讼检察监督方式是 1989 年《行政诉讼法》第 64 条,规定"人民检察院对人民法院已经发生法律效力的判决、裁定,发现违反法律、法规规定的,有权按照审判监督程序提出抗诉。"其后《"两高"关于开展民事、经济、行政诉讼法律监督试点工作的通知》(1990 年)中细化为"受理申诉"、"检察长列席法院审委会"、"抗诉"、"参加强制执行"等。可以看出,在制度试点之初,理论粗浅及实践匮乏决定了对实施监督的具体方法与形式的认知及其规定相对简化、粗陋。但从初始就体现了检察机关对行政诉讼实行法律监督的事后特征及其司法裁判复核性质,并以抗诉为核心的监督方式。

对试点通知中监督方式的程序、机制规则的补充是由《最高人民检察院关于执行行政诉讼法第六十四条的暂行规定》(1990 年)予以初步确定。该司法解释以行政诉讼法第 64 条的适用性解释形式细化了监督方式、程序,并确定了监督中的调卷和调查权两项关键事项,为实践操作提供了依据。确定了最高人民检察院对各级法院以及上级检察院对下

---

① 龙宗智:《检察机关办案方式的适度司法化改革》,《法学研究》2013 年第 1 期。
② 朱孝清:《论诉讼监督》,《国家检察官学院学报》2012 年第 5 期。

级法院的生效裁判违法时，按审判监督程序提出抗诉，地方各级检察院对同级法院生效行政裁判违法的，应当建议上级检察院提起抗诉，实质上初步确立了早期的提请抗诉程序，并确定了检察院应当派员出席抗诉案件再审这种现场庭审监督方式。《最高人民检察院关于民事审判监督程序抗诉工作暂行规定》（1992年）规定人民检察院认为已经发生法律效力的民事判决、裁定可能有错误时，应当由作出判决、裁定的人民法院的上级人民检察院或同级人民检察院立案审查，并可指令下级人民检察院协助调查，进一步完善了监督方式的程序规范。①

（二）世纪之交的行政诉讼检察监督方式的理念转向及初步完善

进入世纪之交，在整体上加强检察机关民行检察监督背景下，对行政诉讼检察监督方式随之进一步完善与加强。《人民检察院办理民事行政抗诉案件公开审查程序试行规则》（1999年）强调"保障公正执法、保护当事人合法权利，检察院审查行政抗诉案件的公正性"。继而2001年《人民检察院民事行政抗诉案件办案规则》明确指出以"办案方式对行政诉讼活动进行法律监督"，确立了"两维"理念，明确划定检察机关办理行政申诉案件机构权限分工，确立了受理及审查分别由控告申诉与民行检察部门承担。值得注意的是，该重要司法解释中确定了监督方式在检察院法院之间层级体制及机制上的构造。简而言之，"叠床架屋"的检察监督抗诉路径得以确立。

（三）2010年代以来两高加强联合进一步完善监督方式：从业务监督到人的监督

针对新世纪以来司法审判公信力不高、司法难以满足社会人民群众需求的现实，尤其是行政诉讼实践中普遍存在的"立案难、胜诉难、执行难"弊端，在党政决策层顶层设计、部署推动下，2010年以来司法机关及相关机关对行政诉讼检察监督领域联合制发文件现象日渐增多，既从侧面体现了行政诉讼多年来积弊日益受到关注，也反映了国家党政决策者对该问题的重视。

---

① 尽管是民事审判监督程序抗诉规定，但是其中规定"行政审判监督程序抗诉工作参照本规定进行。"

《"两高"关于人民检察院检察长列席人民法院审判委员会会议的实施意见》（2009年）规定人民检察院检察长列席人民法院审判委员会会议的任务是，对于审判委员会讨论的案件和其他有关议题发表意见，依法履行法律监督职责。进一步强调了检察院法院之间在行政诉讼检察监督活动中的协作与配合。

《"两高三部"对司法人员诉讼渎职加强法律监督的若干规定》（试行）（2010年）规定了人民检察院依法对诉讼活动实行法律监督，对司法工作人员的渎职行为可以通过"依法审查案卷材料"、"调查核实违法事实"、"提出纠正违法意见"或者"建议更换办案人"、"立案侦查职务犯罪"等具体措施进行法律监督。检察院调查司法工作人员在诉讼活动中的渎职行为，一般通过询问、查阅、调取或者复制相关法律文书或者案卷材料的方式实现。值得指出的是，该司法解释确立了对司法人员诉讼中活动实行法律监督的新方向以及新监督方式：侧重于审判者及更换办案人方式。转变长期以来惯行的针对诉讼结果的监督而忽视裁判者的监督的做法，体现了监督理念及侧重上的重新定位。

在《最高人民检察院关于加强和改进民事行政检察工作的决定》（2010年）中指出"着力构建以抗诉为中心，以再审检察建议、制发纠正违法通知书、更换办案人建议书为补充的多元化监督格局。"随后，"两高"《关于对民事审判活动和行政诉讼实行法律监督的若干意见（试行）》的通知（2011年）进一步完善检察机关对行政诉讼实行法律监督的方式、程序与机制。明确规定检察院发现人民法院已经发生法律效力的行政赔偿调解损害公益的，应当提出抗诉。明确了检察院对同级法院对法定情形的判决、裁定、调解，经检察委员会决定，可以向同级人民法院提出再审检察建议。确立了"再审检察建议"的监督方式。明确检察院法院在行政诉讼检察监督中，人民检察院办理行政申诉案件时发现行政机关有违法可能影响人民法院公正审理的行为，应当向行政机关提出检察建议。

《人民检察院行政诉讼监督规则》（试行）（2016年）进一步明确规定"人民检察院通过抗诉、检察建议等方式，对行政诉讼实行法律监督。"《行政诉讼法》（2014年）确定同级监督方式，即同级检察院发现同级法院违法裁判或调解书损害公益，可向同级法院提出检察建议，并报上级检察院备案的方式实行监督或提请上级检察院抗诉。进一步扩大监督范围的同时，体现了检察监督权对行政诉讼监督的程度的加深，即由过去侧重或仅仅针对司法审判行为这种"业务监督"为主转向对"审判者"这一"人"的因素的监督，对审判者的专业素养、职业道德、社会公德等专业与良知一并进行监督。同时也体现了同级监督为主、上级补充为辅的理念。

（四）总体评析

监督方式必须与监督目的与宗旨相匹配，因而考察与分析行政诉讼检察监督方式也必须分析监督方式与行政诉讼检察监督的关键目标与核心需求是否有内在一致性。

行政诉讼检察监督为达成从旁察看、督促纠正行政诉讼违法或错误的关键目标，必须通过发现监督线索、调查核实、警示指出、督促纠正方式。从法定角度而言，主要有检察建议、抗诉两种方式。长期以来过于注重对生效裁判违法及错误进行复核式监督而忽视对审判者活动的违法进行监督。这与侧重于人的活动是否违规、违纪、违法或犯罪进行的监察监督完全不同，诉讼监督侧重于事的监督，既无权取代被监督机关纠正其实施的明显违法或无效的被监督行为，也无法责令被监督机关纠正或重新做出，还无权进一步深究被监督行为的实施者的组织、纪律及法律责任并作出惩处。只是对监督线索进行深入调查核实违法事实及错误，进而对被监督机关指明违法、警示其纠正，必要时督促其纠正。最终是否违法或及时纠正检察机关预判的违法或错误法律行为主动权在被监督机关手中，因而检察权对行政诉讼的审判权、行政权、诉权监督存在虚、弱、乱等特点与难点。这种方式上的单一势必导致检察机关实践中运作监督权时，容易基于其监督地位及其法定权力，结合实践中必然遭遇到的阻力与自身动力博弈进行权衡并在行动取向上进行取舍，择取行政策略。因而，在多年来的实践深化中，这种监督方式的种类及其适用条件、机制上也不断变化完善，这也是观察分析行政诉讼检察监督方式及其构造的重点。

二 监督方式种类及其适用条件

(一) 监督类型化探析

多年来学界与实务部门在行政诉讼检察监督方式上的认识惯于简化地分为抗诉和检察建议两种。这一简化分类无法全面区分出不同具体监督方式在性质上的特征及其功能。因而需要在类型化方面作进一步探讨。根据不同依据可对行政诉讼检察监督方式作不同划分。根据监督能否启动审判机关对行政案件的再审，可将行政诉讼检察监督方式划分为再审类与非再审类监督。前者包括抗诉、提请抗诉、再审检察建议三种监督方式，后者包括检察建议纠正违法通知、纠正违法意见、建议更换办案人、列席审委会、参加再审庭审等监督方式。基于检察机关对行政诉讼监督的关键目标是发现、查明、警示及督促纠正行政诉讼违法与错误，且受制于行政权、监察权、审判权与监督权的权力分工体制，因而对违法和错误的裁判就需要通过再审达到监督目标，因此再审就成为部分行政诉讼监督案件的必经路径。但有些案件的实体裁判结论是正确的，仅仅是轻微程序性违法或是审判人员、行政机关的组织、纪律性违规或违法，因而确立凡是诉讼违法即再审的准则不仅不经济，且在实践中也不现实。由此可依情形分为启动再审的监督和无须启动再审的监督方式就是重要分类，不仅有丰富的学理意义，还有较强的实践操作价值。

根据监督的直接对象涉及的性质是程序或是实体，可分为程序性监督和实体性监督。前者如对生效裁定提出的抗诉，甚至对审判机关既不立案受理也不裁定等事实违法提出纠正违法通知、对审判人员程序性违法活动提出检察建议等监督方式；后者如对违法判决的抗诉、提请抗诉和再审检察建议等方式。随着程序法治理念及其规则在学界认识日渐成熟与深化，以及实践中不断的实践、构建，程序监督及监督方式也日益受到重视，尤其是在检察机关内部职权分工及职权行使过程中日益得以规范与强化，在程序监督方面的共识性日益稳固。更加由于程序性本身即是诉讼活动的本质特征，凡是诉讼活动都与程序规则密不可分，加之程序本身可观察性，所以对行政诉讼中程序性监督必然成为行政诉讼检察监督方式之中的发展重点与侧重方向。

根据监督针对的组织抑或个人可分为组织性监督和个人性监督,也可简称为对事的监督与对人的监督。组织性活动监督包括绝大部分的监督方式,而个人性监督具体表现有对审判者在诉讼中涉嫌违法、渎职的,提出更换办案人监督方式和审判机关进一步内部惩处的检察监督建议等。这两种方式的区分,不仅在实践上有较大意义,既可拓展监督范围至行动者,更能发挥监督效能,又可将组织活动责任与个人责任紧密联系起来。同时还可弥补传统上在法律责任理论领域一分为二的片面分割,只分为组织的违法及其责任承担和实行组织活动公职人员的犯罪行为的刑事责任两种。而对组织活动中公职人员的责任及其制止存在较大理论空白,仅有的是内部行政纪律或政治纪律和行政补偿责任。对于其中明显违法的公职人员的纠正和及时制止(如及时更换办案人方式)一直没有受到应有的重视。因而近年来在实践试点中试验性地推出新的监督方式,并在试点成功基础上确立新的监督方式,以补充传统的监督方式的不足与局限。①

当然从行政诉讼检察监督方式对督促纠正行政诉讼违法的实效结果而论,可视为整体上都无法直接对监督的违法或错误进行处置与纠正,但这并不妨碍可以是否更能接近纠正错误为标准把相应监督方式划分为直接监督与间接监督。譬如,因抗诉和提请抗诉就能针对可能违法或错误的生效裁判直接产生再审结果,就可被视作为直接监督,再审检察建议、纠正违法通知及意见、建议更换办案人、对非审判监督程序的检察建议、对行政机关制发检察建议等方式则不可能产生生效裁判再审的法律效果,由此可被视为间接监督。

(二) 监督方式适用条件

总体上直接、针对实体的、能启动再审的监督方式主要是抗诉、再审检察建议。依据相关法律及法律性文件规定,其中抗诉方式适用条件

---

① 检察监督措施有两类,一是对事的监督,提请有关机关纠正违法行为的后果,例如提出抗诉、发出纠正违法通知;二是对人的监督,提请有关机关追究违法人员的责任,例如建议予以处分、移送有关机关处理。参见孙加瑞《民事行政检察的审判化误区与检察化回归》,《国家检察官学院学报》2012年第3期。

有一个变迁的过程。初始阶段的相关规定以简单生效裁判违法条件为标准，如1989年《行政诉讼法》，两高《关于开展民事、经济、行政诉讼法律监督试点工作的通知》（1990年）以及最高人民检察院《关于执行行政诉讼法第六十四条的暂行规定》通知（1990年）都是规定了"对人民法院已经发生法律效力的行政案件的判决、裁定，发现违反法律、法规规定的，按照审判监督程序提出抗诉"，在抗诉条件上保持一致。

简言之，行政诉讼生效裁判违法是抗诉的前提条件。需要注意的是《行政诉讼法》第62条规定当事人向法院提出申诉的条件是生效裁判确有错误，而第63条与第64条规定法院内部层级监督和检察监督时却用了"生效裁判违反法律、法规规定"的表述。因而，对当事人与审判机关和检察机关提起再审的条件的不一致，容易导致实践适用时理解上的分歧与混乱。事实上但凡程序或实体上明显违法的生效裁判既有结论性质的，也有诉讼进程中的，既有程序违法可能较大影响当事人实体权益，也有可能产生显著轻微间接影响的情形。因而，简单划一的生效裁判违法抗诉条件难以操作而亟须细化。所以在最高人民检察院《关于执行行政诉讼法第六十四条的暂行规定》的通知中首次规定了同级检察院对同级法院作出的行政生效裁判发现违反法律法规规定的提请抗诉监督方式，对仅仅规定上级检察院对下级法院检察监督在方式与机制上的不足与局限予以弥补。

对于《行政诉讼法》第63条规定的"违反法律法规规定"的理解由最高人民法院在2000年最高人民法院《关于适用〈行政诉讼法〉若干问题的解释》解释为：原判决、裁定认定的事实主要证据不足；原判决、裁定适用法律、法规确有错误；违反法定程序，可能影响案件正确裁判等三种具体情形。将违反法律法规细分为事实类、适用法律类及程序违法类等三类违反法律法规的表现。显然从上世纪末检察院法院之间就行政诉讼检察监督的范围在可抗诉的生效裁定类型问题上展现出来的对抗与冲突而言，法院在策略上凸显了尽力维持审判终局及其审判自治、权威的立场，并以作出明显限定不可抗诉诉讼生效裁定种类形式的方式以抑制与限缩检察院的监督权之诉讼监督的范围。检察院处于被动一方，只得从尽力完善监督程序及充实监督调查权的具体内容以相抗衡法院的抑制。但这种何为违反法律法规的实践中操作标准仍然是粗陋的。

直至 2001 年《人民检察院民事行政抗诉案件办案规则》对《行政诉讼法》第 64 条进行第二次检察解释才得以更加具体的细化。该条款结合司法实践中事实认定、证据法则、法律适用、程序遵从及审判者等方面进行全面的细致规定，进而完善了最初的启动抗诉的"违法"条件的适用标准。

2010 年《"两高三部"对司法人员诉讼渎职加强法律监督规定》确立了对司法人员诉讼中活动实行"检察建议更换办案人"方式的条件是严重违反法律渎职尚未构成犯罪，但被调查人继续办案将严重影响诉讼公正性。该法律性文件尽管针对司法人员诉讼中渎职行为，首次明确司法者个体违法影响诉讼公正性这一实体性监督标准而并非仅仅形式上的违反法律法规标准。这一点也在 2010 年最高人民检察院《关于加强和改进民事行政检察工作的决定》中得以强调。力图"把纠正错误裁判与纠正违法行为有机结合起来，及时监督纠正法院和法官在诉讼中的违法行为。"

2010 年《两高对民行实行法律监督若干意见》进一步完善检察机关对行政诉讼实行法律监督的相关方式时着重强调维护司法公正，确定了对行政赔偿调解抗诉的条件是"损害公益"。明确了检察院对同级法院对法定情形的判决、裁定、调解，经检察委员会决定，可以向同级人民法院提出再审检察建议。正式确立"再审检察建议"的监督方式。明确人民检察院办理行政申诉案件时发现行政机关有违反法律规定、可能影响人民法院公正审理的行为，应当向行政机关提出检察建议，确定了对行政机关提出检察建议的条件是违法且可能影响公正审理，即通常的实质违法标准。上述再审检察建议方式在 2014 年《行政诉讼法》上升为法定监督方式。2016 年《人民检察院行政诉讼监督规则》（试行）进一步明确"人民检察院通过抗诉、检察建议等方式，对行政诉讼实行法律监督。"并且在总结近年来的实践与理论经验基础上完备细致地规定了主要监督方式适用的条件。

从近年修订的行政诉讼法、人民检察院行政诉讼监督规则及最新的行政诉讼法司法解释三个重要法规范相关规定当中,更能观察到复合型制度特征在行政诉讼检察监督方式规则确立时的检察院法院之间的各自的行动取向及其行政策略。也可进一步讨论不同监督方式的适用条件的具体化时监督机关与被监督机关立场与态度的差异微妙。1989年《行政诉讼法》第62条规定的当事人申诉的"生效裁判违法"条件演变为2014年《行政诉讼法》第90条和91条的当事人申请再审的"生效裁判确有错误"条件,并且此标准被细化为八项。这也是通常学界所说的行政诉讼错案标准,也是检察院法院在制定相关司法解释与检察解释时的主要依据。

最高人民法院在2017年颁布的最新行政诉讼法司法解释中,在第109、110及117三个条款中分别作出相关解释。该审判解释对行政诉讼法第91条"确有错误"具体情形加以限缩,除去在第109条以二审程序规定了"不予立案或者驳回起诉确有错误的情形和遗漏诉讼请求"适用层级监督外,对《行政诉讼法》第91条第(四)项"原裁判适用法律法规确有错误的"和第(五)项"违反法律规定的诉讼程序、可能影响公正审判的"没有做出解释规定。且在解释第(三)项情形时进行了选择性解释,《行政诉讼法》第91条第(三)项内容为"原判决、裁定认定事实的主要证据不足、未经质证或者系伪造的;"该解释中只规定了"伪造"一种情形。至于何谓"主要证据不足、未经质证"的具体表现则没有作出相应解释。这种审判解释体现了审判机关在策略及行动取向上的明显部门主义考虑与衡量。

然而与此截然不同的是最高人民检察院同样在对《行政诉讼法》第91条进行解释时,却作出了细致、相当完备的解释。在2016年《人民检察院行政诉讼监督规则》(试行)中首先以第14—17四个条款对行政诉讼法第91条"确有错误具体情形"的第二至第五项情形以对应地例举方式细化规定。继而针对这些错误标准紧密结合再审检察建议、提请抗诉、抗诉、检察建议等监督方式确定各自条件与适用情形。概言之,除了《行政诉讼法》第91条第四项和第八项规定的适用法律法规确有错误和审判人员审理案件渎职行为两项,以及符合其余六项情形并且生效裁判本身是再审裁判或审判委会讨论作出的裁判外,同级检察院可经再审检察建议方式履行监督职能。这就确定了检察院对同级法院运用再审检察建议监督方式的适用原则是"同级监督为主、上级监督为辅",具体条件可概括为"生效裁判确有错误且适宜由原审法院再审纠正"。相应地检察院对同级法院运用提请抗诉监督方式条件是"生效裁判确有错误但不适宜由原审法院再审纠正"。相应地最高人民检察院对各级法院或上级人民检察院对下级法院作出的生效裁判进行抗诉监督的适用条件是"生效裁判确有错误"或"生效调解书损害国家利益或社会公共利益"。

对于"审判程序中审判人员违法行为的监督与对执行活动的监督"确定的监督方式主要是检察院对同级法院提出检察建议。这里又在2016年的人民检察院行政诉讼监督规则中被细分为三种情形。第一种是针对法院审判活动的检察建议监督,运用该监督方式的条件是"违法";第二种是针对法院执行裁定与决定的检察建议监督,运用该监督方式的条件也是"违法";第三种是针对法院"不履行或者怠于履行执行职责"情形的检察建议监督,运用该监督方式的条件是"不作为"。这些适用的"违法"或"不作为"情形都作出了相当细致的规定。①

可见在确定不同检察监督方式适用条件时,难以某一特定标准而笼统概括,大致可分为"确有错误"、"违法"、"不作为"等三种条件标准。当然这些较为繁杂的适用条件下标准也仅仅是代表了检察监督机关对行政审判进行合法律性监督的操作性依据。由于检察机关的审判监督并非完全由检察院单方即可独立完成,在获取监督线索、审核相关事实证据与规范依据、作出相关监督方式时,真正要实现督促纠正违法或确有错误的审判结果及程序活动,并追究相关司法人员的个人过错时,还必须有法院、当事人的协作与配合,否则容易导致监督权实效上的虚置与弱化。

因而,这些监督条件与标准能否得到审判机关与当事人的认同同样

---

① 《人民检察院行政诉讼监督规则》(试行)(2016年4月15日公告施行)第28—31条,共有27项具体规定。

也是影响检察监督实效的不可忽视的重要因素。同时,这些监督方式能否顺畅运用于实践中,还需要从监督运行的机制与结构上进行考察。换言之,单纯监督方式及条件的梳理仅是对监督制度的静态研究,要达到完全透彻的研究,还必须从监督方式具体运作的过程中利害关系者之间的具体结构中进行观察。这是一种动态的结构式研究,只有通过这种监督方式构造视角的探究,才能更好地揭示出监督方式的实效及其更深层的规律与问题。

第二节 行政诉讼检察监督方式数据实证分析

检察机关对行政诉讼实行法律监督旨在监督审判机关公正司法,促进行政机关依法行政,维护司法公正与法制统一,维护国家利益和社会公共利益,保护公民、法人和其他组织合法权益,保障国家法律统一正确实施。为实现诸多监督目标,检察机关主要通过抗诉、检察建议方式履行其职能。监督机关的监督运作实效有无及其高低,仅仅通过监督方式的静态规则分析尚无法得出全面准确认识,需要对其司法实践中的操作进行观察与探究。本节主题即通过搜集行政抗诉、检察建议相关数据进行针对性统计分析,以对行政诉讼检察监督方式实效作出相对客观的评论。主要司法数据源于《中国法律年鉴》(1999—2016年)相关统计报告,并尽可能搜集参考其他文献相关数据以进行验证与对照,力图保障数据与分析的客观与准确。研究结果表明,从渠道上来看,法院工作报告、法院网站和年鉴三种渠道。这三种渠道各有优劣,其中统计年鉴数据统计口径相对统一,公开的全面性、客观性和连续性有比较优势。[①]

一 行政诉讼检察抗诉数据实证分析

尽管近年来多部法律及法律性解释中确定了再审检察建议、检察建

[①] 易霏霏、马超、何海波:《我国司法数据的公开:现状与建议》,《中国应用法学》2017年第2期。

议作为检察机关对行政诉讼实行法律监督的方式,加之原有的抗诉、提请抗诉。现行行政诉讼检察监督方式呈现多元化格局。① 但由于"对行政诉讼检察监督数据详细发布的凤毛麟角,即便发布,数据也不全面,造成行政诉讼理论研究数据难寻,即使有内部信息渠道,因其未公开发布而导致论据可信度不高"等实际原因②,导致对检察建议、再审检察建议等司法数据难以搜集。相比之下,行政抗诉具有强制启动再审法律效力,所以在《中国法律年鉴》多年报告中形成了规范、连续的数据系统。因此,以行政抗诉数据为统计分析样本相对可靠与客观。

(一)数据样本简介

行政抗诉的实效可从多角度衡量与评定,如年均数量,抗诉成功比率,相较于刑事、民事抗诉数量及成功率,相较于审判机关一审、二审生效裁判服判息诉率等。出于研究聚焦及明确、客观、可靠因素考虑,本书选取的分析数据样本包括三组,其实质是法院二审、各类审判监督及检察抗诉三类机制纠错成功数据之间的定量、定性比较:

第一组,行政二审案件结果改判和发回重审数量占一审结案数之比率,以及法院各类再审案件中结果为改判和发回重审数量占二审结案数量比率,检察行政抗诉再审案件中结果为改判和发回重审数量占抗诉再审案件数量比率。通过三组数据差异比较,可大致得出三种行政审判纠错机制对行政裁判进行纠错时的正确率情况,从而形成定性的认知。其中一审结案数是指公布的一审结案数量减去其中的撤诉部分,这主要是考虑该部分案件结案原因复杂多样,包括被告改变被诉行政行为、原告知难而退、法院及其他部门从中协调斡旋等,从实践观察可知经撤诉后重新起诉的情况较为罕见。因而,大量该类案件实质上不会进入后一诉讼监督机制。据此,在计算被监督案件基数时理应剔除。在这一点上,

---

① 《行政诉讼法》(2014年)第93条第二、三款,《人民检察院行政诉讼监督规则》(试行)(2016年)第18、21、23等规定的再审检察建议,第28、29、30、31条确定的检察建议方式;《人民检察院民事诉讼监督规则》(试行)(2013年)第86条确定"再审检察建议"、第112条确定"改进工作的检察建议"、第117条确立"跟进监督或者提请上级人民检察院监督"等。

② 高威:《行政诉讼检察监督实证研究——以内蒙古自治区为例》,硕士学位论文,内蒙古大学,2017年。

受包万超教授启发。① 二审结案数量计算方式类似于一审结案数量。

第二组，行政抗诉成功案件数量（即行政抗诉再审案件中"改判数＋发回重审数"），以及行政诉讼中二审者成功案件数量（即行政二审案件中"改判数＋发回重审数"）和法院各类再审案件成功数量（即法院各类再审案件中"改判数＋发回重审数"）三者之间的对比。以此可形成在整体行政诉讼裁判纠错机制中检察抗诉成功的规模及效应的认知基础，进而评判行政抗诉相较于行政诉讼中审判机关在整体行政争议司法解决机制中纠错机制的功能定位辨析。

第三组，行政抗诉成功案件数量与法院决定再审成功案件数量（即法院各类再审案件中"改判数＋发回重审数"－行政抗诉再审案件中"改判数＋发回重审数"）两者之间的对比。进一步准确比较行政诉讼中对生效裁判纠错的内外两种机制的实效情况，以此评析对法院层级审判监督和检察抗诉监督机制实效的规模效应及总体走向。进而结合监督制度本身特质决定的衡量实效标准的复合性特点，对行政诉讼检察监督抗诉的实效作出学理剖析以廓清理论及实务中存在的常见认识误区。

（二）超越"改变率"与"发改率"之争：纠错率与纠错量

上述涉及统计分析数据样本主要源于《中国法律年鉴》1999—2016年周期各年度报告，评析时会补充其他文献中相关数据以供验证与对照。通常在评析行政诉讼检察监督抗诉实效论题时，检察院法院之间用以表述的概念上存有明显区别。审判机关常用"发改率"，即行政抗诉再审案件结果为改判或发回重审的比率来描述评价检察机关监督的成效，② 例如，原最高院院长肖扬在作"最高人民法院关于加强审判工作监督情况的报告"③ 时，就以"2003—2005期间，全国法院抗诉开庭审理案件'发改率'，即发回重审、改判总计占比28.23%"为重要

---

① 参见包万超《行政诉讼法的实施状况与改革思考——基于〈中国法律年鉴〉（1991—2012）的分析》，《中国行政管理》2013年第14期。

② 杨飞、张俊文：《案件质量评估语境下的审判管理改革——基于上诉发改率指标管理的实证分析》，《河南大学学报》（社会科学版）2012年第2期。

③ 2005年10月25日在第十届全国人民代表大会常务委员会第十八次会议上所作的报告。

指标进行说明。检察机关常用"改变率",例如,从对生效裁判监督案件质量看,近三年的行政抗诉案件改变率为 61.4%,从一定程度上说明办案水平和案件质量还有很大的提升空间。[①] 囿于当下中国司法实践中动力机制及平衡机制的不统一、不稳定,各地在推动行政抗诉中,检察院法院两家在激励与规制作法大相径庭,行动取向和策略差异较大。因而法院倾向于选取更加严格的改判和发回重审作为衡量自身法院业绩考核及对外发布审判信息标准,而检察监督机关则倾向于将"非维持原判"的行政抗诉案件统统作为抗诉成功的衡量标准,即采用相对宽松的数据标准以考核检察官及对社会公布检察监督信息之参考标准。

但从客观实际角度而言,司法数据的统计理应从严、精确与严谨才更能体现司法公正与权威属性。就此价值取向考量,本书中以"纠错率"和"纠错量"两个概念进行实质性定义方法予以表述行政诉讼中二审、各类再审及抗诉再审案件中结果被改判或被发回重审的案件定性与定量情况,或从质与量两个维度描述行政诉讼纠正错误或违法裁判机制之间的实效表现。因为,但凡二审、各类再审和抗诉再审案件结果被改判或发回重审时,理应推定原裁判存在违法或错误情形。这在逻辑上是成立的,也符合社会生活经验常识法则。

(三) 具体数据图示及其解读

1. 行政抗诉纠错率数据比较及其解读

透过图 4-1 所示,可进行以下两点分析:

第一,通过行政诉讼中二审、各类再审和抗诉再审案件中改判和发回重审占收案数比率的比较,可见总体上抗诉再审案例纠错率相对高于二审和各类再审的纠错率。究其原因,主要因为二审立案只有时间限定没有实质内容限定,只要主观愿意上诉即可。必然导致相当部分本身正确裁判进入二审,导致其纠错率偏低。相应的是各类再审与检察抗诉再审有严格的启动门槛,事先在立案受理环节要经过严格法定条件的筛选与审查程序。这种严格甚至苛刻的入口严格控制设计,必然导致其收案

[①] 最高人民检察院民事行政检察厅:《行政检察工作的现状与发展》,《国家检察官学院学报》2015 年第 5 期。

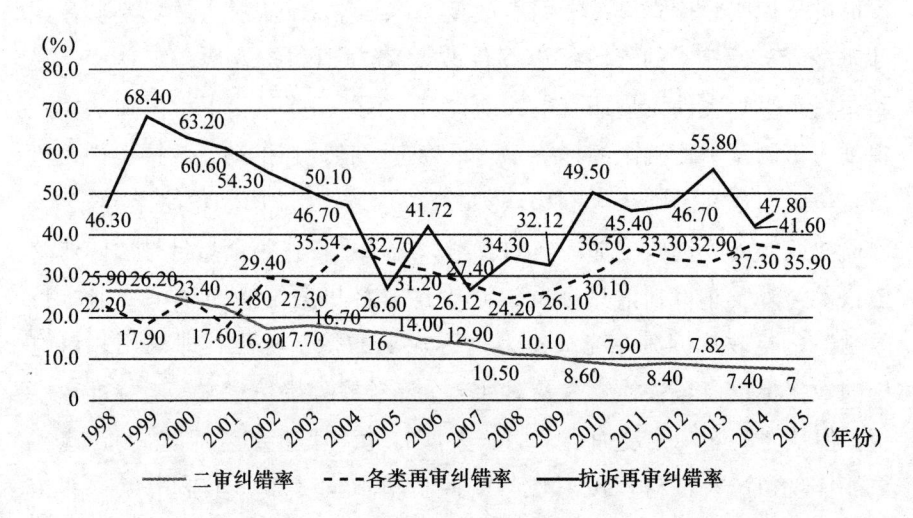

图4-1 1998—2015年行政诉讼抗诉监督与法院二审、各类再审与抗诉再审纠错率比较

（横轴：年份 1998—2015；纵轴：百分比）

二审纠错率：1998: 22.20; 1999: 17.90; 2000: 17.60; 2001: 16.90; 2002: 17.70; 2003: 16; 2004: 14.00; 2005: 12.90; 2006: 10.10; 2007: 10.50; 2008: 8.60; 2009: 7.90; 2010: 8.40; 2011: 7.82; 2012: 7.40; 2013: 7

各类再审纠错率：1998: 25.90; 1999: 26.20; 2000: 23.40; 2001: 21.80; 2002: 27.30; 2003: 29.40; 2004: 35.54; 2005: 26.60; 2006: 31.20; 2007: 26.12; 2008: 24.20; 2009: 26.10; 2010: 30.10; 2011: 36.50; 2012: 33.30; 2013: 32.90; 2014: 37.30; 2015: 35.90

抗诉再审纠错率：1998: 46.30; 1999: 68.40; 2000: 63.20; 2001: 60.60; 2002: 54.30; 2003: 50.10; 2004: 46.70; 2005: 32.70; 2006: 41.72; 2007: 27.40; 2008: 34.30; 2009: 32.12; 2010: 49.50; 2011: 45.40; 2012: 46.70; 2013: 55.80; 2014: 47.80; 2015: 41.60

数据来源及说明：

1. 数据来源于《中国法律年鉴》1999—2016年逐年度报告相关"统计资料部分"。之所以以1998年为起始年度，是由于《中国法律年鉴》自1999年度报告中才有1998年"全国检察机关民事、行政案件抗诉统计表。"另外也由于我国司法实践中民事诉讼与行政诉讼在检察系统中一直以来的"民行合体"模式著称，全国性单独的行政抗诉案件数据难以搜集也是研究时的困境及局限所在。① 同时，也针对相关数据的异常进行了最高人民法院、最高人民检察院官网权威发布数据进行比对、核实。

2. 2012年二审纠错率计算说明。图示中所得数据完全依照《中国法律年鉴》（2013年）中相关数据计算，但经查阅最高人民法院官网权威数据公布栏目："2012年人民法院审理二审案件情况"，可知《中国法律年鉴》（2013年）第1212页"第十一部分统计资料"中"2012年全国法院审理各类二审案件情况统计表"中"行政案件收案数"（325490）和"行政案件结案数"（325840）两项数据严重失实（理应属于排版错误）与最高人民法院公布数据不符，最高人民法院相关数据分别为"32549"和"32584"。如果根据《中国法律年鉴》数据计算得数为"0.8%"，根据纠正后数据即可得到正确的当年二审对一审裁判的纠错率为"8.4%"。

数量受到严格限定，本身进入审判监督或检察监督的案件或多或少存在一定的瑕疵与问题，因而相应的纠错率偏高。

---

① 赖翰蔚：《行政诉讼检察监督研究》，博士学位论文，中山大学，2011年。

第二，按照制度本身运行的内在规律及其权责的规范性而言，理应有其相当的稳定性，在图示上会呈现出一定的光滑线条走势。但是上图中抗诉再审纠错线条在2005—2009年表现出明显较大幅度波动，因而可得出该周期内有其他重大因素对检察监督抗诉与法院再审裁判取向及策略产生了较大影响与触动。导致这种制度运行实效异常波动的潜在原因可能是周期内几个重要法律性文件的发布实施，有可能与2003年最高人民法院审判监督庭制发《关于审理民事、行政抗诉案件几个具体程序问题的意见》的通知和2005年国务院办公厅颁布《关于推行行政执法责任制的若干意见》存在关联性。

前者就"人民法院对民事、行政抗诉案件裁定再审后，出现当事人申请撤回申诉、达成和解协议、主体发生变化、拒不出庭应诉等情形"，提出"裁定终结再审诉讼"的处理意见作出全国性指导，实质是对再审中申诉人不支持、不配合再审诉讼情形在程序上予以终结处理规则的确定。这无疑会导致大量申诉抗诉再审案件的进程受制于申诉人的影响，考虑到法院再审中对申诉人进行的沟通协调工作的影响，这势必会直接影响到申诉人是否继续申诉的立场与策略。因为最终的裁判权在法院手中，由此导致抗诉再审改判与发回重审的可能性趋于更小化。而国务院办公厅《关于推行行政执法责任制的若干意见》则对行政诉讼被告想方设法、竭尽全力避免败诉产生直接的重大的触动与激励。其中作为评议考核的决定性内容的行政执法部门和行政执法人员行使行政执法职权和履行法定义务是否合法情况都与"行政执法决定的行政复议和行政诉讼结果"存在直接的紧密关系。

由此，无论在二审、各类审判监督还是检察抗诉再审监督案件中，维持原判的主要动力源于作为被告的行政机关。作此推断的论据有：其一，2015年之前，行政诉讼被告败诉率约为7%，新行政诉讼法实施一年来，被告败诉率约为10%。[①] 其二，2000—2011年，原告在一审判决中的总体胜诉率只有12.81%，而且行政二审的改判率非常低，不但

[①] 中国政法大学法治政府研究院：《法治政府蓝皮书——中国法治政府发展报告》(2016)，社会科学文献出版社2017年版，第19—21页。

远远低于民事和刑事案件改判率且有逐年下降的趋势。一个重要的原因是,很多行政案都向上级法院请示汇报,这就在实际上将两审终审变成了两审合一,剥夺了当事人实质上的上诉权。① 由此,行政部门越着力推行严格执法责任考评机制,则越激发行政机关维护行政生效裁判的动力。在此政治与法治两大背景格局诱导之下,2004—2009 年区间的检察抗诉再审率的异常波动就成为一种正当现象。

2. 行政抗诉再审案件纠错量数据比较及其解读

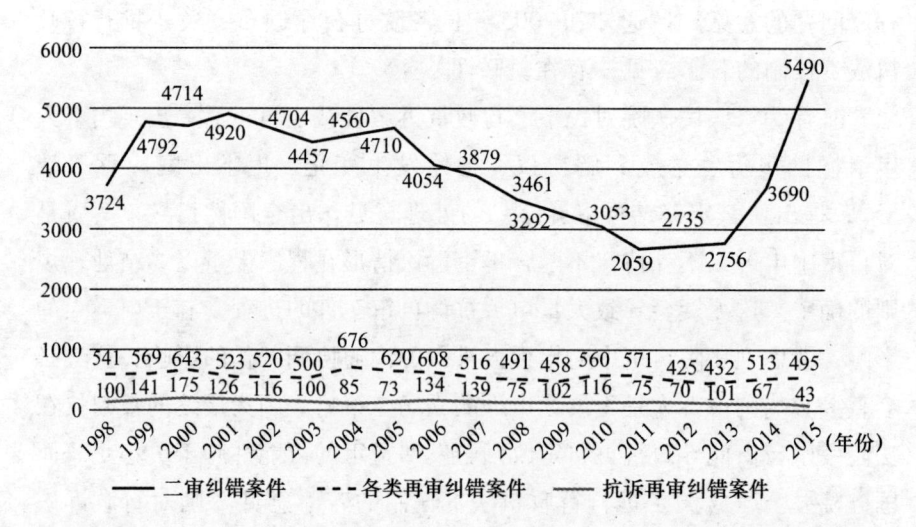

图 4-2 **1998—2015 年行政诉讼二审、各类再审与抗诉再审案件纠错数量比较**

数据来源及说明:《中国法律年鉴》(1999—2016 年)。由于司法实践中法院各类再审情形包括本院院长提交审委会决定启动再审程序、上级或最高院指令再审或提起再审程序和检察院抗诉再审、提起再审检察建议再审等情形,因而在统计法院各类再审时也包括了检察抗诉再审情形等。由此,本张图示展示的数据比较只能大致反映三种行政诉讼错误或违法裁判纠错机制的实效规模及效应,还需要更进一步准确的数量规模比较,这将会在下一张图示中完成。

以上第一张图示展现了行政诉讼中检察抗诉再审案件被改判或发回重审的数量与二审、各类再审案件被改判或发回重审的数量比较情况。

---

① 包万超:《行政诉讼法的实施状况与改革思考——基于〈中国法律年鉴〉(1991—2012)的分析》,《中国行政管理》2013 年第 14 期。

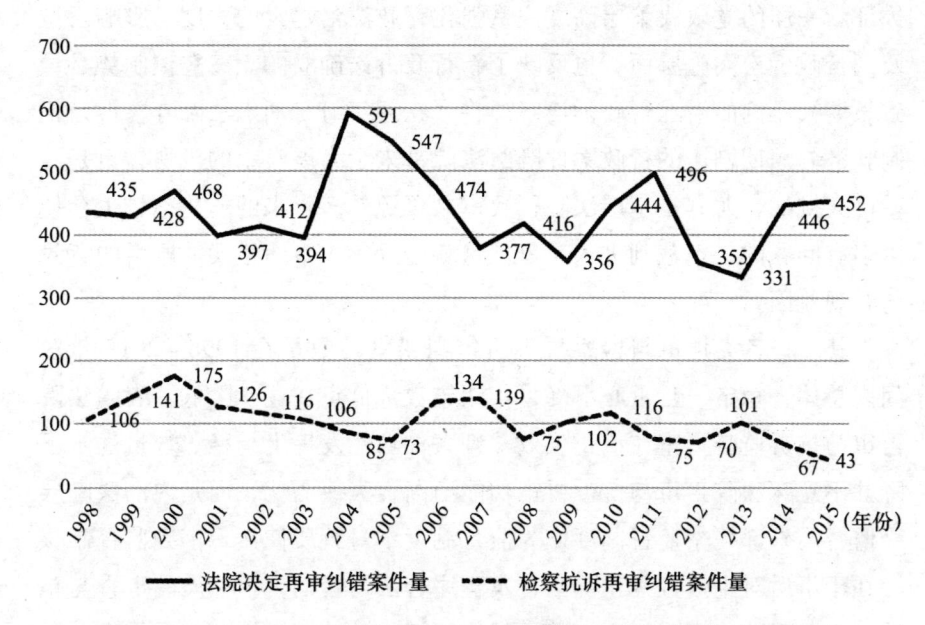

图 4-3 1998—2015 年法院决定再审与检察抗诉再审纠错案件数量比较

数据来源及说明：数据源于《中国法律年鉴》（1999—2016 年）。基于前一张图示，本张图示着重细化统计行政诉讼中对生效裁判违法或错误予以纠错的审判系统和检察系统两种不同性质机制的实效情况。为更加准确，将各类法院再审改判或发回重审案件数剔除检察行政抗诉再审改判或发回重审数，得出法院系统决定启动再审的成功案件数。再与检察行政抗诉成功数进行比对，这样才能更加详细准确观察检察监督系统与法院内部监督系统在司法裁判复核式监督纠错实践中的具体表现差异，才能得以作进一步剖析与解读。

第二张图示进一步展现了行政诉讼中检察抗诉再审案件被改判或发回重审的数量与法院决定再审案件被改判或发回重审的数量的比较情况。力图在上一节中检察抗诉纠错率的基础上进一步定量解析行政抗诉的实效状况，在定性与定量两个层面进行更加充分全面的观察剖析行政诉讼检察监督方式的实际成效。基于以上两张图示，尝试作出以下解读与推论。

其一，从成功改判与发回重审数量比较，行政二审明显多于各类再审与抗诉再审案件数量。这也体现了二审作出正常上诉审的层级审判监督功能宗旨得以较好的发挥，即将大量可能错误案件在二审中纠错。而且图示显现自 2012 年以来，二审纠错的案件数量急剧攀升，既进一步佐证新一届的党政决策层高度注重强化行政法治建设的力度与影响已波及到行政诉讼实施层面，也反映了新行政诉讼确立的立案登记制势必导致长期被压制的潜在行政诉讼案源将会在近年纷纷涌入法院寻求诉讼机制救济。短期剧增的行政案件既给法院带来了大展身手的机遇，也是一种巨大挑战，尤其是基层法院行政审判资源的多年来的弱化态势也会使更多有问题的一审裁判进入二审。这就是近年二审纠错案件剧增的背景与客观原因。

其二，各类再审与检察抗诉再审纠错案件数量在1998—2015年区间内总体上稳定，且重心下降，年纠错数量低点在逐步降低。表明法院再审与抗诉监督再审在纠正生效裁判案件功能发挥上趋稳。数量逐步下降并不意味法院再审与抗诉再审功能渐渐丧失或弱化，而是内部法院层级监督与外部检察监督制度作为监督制度本身特质使然。审判监督制核心在于事后对生效裁判正确与否及程序合法与否的复核性质的审查与检验，事后复核、发现问题、警示督促纠正是其关键目标与实质需求。因此监督制内在具有倒逼与鞭策被监督者及其活动常态运作的效应，辅之监督机关的适当科学激励机制和被监督机关的奖惩机制，假定监督功能发挥常态化条件下，被监督机关将会更加注重被监督活动的合法与正确性，以免于受到惩处。由此，监督职能正常发挥态势下，被监督的案件将会越来越少。正如王鸿翼先生描述的诉讼监督制度时所说的"诉讼监督是注定一项自我渐趋灭亡的制度"。[①] 因而，不能片面以数量多少衡量行政抗诉监督之实效大小强弱，而应从其制度运作的长期发展趋势及其走向作全面观察。

其三，行政抗诉监督实效全国各地分布极不均衡。最高人民检察院权威部门数据显示全国检察系统运用行政抗诉开展检察监督工作的实际案件数量存在地区分布很不平衡，"以2013年全国办案数据为例，在不服生效裁判监督案件中，全国排名前五位：广东省、广西自治区、湖北省、安徽省、浙江省共办理1832件，占全国同类案件办理总量的46%"。这意味着将近15%的省、区、市办理了近一半的行政抗诉案

[①] 王申：《法官的实践理性论》，中国政法大学出版社2013年版，第696页。

件，近85%的省、区、市只办理了近一半行政抗诉案件。在此基础上，结合2013年全国行政抗诉再审改判和发回重审的案件数101件，以及全国检察系统有行政抗诉权检察院数434家，可见全国很大部分检察院在2013年是没有一起成功行政抗诉案件记录的。行政抗诉监督机制在如此范围内检察系统中的虚置现象令人深思！

其四，复合型制度特质再次被实证，监督机关对被监督机关业务合法律性与否监督的实效判断标准既要参考监督案件纠错量多少，因为数量代表监督所发挥作用的规模与效用广度。然而单纯个别节点的抗诉纠错数量无法衡量抗诉监督实效大小，譬如，某年度监督纠错案件数量巨大是否能完全表明检察抗诉监督效能就强大呢？答案并不确定，或许可以评价该年度监督实效理想，但再结合制度历史周期因素全面考察，则不得不反思：之前监督机关的实效很可能并不理想，否则岂能一年度内会出现如此之多的被监督发现并督促解决的问题？反之，某个节点被监督纠错个案数量异常缩小，则也难以证判监督实效如何，因为有可能是监督机关不作为的表象。因此，又要从制度运作的长周期趋势角度观察监督案件纠错量的状况，才可能得出相对可靠的判断。但就所搜集的样本数据及统计图示展现而言，在图示涵盖周期内，只要是对生效裁判的检察行政抗诉监督，其监督机制运作的实际效果仍是稳定可预期的。该制度与审判机关系统内审判监督机制结合对存在违法或错误的生效裁判是能起到督促纠正作用的。但对于那些由于各种原因尚不能进入被抗诉监督的生效裁判，理应另当别论。

二 行政诉讼检察建议实证简析

（一）行政诉讼检察建议释义

检察建议是指检察监督机关"对审判活动和人民法院的裁决是否合法、公正以检察建议书进行监督的一种方式。"[①] 朱孝清先生认为，检察建议是检察机关在诉讼监督中发现有关执法、司法机关在制度、机制、管理等方面存在漏洞，或者执法过程中存在较多的不规范问题，或

---

① 大辞海编辑委员会：《大辞海法学卷》（修订版），上海辞书出版社2015年版，第339页。

者办案人员有违法行为,或者对诉讼中造成违法或错误的责任人需要加以行政、纪律处分等情形,而采用的一种监督方式。① 较早确定检察建议的司法解释是最高人民检察院1990年作出的《关于对已生效的中止诉讼的裁定能否提出抗诉的答复》,其中规定"对人民法院已经生效的中止诉讼的裁定,不宜提出抗诉。但是,人民法院已经生效的中止诉讼的裁定确属不当的,可采用检察意见的方式向人民法院提出。"正式确定检察建议制度的是2001年《人民检察院民事行政抗诉案件办案规则》,此司法解释中以"第八章检察建议"的形式确立了检察建议的适用情形,譬如,检察院法院对符合抗诉条件的行政案件协商后法院同意再审的,抗诉案件庭审活动违法的,有关国家机关或事业单位存在制度隐患的等情形可提出检察建议。直至2014年新行政诉讼法对检察建议适用范围进一步拓展至对行政机关违法行使职权或不作为情形,作为提起行政公诉的前置程序。

综上,可将行政诉讼检察监督建议内涵界定为,检察机关对行政诉讼中违法或错误行为进行调查核实后针对被监督机关提出警示、督促纠错并就如何处理等事项提出建议的监督方式。检察建议在实务当中并不统一,适用的条件、情形、具体的表述、运作程序等尚未规范,有的文件中称为"再审检察建议书""纠正违法意见书""纠正违法通知书""建议更换办案人""行政执法检察建议书""非诉行政执行检察建议书""程序违法检察建议书"等,甚至还有检察机关抗诉时以"建议函"形式建议接收抗诉法院提审行政抗诉案件。②

(二)实践数据搜集难题

经过对《中国法律年鉴》及相关官方网站的检索查找,没有发现相关权威公布的信息渠道中统一规范的检察建议的数据。这既反映了检察建议监督方式在实践中不规范及其灵活性,譬如,使用名称、操作程序、运作实效等方面的多样化,也体现了理论认知的不统一,没有形成

---

① 朱孝清:《论诉讼监督》,《国家检察官学院学报》2011年第5期。
② 云南省人民检察院在提出抗诉的同时发函建议云南省高级人民法院对本案进行提审。http://www.pkulaw.cn/case/payz_a.html? match = Exact, 2018年1月24日检索。

共识。譬如，不仅检察机关行政检察部门人员认识不一，同属于最高人民检察院民行厅的孙加瑞检察官与王鸿翼检察官的认识也不一致。① 孙加瑞检察官认为"检察建议只是工作建议，不应是监督措施"，而王鸿翼检察官则认为个案检察建议实质上是对于现行"抗诉"的一种适用方式，是一种"准抗诉"。② 学界也有不同看法，蔡虹教授认为，实践中检察机关的"督促起诉"、"检察建议"就只能是一种工作方式，不具有程序法上的强制效果。③ 甚至官方内部对是否表述为"检察建议"还是"检察意见"甚至取消与否的认识都存在较大分歧。④

（三）实证简化推论：检察院法院监督博弈的新走向

正是认知上存在诸多分歧，远未形成成熟统一的共识，因而导致实践操作中的纷繁复杂现状。通过零星、个别、地方检察机关的公布数据大致可得出以下推论。⑤

其一，面临司法实践中行政司法复核性质的行政审判业务监督困境，检察机关不断探索监督方式的多样化，而非仅仅是行政抗诉一种方式。究其内因，行政抗诉表面上属于最有强制启动程序的强监督方式，然而，现实数据证实了数量规模有限意味着大部分的检察院难以行政抗诉监督。而再审检察建议是一种易为法院接受的较为缓和的监督方式，实现了法律效果与社会效果的统一。从人民法院方面来看，再审检察建议只不过是一种建议，不具有强制性，可以采纳，也可以不采纳。下列统计数据反映了这一特点。2005年上半年抗诉案件的改判率平均为49.86%，同期的再审检察建议的采纳率平均为36.26%，最高为84.62%，最低有6个省级院均为0%。可见，再审检察建议的采纳率

---

① 孙加瑞：《新民事诉讼法有关检察制度的若干问题》，《国家检察官学院学报》2014年第2期。
② 王鸿翼：《谈民事行政检察权的配置》，《河南社会科学》2009年第2期。
③ 蔡虹：《民事抗诉制度的立法完善》，《人民检察》2011年第11期。
④ 童卫东：《进步与妥协：〈行政诉讼法〉修改回顾》，《行政法学研究》2015年第4期。
⑤ 最高人民检察院公布的再审检察建议数据从2012年开始，分别是：2012年288件、2013年334件、2014年202件、2015年94件；高威：《行政诉讼检察监督实证研究——以内蒙古自治区为例》，硕士学位论文，内蒙古大学，2017年；屠源：《芜湖市人民检察院民事行政检察工作调查报告（2008—2012年）》，硕士学位论文，安徽大学，2013年；最高人民检察院民事行政检察厅：《行政检察工作的现状与发展》，《国家检察官学院学报》2015年第5期。

远远低于抗诉案件的改判率且区域差异很大。其中抗诉案件改判率超过50%的省院有16个，而再审检察建议采纳率高于50%的省院只有6个。①而且，全国近88%的基层检察院在法律上没有行政抗诉权，因而亟须探索能调动基层检察人力资源的可行的检察监督方式。由此，检察建议在2001年被最高人民检察院民行检察部门确立为监督方式。

其二，更深层意涵在于，检察院法院之间在行政审判领域的监督与被监督博弈格局亦促使检察机关推进检察建议的规范完善。有法定行政抗诉权的检察院规模有限只是揭示了现象中表层原因。更有深层原因是行政抗诉再审决定权在于审判机关，实践中大量行政抗诉案件并没有进入再审程序，或者即使进入再审诉讼程序，也能以种种理由被"其他方式"消解，如申诉人撤回申诉请求的、程序性违法、超过提起再审时间限制、司法惯例的等都可能被法院以裁定终结再审诉讼方式或撤销再审结案。譬如，再审期间双方当事人自愿达成和解协议的，依照最高人民法院《关于执行行政诉讼法若干问题的解释第六十三条第一款第（四）项的规定》，即可裁定终结诉讼。②这表明，行政抗诉后也不确定就会有改判或发回重审的成功结果。行政抗诉失败的风险既是对检察权威的挑战，也会造成社会对行政抗诉的置疑，降低行政诉讼检察监督制度的认可度。

反之，由于检察建议恰恰是针对法院在行政诉讼中违法与实体错误，甚或内部规章制度，以及作为被告的行政机关的行政行为的诸多瑕疵而提出的建设性意见。其不以撤销生效裁判为最终定论。这种适应的灵活性与纠错的间接性是检察院不用担心会受制于法院基于抗诉再审的终局裁判权主要原因，是否接受与遵从检察建议也无须受到申诉人牵制。就此而言，检察监督机关更具主动性。反之，法院在接收检察建议后，如不按其建议纠正，还有可能会招致申诉人的缠诉信访的困扰，因而易于慎重认真考虑检察建议。

---

① 高立新、龚瑞：《民行中的再审检察建议》，《中国检察官》2006年第5期。
② http://www.mzyfz.com/index.php/cms/item-view-id-1399182，2021年8月20日检索。参见《公某诉吉林市烟草专卖局行政没收行为并附带行政赔偿再审行政裁定书》。

上述分析可知审判机关对检察建议监督方式采取消极立场与态度与检察机关却极力推动检察建议方式的主要原因所在。

其三，自2012年确立"全面推进依法治国重大决定"以来，检察建议的数量规模及其被审判机关和行政机关重视程度都有较大改观。这种现状主要受到国家党政格局宏观背景的积极影响，辅之检察机关强力推动检察建议方式发展的内因为基础。这也是检察院法院之间不断博弈的暂时性的格局态势体现。

其四，检察建议的发展趋势是类型化而非监督方式"万金油"。在适用的情形与条件上需要进一步细化，在运作程序加强规范化与透明化，在建议处理机制与构造上追求正当化与高效。譬如，在实践中确立的法院对检察院实施监督时的违法或违反检察纪律行为也可进行"反监督建议"机制的创设，以及检察建议作出后限定时间回复及不回复的反馈责任机制的明确化等。

第三节　行政诉讼检察监督方式优化

一　行政诉讼检察监督多元化方式反思

（一）行政诉讼检察监督方式多元化确立

行政诉讼多年实践困境不仅实证对行政诉讼的监督成为社会公众之迫切需求，而且学界对加强行政诉讼监督的必要性已达成共识，但对于监督方法、形式、措施则存在分歧。相对于既有的司法体系内部的审级监督和外部的党政领导监督、权力机关法律监督、党政纪检监察监督、社会媒体舆论监督等监督机制，唯有检察机关对行政诉讼的法律监督能对其生效裁判作出有强制约束力的行政抗诉。使法院行政诉讼生效裁判受到强有力的质疑，并因事实证据、审判程序、法律适用及审判人员渎职违规原因而不得不"重头再审一遍"。

因此，就监督方式而言，作为"国家法律监督机关"的检察监督尤为值得关注。多年实践的沿革中，检察机关充分利用检察司法解释已经确立了多元化的监督方式。并得以在2014年修订后的《行政诉讼法》中将检察建议确立为法定监督方式，2016年《人民检察院行政诉讼监督规则》中再次明确规定抗诉和检察建议等多元化监督方式。尤其是2017年《最高人民法院关于适用〈行政诉讼法〉的解释》中第126条中首次在最高人民法院的司法解释中确定了"再审检察建议"监督方式及其适用的程序。由此可见，在法律层面上多年来行政诉讼检察监督行政抗诉单一方式转向抗诉、检察建议多元化方式已成定局。

（二）行政诉讼检察监督多元化方式反思

1. 评析监督方式的原理

监督方式必须与监督关键目标契合并且匹配核心监督需求才能充分发挥监督功能。时任耶鲁大学法学院中国法律中心副主任何杰森先生针对监督司法的方法问题曾指出："既要避免方法本身缺陷，也要缩小方法对法院公平判案所造成的不良影响。"① 行政诉讼检察监督尽管确立了多元监督方式，在上述监督数据统计及个案实证中也体现出检察建议、提请抗诉、抗诉等多种监督方式灵活运作成功解决司法违法、错误及行政争议中的难题。②

但是这种多元化监督方式是否契合与匹配行政诉讼检察监督之关键目标及核心需求呢？要解答此问题，则必须考虑如下关联问题：其一，行政诉讼检察监督关键目标及其与行政诉讼关键目标之关联性；其二，行政诉讼关键目标及阻碍该目标的主要难题；其三，行政诉讼违法或错误与阻碍行政诉讼关键目标实现的关联性，如果存在紧密关联，则其四，行政诉讼违法或错误作为监督对象，其存在的根源是什么？其五，行政抗诉、检察建议能否化解、消除、抑制这类根源。这些关联问题可化约为两个核心问题：其一，我国行政诉讼困境及其成因；其二，现有行政抗诉和检察建议能否高效化解这些成因。行政诉讼检察监督方式需要契合的关键目标及匹配的核心需求也可在此两个问题中得以解答，只

---

① 蔡定剑：《监督与司法公正——研究与案例报告》，法律出版社2005年版，"代序"第2页。

② 曹建明在《关于〈中华人民共和国行政诉讼法修正案（草案）〉和〈中华人民共和国民事诉讼法修正案（草案）〉的说明》中指出，"试点中，超过75%的行政机关在收到检察建议后主动纠正了违法行为。" http://www.npc.gov.cn/zgrdw/npc/xinwen/2017-06/29/content_2024890.htm，2021年8月20日检索。

有弄清这两点才可能对监督方式之可行性和实效性作相对充分全面的评判。

2. 我国行政诉讼困境及其成因探究

我国行政诉讼旨在解决行政纠纷、监督行政和保护公民权益。易言之,阻碍、抑制前述解决纠纷、监督行政和保护公民权的原因的揭示也就是弄清我国行政诉讼困境的成因所在。

从系统论角度可将行政诉讼系统诸要素可大体上区分为诉讼规则与参加者两大部分。诉讼规则的错误相对容易被察觉与被修正,关键在于参加者要素,其中主要包括审判者与当事人。既然法律确定及实践运作中当事人"应当"服从审判者组织与指挥的诉讼进程并依法作出的裁判,并且诉讼遵行胜败自负规则,因而影响行政诉讼关键者乃是审判者。由于作为审判者身份的"人"本身受制于内部司法行政管理以及外部环境影响。

进一步讨论行政诉讼困境成因问题还需要顺带考察一番我国行政诉讼的特点这一基础性问题。

我国行政诉讼具有当事人身份特定及其决定的当事人地位强弱分明的诉讼格局特质。行政诉讼当事人双方在性质上存有质的区别,原告方为维护公民权益的个体,被告恒定为掌控行政权力组织体,两者之间的社会资源与行动能力势差悬殊。此种势差格局容易造就被告强势与原告弱势,或者是行动意愿及其能力超常的原告发挥出超强诉讼能量在与被告抗衡中至少不落下风。事实上历经多年来市场经济洗礼的中国老百姓已被塑造成超强"个体理性经济人"的人格价值取向。① 在面对掌控实权及诸多社会资源的强势被告的抗衡中,造就了强弱分明或是强强对话的当事人格局。如何在这种以强势权力资源或是超强行动能量为博弈优胜资本的当事人格局中确保自身中立场就是我国行政法官面临的现实挑战。既要敢于对实权型被告的强势地位说"不",还必须说服原告依法维权不缠讼。这样情境下维持"平等武装、自由对抗"的诉讼竞争格局是对我国法院,尤其是基层法院行政法官们的智慧及职业操守的重

---

① 吴英姿:《论制度认同:危机与重建》,《中国法学》2016年第3期。

大考验。

实践告诉我们,相当部分的行政法官没有经受住行政诉讼超强当事人博弈格局的挑战,使得行政诉讼实践中审判者要么时常屈服于行政强势而置监督行政职能于不顾,要么无法招架擅长无理缠讼的原告而迁就其无理要求,要么在强强抗衡的当事人中"和稀泥"而置行政纠纷解决职能于无形之中。

这三种行政诉讼困局类型中必然存在体制背景下行政诉讼审判者与当事人共同铸就的行政诉讼违法或错误的结果,而且势必终究以生效裁判形式存在。由此,行政诉讼困局的根本原因在于内外部体制,但却以生效裁判体现于外,体制困境成因是源,违法或错误裁判是流。① 但必须指出的是,忽视掌控行政诉讼方向及结局主导权的审判者要素也是片面的。正如贺欣教授洞察到的,"法院也在各种压力和权威之间游弋穿行。"② 尤其是中国法官在司法既不能独立也不能自治化,而是以"行政管理型司法"作为维系的基础的司法语境下。③ 这意味着"中国的法官在承担公正司法和维护社会正义的责任方面既缺乏条件和能力,而在真正滥用权力时,又缺乏有效约束"。④

由此,行政抗诉和检察建议对于化解行政诉讼困境的"源"与"流"能否发挥实效及实效程度、广度如何,则是评析行政诉讼检察监督方式优劣成败的实质。这里还要明确行政诉讼多元目标中关键目标是实质性解决行政纠纷,该论点得益于王学辉教授启发,但与其得出该观点的原因并不一致。⑤ 其主要基于"控权论"不现实及其失败结果予以推论,本书以行政诉讼制度功能划分为直接目标与间接目标、核心目标

---

① 何海波:《行政审判体制改革刍议》,《中国法律评论》2014 年第 1 期;马怀德:《行政审判体制改革势在必行》,《党政干部参考》2013 年第 10 期;解志勇:《行政法院——行政诉讼困境的破局之策》,《政治论坛》2014 年第 1 期。
② 贺欣:《为什么法院不接受外嫁女纠纷——司法过程中的法律、权力和政治》,《法律和社会科学》2008 年第 1 期。
③ 季卫东:《宪法新论——全球化时代法与社会变迁》,北京大学出版社 2002 年版,第 70 页。
④ 葛洪义:《法官的权力——中国法官权力约束制度研究》,《中国法学》2003 年第 4 期。
⑤ 王学辉教授于 2016 年 5 月 12 日晚上为武汉大学法学院诉讼法专业学生所作专题报告。

与附带目标、实质目标及泛化目标为基础,认为实质解决行政纠纷是直接、核心、实质目标,监督行政、保护权利目标皆须以解决纠纷为基础为条件。

这样就可得出,评判行政诉讼检察监督方式的核心在于考察分析能否凭借这些方式发现查明、督促纠正违法或错误生效裁判进而消除、化解行政诉讼实现其实质性解决行政纠纷目标的体制困境成因。以此为基点可以反思行政抗诉和检察建议的不足。

二 行政抗诉和检察建议化解行政诉讼困境之局限

纵观行政抗诉和检察建议对行政诉讼中行政纠纷的解决的体制困境成因,以及督促纠正违法或错误的生效裁判的实践运作情况,可将其中不足归纳为如下几点:其一,确定方式单一与复合性适用主体之间的不兼容。行政诉讼检察监督制度作为复合性制度特点,实践中必须将检察院法院两家在结构上紧密联合起来,否则就有可能出现检察机关"唱独角戏"的局面。因此无论是法院司法解释还是检察司法解释对于对方而言都处于一种十分微妙的关系,即双方的司法解释都涉及对方权力的运作,实质上是两种权力间监督关系问题。[①] 因而确定监督方式就不仅仅是检察监督机关单方可以完全包办得了的。20世纪90年代检察院法院就裁定可否监督问题的激烈对抗就是明证。出于部门主义考虑,检察机关习惯于单方出台监督方式的规定是现行监督方式的一大隐患。

其二,适用条件粗放模糊,适用宽泛。监督方式的权威有效条件之一就是适用条件统一、具体、简明。但自1989年《行政诉讼法》第10条、第64条确定行政诉讼检察监督抗诉方式开始,1990年最高人民检察院《关于执行行政诉讼法第六十四条的暂行规定》和两高《关于开展民事、经济、行政诉讼法律监督试点工作的通知》两个司法解释中确定行政诉讼检察监督行政抗诉的条件——"生效裁判违法"不仅与当事人申诉条件"生效裁判确有错误"有别,还导致违法条件与错误条件交错重叠难以适用。同时,行政抗诉适用条件采用例举式规定情

---

① 张卫平:《民事诉讼检察监督实施策略研究》,《政法论坛》2015年第1期。

形,仍然无法准确界定,这与行政抗诉行为本身涉及重大的程序利益而需要十分慎重也不相符。①

其三,缺乏类型化、层次分明、强弱有度的监督方式体系。监督方式尽管形式多样,但在其适用于行政诉讼检察监督实践中的具体效果并不清楚。例如抗诉旨在以再审纠正错误裁判,但再审检察建议也可能引起再审,却以建议方式存在,而检察建议方式本身至今仍然存在较大分歧。傅郁林教授认为检察建议是检、法两家的内部工作方式确认,其作为法定监督方式与检察权作为法律监督权的宪法定位并不相符。② 蔡虹教授同样主张,"实践中检察机关的'督促起诉'、'检察建议'就只能是一种工作方式,不具有程序法上的强制效果。"③ 即便是检察机关试图以再审检察建议方式补强甚或将来取代日渐式微的行政抗诉,但这种建议监督方式与非再审检察建议之区分及适用条件、标准、程序、法律后果等问题亟须研究与辨析。对审判者的监督方式和对生效裁判的监督方式,以及对实体类和程序类监督方式的界分也不明晰。对行政诉讼内部管理体制和外部管理体制的干预的监督方式也未作相应区分。这些监督方式类型化及其体系建构都是当下行政诉讼检察监督方式的隐患,致使其本身作为监督他者、他物时的规则劣势,甚至在无法实现监督目标的同时可能引致更多法律问题。

其四,监督范围适用于个案,难以保障实现法律统一正确实施之目标。行政抗诉或再审检察建议只能针对个案,甚至一般检察建议通常也适用于个案,真正针对监督过程中涉及制度性、普遍性的监督线索进行带有制度建设性意义的个案难得一见。尽管陈瑞华教授主张检察机关的诉讼监督未来的建设走向是"造就高层级检察机关对法律适用的严格统一、正确方向,切实基于维护国家法律统一实施为全国法院审判树立一个法制标杆"④。然而,就检察法律监督在实现"国家法制的统一建

---

① 龙宗智:《检察机关办案方式的适度司法化改革》,《法学研究》2013 年第 1 期。
② 傅郁林:《我国民事检察权的权能与程序配置》,《法律科学》(西北政法大学学报)2012 年第 6 期。
③ 蔡虹:《民事抗诉制度的立法完善》,《人民检察》2011 年第 11 期。
④ 陈瑞华:《检察机关法律职能的新发展空间》,《政法论坛》2018 年第 1 期。

制及其实施"而言，目前的行政抗诉过分拘泥于个案公正，尚未发现通过个案抗诉创建行政规范的案例。没有具有重大法律意义的行政裁判，尤其是督促纠正因地方保护和行政干预导致违法的行政裁判以维护行政法制的统一正确实施的个案。因而现有着重于个案监督的多元方式对于整体的法律统一正确适用显然是不够的。

其五，决定程序的内部行政性过强，无透明程序保障，公正性不足，公信力低。程序是使规则法治化的重要保障及其本质要求，只有以公正透明理性的监督程序为依托的监督方式才能更好地增强监督方式的效用的发挥，进而促进社会公信度、提升监督的权威性。尽管行政诉讼检察监督方式属于程序权的范畴，检察权也是"尚未完成的权力"，但是检察权是与审判权一起支撑国家司法权力架构的支柱。但作为司法机关的检察机关，却始终采用行政性办案方式而欠缺司法特征。这种"生于司法，却无往不在行政之中"现象[1]，确实可谓检察权程序机制方面的"过分行政化"体现[2]。在行政诉讼检察监督方式实践中，是否受理启动调查、审查过程、何种监督决定何时作出、如何作出等与申诉人利害攸关的重大事项，都以检察监督机关内部以行政方式作出。过于内部单方监督方式的运作使得监督方式的透明程度几近于零。边沁指出，"没有公开，其他所有制约措施都是不足的；相较于公开而言，其他所有制约措施的重要性都有所不如。"[3] 行政抗诉与检察建议方式的公正性如何保障，没有一定社会公信力的支持，则难以持续制度的正当性与生命力。

其六，方式内容权责不一致，法律规则性低，约束性弱化。法律的本质是社会规范，以权责实现调整社会个体、组织的活动。正如有学者论及中国法官权力约束问题时指出，"真正的问题在于：规则在何种程度上能够提供这种约束法官行为和法官权力的制度？"[4] 行政诉讼检察

---

[1] 龙宗智：《检察机关办案方式的适度司法化改革》，《法学研究》2013年第1期。
[2] 燕星宇：《论我国检察权的司法性根基及其司法化改革》，硕士学位论文，复旦大学，2011年。
[3] 刘昂、杨征军：《检务公开的层次性简论》，《人民检察》2013年第17期。
[4] 葛洪义：《法官的权力——中国法官权力约束制度研究》，《中国法学》2003年第4期。

监督方式在规则设计上,在监督方法、形式及措施本身内容的权责方面同样粗陋,几乎不具权责一致性。法律规则的属性低,既对难以有效约束监督对象,也无法规制监督主体本身,引致行政诉讼监督实践中的"难"与"乱"并存[①]。

三 构建多元、递进式行政诉讼检察监督方式体系前瞻

针对上述不足,结合行政诉讼检察监督的关键目标及核心需求。可在理念上对既有的制定主体单一、适用条件宽泛、程序不透明、公信度低、权威性不足、体系性弱等不足进行整体性的类型划分及层次递进的体系化优化。具体可从如下几点设计:其一,类型区分。可将现有的行政诉讼检察监督方式按监督对象区分为:针对诉讼实体类与程序类的;还可依照行政诉讼三大要素区分为:事实证据类、诉讼程序类、法律适用类三种监督;还可依照是否针对生效裁判的监督区分为:生效裁判类与非生效裁判类监督;还可依照监督针对的是审判业务或是审判者区分为:业务监督与审判者监督。

其二,细化适用条件。在对监督方式适用情形区分基础上,进一步对主要监督方式类型适用条件精细化,使不同监督方式实施时可操作性强,尽量祛除检察部门主义,体现监督方式法律性与可预期性,避免监督方式选择的随意性及权责不统一。在条件明晰、类型分明基础上还需要对违法性、过错程度及其造成实际权益影响不一的行政诉讼违法及差错行为人、生效裁判及其深层次内外部体制成因予以程度大致对应的不同的监督方式,以塑造条件明确、内容具体、透明公信、结构完备、逻辑递进的多元监督方式体系。

其三,理念优化。在监督方式逻辑层次上确立逐步递进的多元监督方式体系:筛查监督线索、调查核实、警示、通报、检察建议、再审检察建议、提请抗诉、抗诉、移交进一步处理。

在此理念指引下,可大体上设计出优化后的行政诉讼检察监督方式体系。基本准则是:轻微违法或错误且无导致严重后果的,可在调查核

[①] 江必新:《论民事审判监督制度之完善》,《中国法学》2011年第5期。

实基础上予以内部沟通指明违法或错误并予以警示的监督形式,如已影响实体权益后果则适用正式检察建议机制监督。一般违法或错误且无导致实体权益影响后果的,可在调查核实基础上实施检察建议辅之个人警示的监督形式,如已造成实体权益影响后果的则还须补充更换办案人监督形式,如构成涉嫌犯罪的还需移交有关机关相关线索。严重违法或重大错误没有造成实体权益影响后果的,则适用再审检察建议、提请抗诉、抗诉及移送有关机关相关线索的监督形式。严重违法或重大错误且造成实体权益影响后果的,则适用提请抗诉或移送有关机关相关线索的监督形式。对履行监督职能中察觉、研究发现导致前述违法或错误情形的内外部管理体制、机制、规章制度方面的漏洞、缺陷、不足则以检察建议机制方式实行监督。

据此,可将现行行政诉讼检察监督多元方式优化为行政诉讼检察监督多元、递进型方式体系。如图4-4所示

发现监督线索→调查核实
- 轻微违法或错误→指明违法或错误+补正+警示
- 一般违法或错误→检察建议+补正
- 严重违法或错误→再审检察建议、提请抗诉、抗诉
- 涉嫌犯罪→再审检察建议、提请抗诉、抗诉+移送犯罪线索
- 涉嫌犯罪→再审检察建议、提请抗诉、抗诉、移送犯罪线索

图4-4　行政诉讼检察监督多元、递进型方式体系

资料来源:笔者根据相关规定、文献归纳提炼。

本章小结

这一章主要研究检察机关对行政诉讼违法或错误实行监督的方法与形式问题。在梳理行政诉讼检察监督方式的法定规范性文本基础上总结出当下以行政抗诉和检察建议为主导的多元化监督方式的初步确立。并对主要监督方式的司法实践历史及其现状进行全面细致的数据统计分析。利用《中国法律年鉴》统计数据,参考比对最高人民法院和最高

人民检察院官方统计数据，结合对审判机关与检察机关传统习惯采用的"发改率"与"改变率"两项核心指标辨析后确定的更能体现诉讼监督机制成效的"纠错率"与"纠错量"指标，并将该指标运用于行政诉讼二审、各类法院再审和行政抗诉三种行政诉讼纠错机制当中。以直观图示展示对法院内部层级诉讼监督与外部检察监督制度的成效进行比较、剖析、阐释，力求在该方面实现对现有研究的补充与推进。针对既有监督方式的利弊得失辩证全面解析，总结其中存在问题与不足，尝试在类型、层次、程度上构想我国多元、递进型行政诉讼检察监督方式体系化理想前景。

第五章 我国行政诉讼检察监督构造

为实现监督目标,多样化的行政诉讼检察监督方式以何种程序、机制及在怎样的组织结构体系中具体施行,是行政诉讼检察监督实践考察的重心。只有具体监督方法与形式,缺乏对实现方式的权力结构层面的解剖、认识,只是一种固化、静态的观察角度,容易导致僵化的形式主义认知结论。需要从结构层面立体式地分解、观察检察权对诉讼中的审判权、行政权、诉权诸权力关系的生动而现实的动态表现,才能更加透彻揭示其中客观内在联系,进而提炼出隐含其中的规律及其问题实质。因而,本章着重针对行政诉讼检察监督构造进行研究,并在此基础上针对其中困境及难题进一步提出优化的思考方向。

第一节 行政诉讼检察监督构造概述

一 监督方式与构造论说

主要的行政诉讼检察监督方式有再审检察建议、提请抗诉、抗诉、检察建议、更换办案人、纠正违法通知等,不同方式运用皆有不同的监督职能及其适用的条件与标准。在具体司法实践中,检察机关对行政诉讼实行的法律监督方式必须在监督机关与被监督者之间以特定程序、机制运作并共存于结构当中。通常这种监督构造在文献中又被称为监督机制或是监督程序,典型的抗诉监督方式构造或机制就是"上抗下审"机制。本书基于论文总体逻辑构思,即"概说—监督原则—监督范围—监督方式—监督构造",以监督构造表述,但内涵及其外延与监督程序、监督机制并无本质区别。①

基于复合型制度结构特征,规范行政诉讼检察监督运作构造的法律性文件包括了检察院法院两家在制度变迁的诸多政策性解释。细致梳理这些文件的相关规定,既可总结出这些监督构造的结构特点,也可揭示检察院法院在历史沿革中对实践监督方式运作的立场及其行动取向。这种检察监督构造制度史的解析相较于只从单一主体或个别法律规范的分析,更能反映制度构造的历史变迁脉络及其隐含的本质关联,能更好地预测制度现象发展的趋势。

二 行政诉讼检察监督构造之规范文本考察

(一) 初始阶段的简陋规定及雏形建构

1989年《行政诉讼法》规定了检察机关对行政诉讼实行法律监督,确定了行政诉讼检察监督制度。囿于当时情境,只是粗线条地规定检察院对法院生效裁判违法,有权按照审判监督程序提出抗诉。至于检察院在实践中如何实行法律监督的问题,则"难以作出具体规定,需要在今后的实践中进一步研究和探索。②"即仅仅规定检察机关有权抗诉审判机关,至于如何抗诉、抗诉程序、机制等构造问题只能通过后续检察院法院两家的司法解释进行细化。抗诉方式的初步规定在1990年《"两高"关于开展民事、经济、行政诉讼法律监督试点工作的通知》得以延续。具体抗诉构造是在1990年《最高人民检察院关于执行行政诉讼法第六十四条的暂行规定》的通知中确立的,即地方各级检察院对同级法院已经生效行政裁判,发现违法,应当建议上级检察院按照审判监督程序提出抗诉。至于当时为何没有规定检察院对同级法院直接提出抗诉,有论者认为上级抗诉机制源于对刑事诉讼机制的简单参

---

① 关于机制、体制、制度各自含义及其关系阐释可参见孙绵涛、康翠萍《社会机制论》,《南阳师范学院学报》(社会科学版) 2007年第10期;孙绵涛《体制论》,《南阳师范学院学报》(社会科学版) 2009年第2期。

② 王汉斌:《关于〈行政诉讼法(草案)〉的说明》1989年3月28日在第七届全国人民代表大会第二次会议,http://www.npc.gov.cn/wxzl/gongbao/1989-03/28/content_1481184.htm,2021年8月23日检索。

照与模仿。① 针对检察院抗诉是否再审及如何再审问题，势必涉及法院的应对。这在1991年《最高人民法院关于人民检察院对行政诉讼进行法律监督具体程序问题的复函》中得以确定，对检察院行政抗诉案件，法院应当再审，再审开庭时，应当通知检察院派员出席法庭，并将裁判结果告诉提出抗诉的人民检察院。在1991年《最高人民检察院关于人民检察院受理民事、行政申诉分工问题的通知》中进一步确定，检察院控告申诉部门对受理的民事、行政申诉，按分级负责原则，分别移送作出裁判的法院的同级检察院民行检察部门审查处理。这个检察解释在整体监督方式构造中确立了关键一环：确定行政申诉案件由检察机关控告申诉部门受理，并由作出生效裁判法院的同级检察院民行部门审查的具体办案分工及运作机制。从而在检察监督机关一方确定了上级检察院抗诉、下级检察院负责具体案件审查的构造。简单而言，这就是行政诉讼检察监督在监督一方的"上抗下查"运作构造。该检察抗诉内部构造在1991年《最高人民检察院关于民事审判监督程序抗诉工作暂行规定》中以"上级院指令下级院协助调查"方式被进一步补充完整。而在被监督一方，依据1989年《行政诉讼法》第六十三条第二款规定"上级人民法院有权提审或指令下级人民法院再审"方式确定。结合1995年《最高人民法院关于上一级人民检察院对基层人民法院已发生法律效力的民事判决、裁定向中级人民法院提出抗诉，中级人民法院可否交基层人民法院再审的复函》中确定中院既可以自己再审，也可以交由原作出生效裁判的基层法院再审。这就在被监督方确定了与监督方"上抗下查"机制相对应的"上受下审"机制。

由此，监督方与被监督方共同造就了行政抗诉监督的运作构造：检察院法院双重四方利害相关者之间的"上抗下审四边形"构造。这样，通常所说的"上抗下审"抗诉监督构造就以检察院法院之间在行政诉讼检察监督初期简陋立法规定的基础上，经过不断地司法解释、规则细化、程序充实、机制构建实践中实现了初步建构。如图 5-1 所示。

---

① 孙加瑞：《新民事诉讼法有关检察制度的若干问题》，《国家检察官学院学报》2014 年第 2 期。

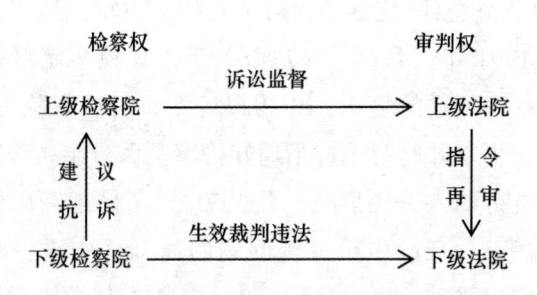

```
          检察权                    审判权
          ↓         诉讼监督         ↓
       上级检察院 ─────────────→ 上级法院
          ↑                         ↑
        建 议                     指 令
        抗 诉                     再 审
          │         生效裁判违法     ↓
       下级检察院 ─────────────→ 下级法院
```

图 5-1　行政抗诉监督构造初步构建图

资料来源：作者对相关文献研读提炼。

隐含于这种四方构造模式中检察院法院之间的相互博弈的权力利害关系还能在相关司法解释及司法解释性文件中被观察到。譬如，最高人民法院在 1995 年《关于人民检察院提出抗诉按照审判监督程序再审维持原裁判的民事、经济、行政案件，人民检察院再次提出抗诉应否受理的批复》中确定上级检察院对下级法院提出抗诉，无论是同级法院再审还是指令下级法院再审，凡作出维持原裁判的判决、裁定后，原提出抗诉的检察院再次提出抗诉的，法院不予受理；原提出抗诉的检察院的上级检察院提出抗诉的，法院应当受理。这实质上确立了一级检察院只享有一次抗诉权规则，无疑限缩了法律规定的检察机关享有的法律监督的权限幅度。

（二）世纪之交监督构造的程序完善

随着最高人民检察院民行部门主要领导人事调整，检察机关在行政诉讼检察监督理念上由之前的着重"单纯纠错"式监督向"维护司法公正和维护司法权威"转变。因而，更加注重自身检察监督的程序性规范及其充实。体现在行政诉讼抗诉方式构造的主要司法解释是 2001 年《人民检察院民事行政抗诉案件办案规则》。在其立案一章确定行政抗诉案件的立案由有抗诉权或有提请抗诉权的检察院负责。再次明确上级院办理行政抗诉案件，可指令下级院协助调查。首次确定行政抗诉不当应当由检察长或检察委员会决定撤回机制，以及上级院撤销下级院不当行政抗诉机制，从而补充加强了行政抗诉不当的内部制约机制。同时，再次规定法院开庭审理抗诉案件，检察院应当派员出席再审法庭。受理抗诉法院指令下级法院再审的，抗诉检察院可以指令再审法院的同级检察院派员出席再审法庭。在司法实践中完善了审判机关指令下级法院再审时，检察机关派员出席庭审人员的对等性。这样原先的单循环抗诉构造模式就得以相对完善。如图5-2所示。

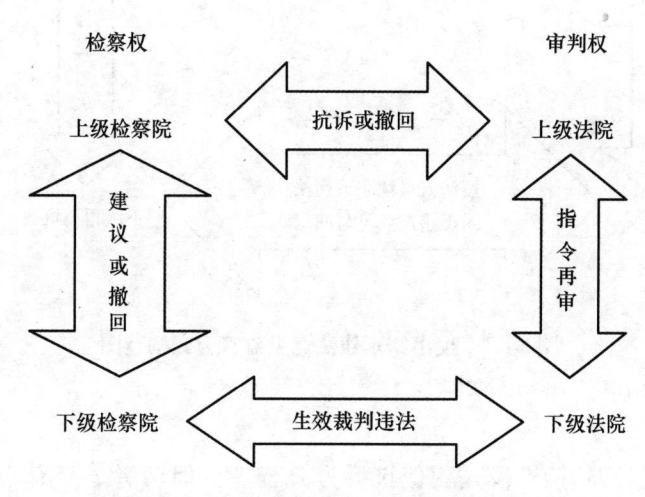

图5-2 行政抗诉监督构造初步完善图

资料来源：作者对文献提炼。

值得指出的是，基于原有行政抗诉构造在时间周期上的烦琐与过长弊端，在检察院法院之间协商基础上，突破原先构造模式创造性地确立了检察监督机关对同级法院的生效裁判的"再审检察建议"机制。并对实践中无法通过再审救济的确有错误的生效裁判以及再审庭审中存在的违法情形确定了检察建议机制，弥补了实践中原有构造在适用时的漏洞与不足。

（三）2010年代以来检察院法院联合协作及构建监督构造

在2010年《"两高三部"对司法人员诉讼渎职加强法律监督规定》（试行）中针对司法人员诉讼渎职这一特定违法行为加强了检察机关的监督职能规定。在之前行政抗诉方式构造基础上，确立"提出纠正违法意见"和"更换办案人建议"新的监督方式，并构建了提出纠正违法意见监督方式的构造模式。如图5-3所示。

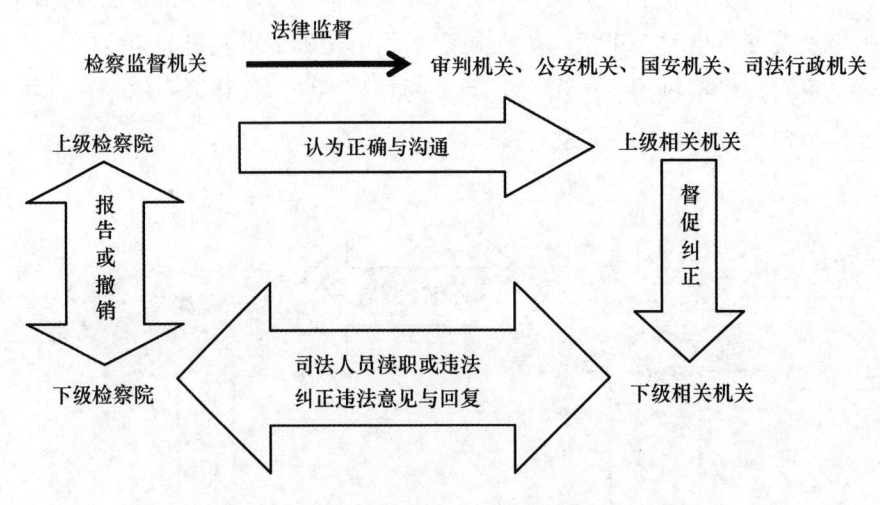

图5-3 提出纠正违法意见监督方式构造图

资料来源：作者对文献提炼。

该监督方式构造模式貌似抗诉方式构造，但两者还是有不同之处：抗诉构造中核心骨架是"上抗下审"，而纠正意见方式构造则是检察监督机关上下级一体针对被监督机关的渎职违法的督促纠正。因而在图示右边被监督机关只是上对下的督促而无下对上的反馈机制。

随之2010年《最高人民检察院加强和改进民行检察的决定》确立了新时期行政诉讼检察监督的重心，即灵活运用抗诉和检察建议两种监督手段，把纠正错误裁判与纠正违法行为有机结合起来，既要依法提出抗诉，又要通过发出纠正违法通知书、更换办案人建议书，及时监督纠正法院和法官在诉讼中的违法行为。

2011年两高联合制定《关于对民行实行法律监督的若干意见》（试行）进一步完善细化了再审检察建议程序构造。尤其是针对原来只有检察机关对审判机关的单向检察建议监督构造而没有针对检察机关违法或违反检察纪律的外部监督机制，因而创建了法院对检察机关违法或违纪的法院建议监督机制，可称之为"反监督建议机制"。检察院法院之间由原先的"检→法"单向建议监督转化为"检→法"+"法→检"

双向建议监督构造,且在检察院法院相互建议监督的时限方面作出明确限定,体现了监督程序法治理念。就此而言,是对原有的建议监督构造的有益补充。如图5-4所示。

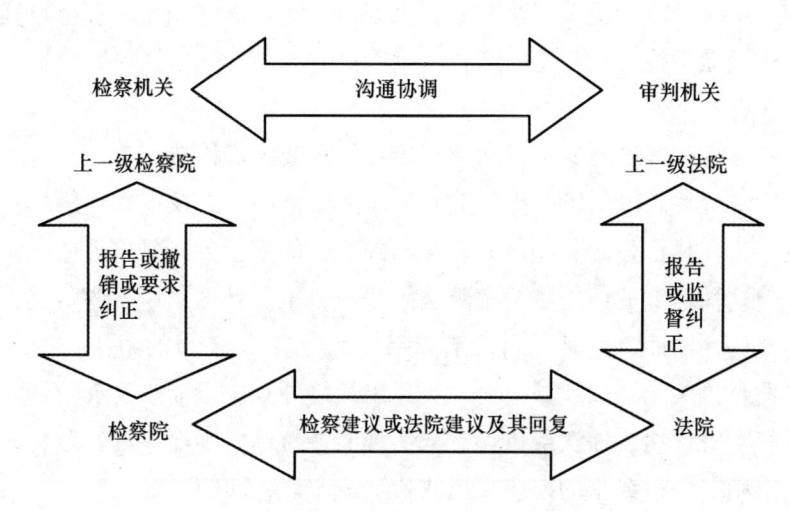

图5-4 检察院法院双向建议监督构造图

资料来源:作者对文献提炼。

新行政诉讼法实施不久,检察机关于2016年及时制定《人民检察院行政诉讼监督规则》(试行)对原有监督方式机制程序作进一步完善,监督构造趋于规范与合理。体现在:其一,明确检察机关主要通过"抗诉、检察建议"方式对行政诉讼实行法律监督;其二,确定受理监督申请人对生效裁判、调解书提出监督申请的受理部门为同级检察院控告部门,以及对审判程序中审判人员或执行程序违法的受理部门为同级检察院控告部门,遵行"同级为主、上级补充"的构造理念;① 其三,进一步细化检察机关对同级法院提起再审检察建议的具体情形,对诸如已经原审法院审委会讨论的案件或本身既为再审裁判等明显不适宜由原审法院再审以纠正违法或错误的应当通过提请抗诉方式予以监督。这种适用限定体现了原有抗诉构造上的优化及其正当性。这种监督方式构造

---

① 徐日丹:《〈人民检察院行政诉讼监督规则(试行)〉发布——最高人民检察院民行厅有关负责人详解〈规则〉五大亮点》,《检察日报》2016年5月25日第1版。

上的沿革同样也体现在《最高人民法院关于适用〈行政诉讼法〉的解释》(2017年)中。譬如，针对检察抗诉后有抗诉申请人撤回抗诉申请或当事人之间达成和解，且不损害公益和第三者合法权益的情况下，出于节约司法资源、提升司法效率及减轻当事人讼累考虑，法院也可建议检察机关撤回抗诉或裁定终结再审机制。

三 行政诉讼检察监督构造评析：叠床架屋式构造

检察机关对审判机关生效裁判的违法或错误，以及审判程序中审判人员违法和执行程序的违法进行复核式监督的主要方式是抗诉或检察建议。但这种监督的前提是检察院法院职权分工、各司其职、各负其责的权力架构，因而，这种监督权着重针对诉讼中公权力的违法或错误进行，监督机关无法取代被监督机关作出最终处置，只能以发现、调查核实、警示督促纠正违法或错误方式实现监督目标。因而体现在监督方式构造上则是一种典型的叠床架屋式构造模式。

换言之，检察机关针对违法或错误向被监督机关提出检察建议或抗诉，被监督机关予以回复或再审。由于客观上针对被监督机关的公职人员的监督主要由纪检监察机关（改革后的监察委）承担。另一方面，由于被监督案件本质上涉及当事人之间利害关系，因而，即便检察机关监督时基于客观主义而不偏袒任何一方，但抗诉监督构造中作为抗诉机关和被抗诉机关，都不愿直接面对申诉人及其他当事人的缠诉甚至信访之困扰，因而在动力上更加愿意指令下级检察机关负责调查、核实、出席再审庭审，以及上级审判机关惯于指令下级法院再审。

原本期望通过更高层级机关沟通协调介入解决诉讼中违法或错误的构造，在实践中就容易演变成检察院法院双重由下而上和由上而下的程序空转。并且这种监督机关与被监督机关的内部一上一下的程序运转，势必增加当事人的讼累与司法资源的低效运作，徒增更多的诉讼法律文书上上下下。因而，这种叠床架屋式监督方式构造就成了学界与实务部门一直以来的诟病所在。

此种侧重于司法审判及其裁判结果的违法与错误的"业务监督"被嵌入至审判权与检察权明确分工而非共享的权力架构当中，导致监督的复核性质及其程序性督促纠错之实质。加之检察院法院各自在行政诉讼检察监督场域实际位置所决定的利害关系，这就形成了实践操作中的动力与阻力，两种力量相互作用建构了原本希望通过借助上级机关权威促进检察院法院之间分歧化解的目标容易落空，反而易于引致检察院法院分歧重回到其产生的检察院法院机关之间。此乃沿革至今的行政诉讼检察监督构造模式之根本难题所在。当然要全面评析检察监督路径的实际还需要从实证角度予以进一步地考察与探究，由此，从司法实践中精选个案裁判案例对该监督构造的实际运作及其成效进行研究乃下一节的主题。

第二节 行政诉讼检察监督构造个案实证评析

一 概说

"案例稀少，纪实性文献匮乏"可谓行政诉讼检察监督构造案例实证研究的真实写照。由于司法实践中行政诉讼检察监督案例数量稀少，加上检察机关与审判机关在行政诉讼监督问题的利害关系影响，都无动力与意愿将自家在检察院法院监督博弈中的实情公之于众，纪实性的相关案例文献难得一见。甚至在最高人民检察院官方网站权威公布信息栏目中，检索见到的"抗诉书"都是"刑事抗诉书"，连一篇完整的行政抗诉书都无法在最高层级检察机关官方网站查询得到。

全面记载检察机关对行政诉讼抗诉监督内容的行政抗诉书未能公开，不仅反映检务公开、检察监督信息公开制度建设尚有较大空间，而且给行政诉讼检察监督案例实证研究带来直接的消极影响。这可以说是检察实务部门一方面不断强调强化行政诉讼监督而另一方面却又漠视制度具体建构之间的悖论。这也许就是大部分相关研究文献倾向于原理论证或制度构建等抽象进路而难以看到纪实性、具体的案例研讨的主要原因。[①] 由此从具体个案对行政诉讼检察监督构造进行生动全面细致的描

---

① 蔡定剑主编的《监督与司法公正》一书中有少量相关案件记载，参见蔡定剑主编《监督与司法公正——研究与案例报告》，法律出版社 2005 年版，第 583—669 页。

述及解析，提炼、揭示其中隐含的一般性规律亟须学界直面的现实，也是对此领域进行研讨的必经方向。

因而该部分的讨论当属颇具挑战性的一种尝试，尽管结论或许难以与通说相符，但这种探讨的方向与进路却是必要的。从中可能透视与揭示一直以来行政诉讼检察监督制度所赋予的宪法层面、权力规制、法治建设等重大价值观念期望过大过高，也可廓清具体生动且利益相关的个案中检察机关与审判机关及行政机关在行政诉讼检察监督场域中的角色定位、行动取向与策略运用。进而才得以充分解说政治理念和法教义学上将法律监督职能定位为"保障法律统一正确实施"的片面与局限性。至少在检察机关对行政诉讼实行法律监督的场域中，距离实现"保障行政诉讼法律统一正确实施"的目标还有很长的路要走。

二　案例选取考量与分析着眼点

（一）样本案例选取

选取基础案例源于两个途径，一个是中国裁判文书网公布的行政抗诉案例，在中国裁判文书网中运用"行政抗诉"字段检索得到的样本裁判书，由于详细浏览时发现其中掺杂大量的非行政抗诉案件裁判书。因此，无法以该官方网站中所公布所有裁判书作为研究样本。另一个是最高人民检察院民事行政检察厅编著的《人民检察院民事行政抗诉案例选》系列中记的相关案例。该案例选集自1999年开始初版至2017年已出版24集，其中每集含有行政抗诉成功案例3—6个。由于后者大多为检察机关在实践中行政抗诉的成功案例，因而在具体研读时，侧重对其中检察院法院之间在证据采信、事实认定、法律释义及审判程序方面存在不同看法的分歧焦点进行研读，并对法院作出的裁判结论中涉及对检察机关提出的质疑与抗诉意见的回应进行分析及提炼。

由于无法查阅到检察机关公布的行政抗诉书详情，只能从中国裁判文书网的诉讼法律文书中摘录的行政抗诉意见和《人民检察院民事行政抗诉案例选》中相关文献予以推论。① 选择个案讨论的标准主要有代表性、案情翔实、诉讼程序完整、裁判文书完备等方面考虑。这样经选取的案例基本能反映行政抗诉监督在结构上的运作全貌，并得以进行比较全面的剖析与讨论。

在选取具体案件类型上考虑检察机关对行政诉讼实行法律监督的法律规定可分为立案受理类、事实证据类、法律适用类、审判程序类、审判人员渎职类及执行程序类等。鉴于重点在于讨论行政抗诉监督构造，选择分析样本案例时，则以事实证据类、法律适用类及审判程序类三种类型分别选取个案进行分析。

（二）案例评析切入视角

在此基础上，结合行政诉讼检察监督抗诉及其诉讼构造，确定分析着眼点在于以下三个方向。一是抗诉检察机关及再审审判机关的情况。通过了解与统计行政抗诉案件中提起行政诉讼的检察院的级别，可以分析行政抗诉构造中监督机关一方整体结构和相应再审审判机关的整体结构，进而归纳对行政抗诉实践操作中监督与被监督双方在层级上的结构特点。二是行政抗诉再审审结期限的情况，通过对行政抗诉再审审结期限的了解及其统计，可分析大体行政抗诉案件的办理周期，从而相对直观判断行政抗诉现行构造的实践运作成效。三是法院对行政抗诉意见的回应。在行政抗诉再审案件中，检察机关提起抗诉的意见通常在审判机关再审时被视作为审判的重点对象与审判焦点。通过审判机关对检察监督意见的说理、释义及回应，可评析检察院法院之间在抗诉叠床架屋式构造中的态度、行动取向及策略。

三 个案简介及初步评析

（一）事实证据类

个案一：李某诉武汉市人民政府劳动教养管理委员会不服劳动教养

---

① 在公开网站上检索到一篇完整的"行政抗诉书"。详情可见：内蒙古自治区人民检察院内检行抗（2013）2号行政抗诉书。http://blog.sina.com.cn/s/blog_48eae8ae0102w8et.html，2018年2月2日检索。

决定行政抗诉案（简称"笔迹重新鉴定案"）

1. 案情简介

1999年7月16日，武汉市江汉区宋某放在抽屉里的银行活期存折被盗，并被人于当日和次日，先后在两处储蓄所分3次以宋某名义填写活期储蓄取款凭条，取得现金380元、390元、800元，共计1570元。宋向公安机关报案后，同年10月25日李某被武汉市公安局江汉区分局调查期间，该局将涉案3张银行活期储蓄取款凭条及李某接受调查时在其中两张活期储蓄取款凭条上书写的字迹送鉴定部门进行文字检验。武汉市公安局的科学技术鉴定书结论为：送检3张活期储蓄取款凭条字迹系李某所写。1999年11月16日，武汉市人民政府劳动教养管理委员会（以下简称武汉劳教委员会）根据相关规定，决定对李某劳动教养1年6个月。

李某对决定不服，提出行政复议。2000年1月19日，武汉劳教委员会作出武政复决字（2000）第1号维持复议决定。李某对复议决定仍不服，向江汉区法院起诉。江汉区法院于2000年5月30日作出（2000）汉行初字第6号行政判决：维持武汉劳教管理委员会对李某劳动教养1年6个月的决定。

李某不服，于2001年6月5日向江汉区检察院申诉。江汉区检察院在审查期间，针对该案事实上存在的疑点，委托武汉市人民检察院、武汉市公安局、武汉市中级人民法院3机关专业技术部门对3张活期储蓄取款凭条及案发时李某的亲笔字迹材料联合进行笔迹鉴定。鉴定结论为：送检的3张活期储蓄取款凭条上填写的字迹并非李某亲笔书写。

江汉区检察院于2001年8月10日提请武汉市检察院抗诉。武汉市检察院于2001年8月28日以武检民行抗（2001）第61号行政抗诉书向武汉市中院提出抗诉，理由是原审判决认定"市劳教委员会对李某作出的劳动教养决定主要证据充分"的证据不足，判决不当。

武汉市中院受理抗诉后，指令江汉区法院再审。再审法院基于重新作出的字迹鉴定结论确定原审判决不当,武汉市检察院的抗诉理由成立,撤销原判及原被诉劳动教养决定。[1]

2. 初步评论

诉讼进程环节及其时间点:1999 年 7 月 16 日案发—1999 年 10 月 25 日公安机关调查—1999 年 11 月 16 日作出劳动教养决定—2000 年 1 月 19 日作出武政复决字(2000)第 1 号维持复议决定—江汉区法院于 2000 年 5 月 30 日作出一审行政判决—江汉区检察院 2001 年 8 月 10 日提请武汉市检察院抗诉—2001 年 8 月 28 日武汉市检察院决定抗诉—2001 年 9 月武汉市中院受理抗诉—指令江汉区法院再审—2001 年 10 月再审裁判作出。

本案是典型的就行政诉讼被诉具体行政行为的事实证据是否正确由检察机关受理申诉后启动复核性调查程序,经重新鉴定得出与原审及原行政行为完全相反的结论。受理申诉检察院向上级检察院提请抗诉,上级检察院向同级法院提出抗诉,接受抗诉法院指令下级法院再审改判的成功案例。

从上述各时间节点可见:时间节点繁多,检察院法院双重四方上下联动构造明显。监督构造具体体现在如下程序运作当中:当事人申请监督后,由检察系统内部自下而上进行一体化运作:下级检察院的立案→调查→检察委员会讨论决定提请抗诉→提请上级检察院抗诉→上级检察院审核决定抗诉→正式向同级法院提出行政抗诉。之后进入法院系统自上而下的运作过程:接受行政抗诉的法院经过受理审查[2]→"裁定中止原裁判执行+指令下级法院再审"→下级法院启动再审程序→另行组成合议庭→组织再审开庭审理→抗诉检察院指派下级检察院派员出席再审开庭→再审法院作出再审裁判。因而,此案例整个行政抗诉运作主体、程序、机制、结构等全面展示了行政抗诉监督构造的模式:"上抗

---

[1] 最高人民检察院民事行政检察厅编:《人民检察院民事行政抗诉案例选》第 11 集,法律出版社 2007 年版,第 283—289 页。

[2] 尚未检索到有法律及法律性文件对此节点期限做出明确规定,此环节属检察院法院监督关系中的直接应对的微妙节点。

下审四边形"构造模式。

另外，从抗诉监督构造完结周期而言，本案仅仅涉及被诉具体行政行为作出的主要事实证据，属案情相对简单明确案件。但就这种简易案件的运作周期来看，将近两年的办结时间与高效便捷的审判监督价值尚有差距。

（二）程序违法类

个案二：张某诉依兰县公安局不服行政拘留和罚没款行政纠纷抗诉案（简称"移送管辖裁定错误案"）

1. 案情简介

张某经考试合格，被黑龙江省司法厅授予基层法律服务工作资格。2002年7月1日、12日依兰县公安局以其冒充律师代理诉讼为由，分别作出第20号、第22号行政处罚决定，分别给予张某行政拘留15日和罚款5000元、没收非法所得11000元处罚决定。2002年7月12日张某起诉至哈尔滨市道外区法院，要求撤销依兰县公安局对其作出的行政处罚决定，返还扣押款。道外区法院审理后认为，该案被告行为不属于人身限制自由的行政强制措施，根据行政诉讼法第17条、最高人民法院《若干解释》第63条第6款规定，裁定移送依兰县法院审理。

张某不服移送管辖裁定向检察机关提起申诉，道外区检察院经审查后向哈尔滨市检察院提请抗诉，哈尔滨市检察院提出抗诉，认为依兰县法院裁定适用法律错误。抗诉机关认为依行政诉讼法第18条规定和2000年最高人民法院《若干解释》第9条进一步规定，对限制人身自由强调措施不服提起行政诉讼，由被告所在地或原告所在地法院共同管辖。

哈尔滨中院受理抗诉后，裁定指令道外区法院再审。再审法院认定并作出再审裁判：撤销公安机关对张某作出的20号、22号两个行政处罚决定，并返回扣押款。

本案中检察院法院分歧焦点在于该案件能否适用《行政诉讼法》

第 18 条规定的特定行政活动（限制人身自由强调措施）所确定的共同管辖规则。法院认为行政拘留不属于限制人身自由强制措施而不能适用，检察机关则认为行政拘留当属于广义的行政强制措施范围可以适用。争议实质是《行政诉讼法》第 18 条规定的限制人身自由强制措施是否包括行政拘留。检察抗诉机关以学界通说[①]以及该条款之立法本意侧重考虑便利保护相对人合法权益取向作广义理解的学理和适用解释依据，并以《若干解释》第 9 条进一步佐证广义理解的合理性。[②] 行政抗诉后再审结果是再审法院采纳检察院抗诉意见，在原审法院进行再审并作出撤销原被诉行政处罚行为的裁判。

2. 初步评论

本案涉及的主要是行政诉讼受理环节法院确定案件管辖程序的检察监督问题。尽管其中必然涉及法律适用，但这里仍然从狭义角度界定诉讼管辖本身当属诉讼程序问题。在行政诉讼检察监督抗诉的构造方面与"笔迹重新鉴定案"一案基本相似。同样是当事人不服法院裁判后转向检察机关求助，启动检察监督救济程序。历经检察院法院双重四方上下联动构造运作机制之后，再审法院作出撤销原审裁定及原被诉行政处罚决定的裁判，结果都是检察监督机关抗诉意见被再审法院采纳，行政抗诉成功。

上述两个检察成功抗诉案例抗诉针对的都是一审生效裁判，因而没有历经二审或者法院依职权启动再审程序，因而在整个案件的办结周期上相对较短。两个案例涉及的事实证据鉴定错误和裁定移送管辖不当明显，检察监督抗诉后，法院及被告行政机关也没有太多抵制与压力。从该两个案中可得出：检察行政抗诉成功的关键在于行政诉讼事实证据、诉讼程序的明显错误能被当事人及时察觉及启动检察监督程序。这也实证行政诉讼中审判机关及其审判人员由于主客观原因也会出现过错与违法。由此可见，行政诉讼检察监督在社会需求层面与社会实用价值层面

[①] 姜明安主编：《行政法与行政诉讼法》，北京大学出版社 1999 年版，第 235 页。
[②] 最高人民检察院民事行政检察厅编：《人民检察院民事行政抗诉案例选》第 8 集，法律出版社 2005 年版，第 297—305 页。

有其一定的救济实效性与正当性。然而,下列个案则从另外层面反映了行政诉讼检察监督构造方面的内在局限及其导致的监督职能和救济功能的不足。

(三) 法律适用类

个案三:戴某与上海市奉贤区南桥镇人民政府(以下简称"南桥镇政府")要求履行法定职责案(以下简称"南桥政府不履行上报审核案")

1. 案情简介

戴某于2010年7月28日向上海市奉贤区南桥镇南渡村村民委员会(以下简称"南渡村村委会")提出农村村民建房用地申请,南桥镇政府称收到南渡村村委会报送的建房申请后经过审核,认为申请人户不符合建房用地条件,遂作出不予上报区政府的书面回复。戴某不服该回复向奉贤区法院起诉,后该回复被(2011)奉行初字第29号行政判决撤销。但戴某继续要求南桥镇政府履行将其建房申请材料上报职责时,遭到拒绝后起诉至上海市奉贤区法院。奉贤区法院一审认为南桥镇政府在审理中确认没有收到过戴某要求履行法定职责的申请及材料,戴某在向本院提起诉讼时提交的材料亦不足以证明明确提出过与本案诉讼请求一致的要求南桥镇政府履行法定职责的申请,依法裁定驳回戴某的起诉。

戴某不服,向上海市第一中级人民法院提出上诉。上海市第一中级人民法院二审认为,根据相关规定,下级行政机关向上级行政机关报送审核材料,是行政机关之间内部运作程序,不是最终行政行为,对行政管理相对人的权利义务不产生实际影响。依2000年最高人民法院《若干解释》第一条第二款第(六)项规定,对公民、法人或者其他组织权利义务不产生实际影响的行为,不属于人民法院行政诉讼的受案范围。裁定驳回起诉。

戴某不服上海市第一中级人民法院驳回起诉行政裁定,向检察机关申请监督。上海市检察院于2015年9月25日向本院提出抗诉。本院于2015年12月31日裁定提审本案。

上海市检察院抗诉认为：根据相关规定，南桥镇政府与奉贤区政府之间是两级政府之间审核与审批的关系。镇政府审核后不予上报的必然结果就是戴某不能建房，因而是否上报与当事人有直接的利害关系。因此二审法院变更一审裁定没有提出履职申请不符合受理条件的理由，改为认定南桥镇政府的行为对戴某权利义务不产生实际影响，其诉请不属于行政诉讼受案范围，裁定驳回戴某的起诉，属适用法律错误。

戴某申诉称，由于南桥镇政府接到南渡村村委会报送的戴某建房申请材料后作出了不予上报的书面回复已被（2011）奉行初字第29号行政判决撤销，被申请人应当根据相关规定将建房申请上报区政府进行审批。这是被申请人应当依职权主动履行的行政职责，无须再审申请人另行提出履职申请。现被申请人拒绝履行上报职责的行为，导致了再审申请人事实上无法通过正常的申请手续建造住房，对再审申请人的实体权益造成了影响。故一审法院裁定驳回起诉，二审法院裁定维持均错误。

被申请人南桥镇政府辩称，其收到南渡村村委会报送的建房申请后经过审核，认为再审申请人户不符合建房用地条件，遂作出不予上报区政府的书面回复。虽然该回复被法院判决撤销，但其早在判决撤销前就已将全部申请材料退还南渡村村委会，再审申请人户如要申请建房，应当再次提出申请，但再审申请人至今未提出新的申请。原审法院裁定驳回再审申请人的起诉正确，应予维持。

经再审查明，再审法院认为，根据相关规定，农村村民建房用地审批决定权属于区（县）人民政府，镇（乡）人民政府根据上述规定得出审核意见后，应将审核意见连同申请材料一并报送区（县）人民政府审批。南桥镇政府不予上报的行为，中断了戴某的建房申请程序，对戴某的权利义务产生了实际影响。《最高人民法院关于审理行政许可案件若干问题的规定》第四条明确规定，"行政许可依法须经下级行政机关或者管理公共事务的组织初步审查并上报，当事人对不予初步审查或者不予上报不服提起诉讼的，以下级行政机关或者管理公共事务的组织为被告"。结合该规定，戴某对南桥镇政府不予上报申请材料不服，向原一审法院提出的要求南桥镇政府履行向奉贤区政府报送建房申请材料的法定职责的行政诉讼，应当属于行政诉讼受案范围，并以南桥镇政府为被告。二审法院认为下级行政机关向上级行政机关报送审核材料，是行政机关之间内部运作程序，不是最终行政行为，不属于人民法院行政诉讼的受案范围，属适用法律错误。再审结果：原一、二审裁定适用法律错误，予以撤销，指令原一审法院再审。①

2. 初步评论

本案涉及行政诉讼被诉具体行政行为内部体制运作与当事人利害关系认定的复杂关联实践问题，即特定行政管理决定作出须经过行政体系内部层级之间的申报、审核与审批的法律关系的性质及其法律后果承担问题。该案从案发起因2010年7月28日当事人提交建房用地申请材料起直到2016年4月5日检察抗诉再审审结止，办结周期显然过长。再看检察机关行政抗诉程序及再审进程看，上海市人民检察院于2015年9月25日提出抗诉，上海市人民法院于2015年12月31日裁定提审本案，再审法院于2016年2月29日公开开庭审理了本案，并于2016年4月5日作出再审裁判。仅是法院受理抗诉审查期限长达3月有余。更需提及的是抗诉再审作出裁定撤销一、二审驳回起诉裁定，裁定原一审法院再审。检察监督介入后抗诉再审得来的仍然是回到原一审法院重新再审！这种历经几年诉讼程序之后仍然在程序之中寻求救济的监督模式既实证了当下行政诉讼在实质性解决纠纷功能上的弱化与虚置，也凸显检察监督行政诉讼的局限性，其无法实质性、便捷地解决当事人之间的行政纠纷。②

个案四：刘某与新疆维吾尔自治区米泉市劳动人事社会保障局工伤

---

① https：//wenshu.court.gov.cn/website/wenshu/181107ANFZ0BXSK4/index.html，2021年8月24日检索。

② 类似情形可参见"孙某因与锡林浩特市住房和城乡建设局撤销（2011）第61号房屋拆迁行政裁决书一案"。http：//blog.sina.com.cn/s/blog_48eae8ae0102w8et.html，2018年2月2日检索。

认定纠纷再审案［（2011）行提字第15号］（以下简称"刘某不服工伤认定纠纷案"）

1. 案情简介

  2001年1月7日，米泉市铁厂沟镇三矿副矿长刘某得知该矿井存在安全问题，将会给煤矿生产安全带来隐患且炮工无法下井生产，工人按规定将被单位处罚。2001年1月8日晚10时左右，刘某与炮工余某一起在工人周某的宿舍内，将瞬发电雷管改制成延期电雷管时雷管爆炸，刘某的左手拇指、食指、中指被炸掉，无名指受伤。事发后，2001年4月9日，刘某向米泉市劳动局申请工伤认定。2001年4月25日，米泉市劳动局作出不予认定工伤决定（第1次不予认定工伤决定）。刘某申请昌吉回族自治州劳动人事局复议，州劳动人事局维持了米泉市劳动局不予认定工伤决定。刘某向米泉市人民法院提起行政诉讼。

  米泉市人民法院经审理判决撤销了米泉市劳动局2001年4月25日作出的不予认定工伤决定。（一审判决第1次撤销不予工伤认定）2001年10月20日，米泉市劳动局重新作出米劳人职安字（2001）第1号工伤认定通知书，不予认定工伤。（第2次不予工伤认定）刘某又向米泉市人民法院提起行政诉讼，米泉市人民法院再次判决撤销了米泉市劳动局米劳人职安字（2001）第1号工伤认定通知书。（一审判决第2次撤销不予工伤认定）

  2002年7月3日，米泉市劳动局第三次作出第24号《决定》，不予认定工伤（第3次不予认定工伤）。理由是刘某行为属于私人性质，且属于违法行为，不仅不符合应当确定工伤范围，而且属于应当排除工伤认定的范围。刘某不服再次向米泉市人民法院起诉。

  米泉市人民法院作出（2002）米行初字第9号行政判决，撤销米泉市劳动局米劳人字第24号《决定》。（一审判决第3次撤销不予工伤认定）

  米泉市劳动局终于不服，提出上诉。昌吉回族自治州中级人民法院作出（2002）昌中行终字第32号行政判决，撤销米泉市人民法院（2002）米行初字第9号行政判决，维持米泉市劳动局第24号《决定》。（二审判决维持第3次不予工伤认定，撤销米泉市法院第3次撤销不予工伤认定决定判决）

刘某不服（2002）昌中行终字第32号行政判决，向昌吉回族自治州中级人民法院申请再审，昌吉自治州中级人民法院以（2003）昌中行监字第5号驳回再审通知书驳回了刘某的再审申请。（申请原二审法院再审被驳回）

刘某又向新疆维吾尔自治区高级人民法院申请再审，该院以（2005）新行监字第4号行政裁定书裁定中止原判决的执行，对本案提审。（向高院继续申请再审，高院提审再审）新疆维吾尔自治区高级人民法院对本案再审后作出（2006）新行再字第2号行政判决，维持昌吉回族自治州中级人民法院（2002）昌中行终字第32号行政判决。（高院提审再审维持原二审判决，即第3次不予工伤认定）

刘某仍不服，向检察机关提出申诉，新疆维吾尔自治区人民检察院立案审查后提请最高人民检察院抗诉。（新疆检察院提请最高人民检察院抗诉）最高人民检察院根据《行政诉讼法》第六十四条规定，并向最高人民法院提出抗诉。最高人民法院裁定提审并依法组成合议庭审理了本案，现已审理终结。（最高人民法院提审再审）

最高人民检察院抗诉认为：新疆高院行政再审判决认定"米泉市劳动局认定刘某不属工伤的理由充分，适用法律法规正确"认定的基本事实缺乏证据证明。虽然刘某改制慢发雷管有避免工人因工作失误受到处罚的因素，但从根本上说是是从事于企业有利的行为。即使不在工作的时间和区域，只要刘某的行为不构成违法、犯罪或蓄意违章，则应对其认定为工伤，享受相应的待遇。根据相关规定刘某的行为不应定性为非法制造爆炸物品，其行为就不构成违法或犯罪。据此，米泉市劳动局第24号《决定》适用法律错误。而且本案二审判决已认定刘某改造电雷管行为，不属非法制造爆炸物品行为，也就对米泉市劳动局第24号《决定》中不认定刘某工伤的理由予以否定，依法应当判决予以撤销。新疆高院再审行政判决认定事实与适用法律均有错误。

最高院认为：刘某作为米泉市铁厂沟镇第三煤矿副矿长，其基于煤矿正常生产的需要而与其他炮工一起在工人宿舍内将瞬发电雷管改制成延期电雷管，并因雷管爆炸而受伤。尽管其中不能排除具有避免工人因工作失误遭受处罚的因素，但该行为显然与本单位工作需要和利益具有直接关系，符合《企业职工工伤保险试行办法》第八条第（一）项规定的情形。另一方面，公安部《关于对将瞬发电雷管改制为延期电雷管的行为如何定性的意见》认为，在没有任何防护的条件下将瞬发电雷管改制为延期电雷管，属于严重违反国家有关安全规定和民爆器材产品质量技术性能规定的行为，不应定性为非法制造爆炸物品的行为。参照上述规定，刘某将瞬发电雷管改制成延期电雷管的行为，不属于《企业职工工伤保险试行办法》第九条第（一）项规定的"犯罪或违法"情形。换言之，即刘某行为可被视作为认定工伤范围，且不属于排除工伤认定的范围。

原米泉市劳动局作出第24号《决定》的理由和依据，与本案事实和有关规定不符，本院不予支持。新疆高院行政再审判决属于认定事实证据不足，适用法律不当，应予纠正。最高人民检察院抗诉理由成立，本院予以采纳。

判决撤销新疆高院的行政再审判决、撤销新疆维吾尔自治区昌吉回族自治州中院二审行政判决；维持新疆维吾尔自治区米泉市人民法院（2002）米行初字第9号行政判决。[1]

2. 初步评论

其一，选取本案的缘由：一是因为经检索中国裁判文书网中行政抗诉案件发现，其中由最高院直接提审再审而且已经作出判决的情形稀少，多数是最高人民法院裁定中止原审生效裁判执行，指定省级高院再审。[2] 二是本案涉及工伤事故认定，此类案件随着社会保障范围扩大及

---

[1] https://wenshu.court.gov.cn/website/wenshu/181107ANFZ0BXSK4/index.html，2021年8月24日检索。

[2] 另外一件详细记载行政抗诉案件的裁判文书是2014年12月29日发布的"梅州市住房和城乡建设局与谢柏元其他审判监督行政裁定书"。

标准的提升，逐渐成为行政纠纷中常见多发案件，加之工伤事故认定的利害关系人方面包括受害人、用工单位、工伤认定管理机关多重利害关系，案情复杂、关系多重特点明显。一旦审判机关在审判此类案件时无法公正司法，容易滋生与激化社会不稳定因素。因而检察机关对此类案件的监督介入能在司法实践上相对契合时代特点与政策指引。三是本案判决书表述了该案中诉讼及诉讼检察监督事实全貌与诉讼完结的整体性，这就为全面客观评析提供了基础。

其二，案件进展节点梳理：纵观本案诉讼进程诸环节情况，可简要概括为：一次疑似工伤事故引发的行政系统、审判系统和检察系统在近13年间发生的司法实践运行样态。

本案自2001年1月8日当事人事发至2013年3月21日最高人民法院作出提审再审判决期间包括：当事人历经三次劳动管理机关不予工伤认定决定、一次行政复议、六次行政诉讼、一次检察提请抗诉、一次检察行政抗诉、四级法院审理，时间跨度为2001—2013年整整13年。无论是当事人双方付出的时间成本、经济代价、精神消耗，还是国家司法资源的消耗，都是巨大的。当然，该案件并非最长的行政诉讼案件，经不完全检索统计，当下尚有历经多次审判、超长审判周期的跨世纪行政案件依然处于诉讼机制当中。[①]

其三，行政诉讼检察监督制度的相对合理性及其限度。本案展示的另一个颇具法理意涵的论题是：在法院司法裁判获取正义有限的情境下，检察机关的司法监督尚能发挥一定的司法公正性督促以及助成行政诉讼有效化解行政争议的功能。对尽管量少偶发的司法裁判非正义的情境下，作为增进、保障、督促裁判机关力求司法公正的特有的司法监督部门，如果凭借精益求精的理念与职业操守，对那些正义缺位的问题行政司法裁判，进行精准、不懈的检验、质疑，进而对行政司法裁判机关与法官在裁判中比较明显的违法、错误、不公正的表现加以督促纠正，

---

① 详情可参见中国裁判文书网：（2014）行提字第1号"谢柏元诉广东省梅州市住房和城乡建设局核发房产证行政纠纷案"。关联裁判文书有：（2014）梅中法行终字第45号、（2015）粤高法行申字第316号、（2017）粤14行终24号、（2017）粤1481行赔初1号。

能对司法裁判正义起到补充性、辅助性积极功能。

上述个案涉及事实证据认定、诉讼程序裁定及法律适用在司法实践中检察院法院之间的分歧。最终经检察机关对行政诉讼启动法律监督的提请抗诉、抗诉后由审判机关再审的方式进行纠错，进而达到了成功抗诉监督的目的，也起到了促进依法行政、保护公民权益的效果。该案实证了行政诉讼检察监督在实践中具有一定的实际功效及其制度的正当性。得出此初步结论的同时，也需要进一步认识到无论是监督方式，还是监督构造方面依然存在深层次的潜在缺陷，正是这类潜在不足抑制了制度运作实效的广度及深度，造就了行政诉讼检察监督的局限性。

第三节 行政诉讼检察监督构造优化

本节基于行政诉讼检察监督构造原理，通过类比诉讼制度的构造特点，解析行政诉讼检察监督构造特点及其成因，结合司法实践运作现状，深度评析、总结该构造模式的主要缺陷及其低效、烦琐、虚化之弊，就提升监督实效与优化监督构造进行理论设计。

一 行政诉讼检察监督构造原理论说

行政诉讼检察监督构造是与行政诉讼检察监督方式紧密相关的概念，常被视作行政诉讼检察监督程序、机制的同义语。本书将其指称为检察机关对行政诉讼实行法律监督的运作方式、程序及机制的结构化模式。易言之，检察机关对行政诉讼实行法律监督采取诸多方法、形式及措施时与被监督方发生法律监督关系的程序、机制及结构性特点。相较监督方式而言，监督方式是达成监督目标的手段、方法，而监督构造则是手段、方法运作的具体过程及其表现出来的层级、内外、异质权力之间的复合型结构。由此，本书以行政诉讼检察监督构造用语来表述行政诉讼检察监督方式的实施程序、机制及结构的总称。

概言之，行政诉讼检察监督构造是对监督方式的动态运作的结构性表征，通过监督构造特点、机理的考察、分解、剖析，可更加深入、动态、多视角探究监督方式的实效及其科学性，为优化监督构造缺陷寻找恰当的切入点及方向。

类似于诉讼构造显著特点可以"诉审三角形"模式概括，行政诉讼检察监督构造特点通常被简单描述为"上抗下审"模式。当然这种模式特点主要针对行政诉讼监督方式而言。但是真正理解了该构造机理就能为认识整体行政诉讼检察监督构造打开便捷之路径。因为，在构造机理、隐含的权力关系、运作逻辑等方面再审检察建议与普通检察建议也具有相当的类似性，可以说原理上具有相通性。

正如前文所述，这种"上抗下审"模式内涵丰富，单就外在表征，可以"叠床架屋"特点描述它。具体而言，这套构造模式中既内含检察系统的由下而上的提请抗诉机制及由上而下的指派检察官出席庭审机制，也包括了审判系统由上而下的指令再审机制，还包括了检察院法院之间"提出抗诉→受理抗诉"异质机关的权力监督机制。概言之，行政诉讼检察监督"上抗下审"构造在结构上呈四边形状而与诉讼制度的"诉审三角形"构造有明显区别。因而，本书在借鉴对行政诉讼检察监督构造"上抗下审"通说模式的基础上，对其丰富内涵及外延进一步揭示，将此构造界定为检察院法院双重"上抗下审四边形"模式。

二 行政诉讼检察监督构造局限与困境探源

（一）行政抗诉再审事由审查结构缺省：再审"难"与"滥"并存

一方面，再审事由审查程序缺省，入口案件无法精准筛选，整体行政诉讼检察监督案件多而乱。整体行政诉讼检察监督构造环节中，再审程序机制是重要部分。然而再审程序构造缺省了再审事由审查环节，而以检察长决定权实质推动，成为行政抗诉启动程序中的结构性缺损。张卫平教授基于普通一审、二审事由审查的类比，针对再审程序构造中再审起动事由审查的缺损现象，提出"一阶结构"论予以置疑。[①] 从审判监督程序的法规范结构来看，行政诉讼法对再审的审判程序作出了规定，却没有对再审事由的审查和初步确认的受理、审查及其救济程序作出明确规定，而是由检察院法院在司法解释中简化规定。因而就容易产

---

① 张卫平：《民事再审——基础转换与制度重建》，《中国法学》2003年第1期。

生再审申请"难"与"滥"并存的乱象。检察受理部门单方内部决定是否立案、受理，这种行政化程序受理机制，缺乏相应的透明公正程序保障机关，没有相应救济程序保障，即便符合明确的受理条件，一旦申请人申请遭遇无理拒绝时也无透明公正可信的程序进行救济。① 这会影响制度公信力与社会认同程度。

另一方面，再审事由的公正审查程序缺失无法保障后续审判监督程序精准高效。其主要原因是缺省了权责统一的再审事由的公正审查程序的筛选，没有程序制度的保障，既易于导致无理缠诉，也易于导致违法拒绝受理，还易于被实权部门及力量利用审判监督权提供机会。"审判监督程序为各种权力干预审判权大开方便之门"在此环节尤其明显。② 因此，在行政诉讼抗诉再审程序构造上的启动环节就存在此结构缺损之隐患。无法在入口环节提供相对规范统一、可预期的程序控制，并为后续程序公正创造前提。

（二）检察院法院内外监督衔接程序交错难题与根源

前文已就行政诉讼检察监督的实质权力关系特点概括为"内外、异质、层级、多元监督"特点，是典型的复合型结构制度。其中核心权力关系是检察机关对审判机关的权力监督，并且由于被监督机关内部既有的层级审判监督机制，作为外部的检察监督如何与审判内部监督机制在程序上衔接就成为理论研究重点与焦点。

总体而言，学界与审判实务部门倾向主张将两种监督机制通过程序上切割成先后两个独立顺序并规则化。③ 这种论说可简称为"分割说"，其主要论点是"外部监督只有转化为内部监督才能真正发挥作用"。反之，两种内外监督机制交错并行，既易于导致两套司法程序重复运作而浪费司法资源，造成司法效率低下，也会为当事人利用不同功能同一、程序不同机制人为制造司法判断歧义，还会附带产生司法分裂的负面影

---

① 江必新：《论民事审判监督制度之完善》，《中国法学》2011年第5期。
② 傅郁林：《审级制度的建构原理——从民事程序视角的比较分析》，《中国社会科学》2002年第4期。
③ 江必新：《论民事审判监督制度之完善》，《中国法学》2011年第5期；曹也汝：《略论再审程序的独立价值》，《金陵法律评论》2007年春季卷。

响。因而需要确立"法院纠错先行、检察抗诉断后"的顺位模式，一来可划清检察院法院两种监督纠错机制在功能环节上的分工，避免当事人多头申诉、监督机关重复审查；二来检察机关"断后"查明的违法或错误案件可作为先行纠错法院对被漏掉的生效裁判问题及其相关审判人员进行内部追责的确凿根据。通过问责机制对原审法院及有关人员予以问责，从根本上倒逼提升法院纠错的有效性和法院内部管理制度的完善，从而促进法院自身日常管理和再审质量的提升；三是检察机关强有力的"断后"监督倒逼机制将极大提升原审法院自行纠错的主动性，从而使大多数申请再审案件可在法院环节解决而不必"上提一级"审查抗诉。①

"分割说"在原理上的充分论证和丰富实践经验佐证为其确立为法定规则提供有力论据，在检察院法院新近的行政诉讼检察监督司法解释中这种"法院纠错先行+检察监督断后"构造模式已被正式确立为定制。②

然而有检察人士对此不予认同，并提出强烈置疑。最高人民检察院张步洪检察官从侧面对确立审判纠错先行、检察监督断后程序提出质疑，认为压缩了再审检察建议的存在空间。③ 另有最高人民检察院民行厅孙加瑞检察官直接批驳这种检察院法院监督机制"先后分割"规则是法院得以"把经过再审审理或再审审查的案件全部'甩'给了检察机关，最高人民法院在司改中未能实现的目标，通过2012年《民事诉讼法》第209条第一款变相得以实现，从而轻松地甩掉'包袱'"④。他进一步指出，确立当事人先向法院申请再审后检察监督的前后程序设置

---

① 江必新：《论民事审判监督制度之完善》，《中国法学》2011年第5期；江必新：《完善行政诉讼制度的若干思考》，《中国法学》2013年第1期。
② 2011年《两高关于对民行实行法律监督若干意见》（试行）第4条，2013年《民事诉讼监督规则》第31、32、33条，2016年《行政诉讼监督规则》（试行）第7条中皆有规定。
③ 张步洪：《行政诉讼检察监督新规的一种体系解释》，《人民检察》2014年第24期。
④ 2012年《民事诉讼法》第209条是立法首次确定了当事人先向法院申请再审后得以向检察申诉规则，2013年《人民检察院民事诉讼监督规则》第31条做出细化规定，但是2014年《行政诉讼法》及其司法解释并未做出相似规定，2016年《人民检察院行政诉讼法监督规则》第7条则做出与《民事诉讼监督规则》第31条相似的规定。再次验证检察院、法院在涉及行政诉讼检察监督的关键节点或焦点问题时的利害博弈特征。

实质上是要求检察机关代替法院履行全部再审审查的职责。本来是为了避免重复受理和重复审查，反而"制造"了必然的重复申诉和重复审查。以及此前置程序还带来另一个危险的后果，"法院完全可以搁置案件的再审审查工作"①。

由此，行政诉讼检察监督内外监督机制程序衔接尽管已成定制，但难免将成为日后司法实践中一大难点与焦点问题。进一步而论，假定当事人未履行先行申请再审程序且已超过行政诉讼监督规则确定的时限，向检察机关提起申请抗诉或再审检察建议时，若检察机关已受理并向审判机关提出抗诉时，法院是否接受抗诉，或是法院能否以检察机关制发的司法解释为依据作出不予受理的裁定等实践问题将会引发检察院法院之间新的分歧。

（三）"上抗下审四边形"构造之成因及困境

1. 构造之权力背景

涉及行政诉讼检察监督构造第三个问题，也是核心问题，就是行政诉讼检察监督"上抗下审四边形"构造的成因及产生的实践难题。为何产生此种"叠床架屋式"行政诉讼检察监督构造？这需要从国家权力架构角度切入才易于解说其中缘由。中国千年集权体制传统在其中发挥了根本性作用。高度集中行政化及科层化权力文化渊源从根本意义上而言是我国法律文化之内核，难以更改之"硬核"②。集权体制语境下，上对下监督天经地义。然而审判权与检察权分立权力架构导致检察机关对审判机关实行法律监督遭遇实践难题：上级检察院能否超越权力分立架构直接对下级法院进行抗诉监督？由于国家权力分工负责、各司其职、各负其责体制及其可能导致的条条分割职能配置，使得制定法在规定行政诉讼检察监督程序及机制时对此予以否定回答。

2. 构造成因

"上抗"机制的成因可归结于传统及现制中集权体制中上命下从逻

---

① 孙加瑞：《新民事诉讼法有关检察制度的若干问题》，《国家检察官学院学报》2014年第2期。

② 刘思达：《中国法律的形状》，《中外法学》2014年第4期。

辑及其内在要求。易言之,通过上级机关的进一步审核确定,以理论上更加可靠的决策者作出抗诉决定从而实现纠错目标。其中隐含的骨架是权力层级优先决定规则,这可被视为典型的行政逻辑运用于检察权中的典型表现,也是检察上下一体化结构的必然状态。况且不说上级审核本身的可靠性、精准性如何。单从实践结果而言,将近一半的提起行政抗诉的案件没有被改判或发回重审已实证这种上级检察机关决策模式并非绝对可靠。诚如林钰雄教授就防范滥权观点时所断言,"上说可谓什么都担心,就是不担心上级会滥权,其根本问题在于'见树不见林':上级权力比下级权力来得大,滥权的可能绝不会比较小;权力越集中,滥权的问题越严重,因而也越需要'其他权力'来约束。"[①] 另一方面也证实了上级抗的缺陷所在,实践中大量被启动检察监督的行政案件的具体调查核实活动并非由上级检察院实施,而是由下级检察院具体完成。并且,大量的提起行政抗诉再审案件庭审出庭的工作也由下级检察院完成。因而上抗构造机制的缺陷体现了此规则设计时完全遵从刑事诉讼二审上级抗形式带来的行政抗诉实效中的诸多弊端。

与"上抗"相匹配的构造机制是"下审"机制,指接受检察抗诉的法院基于利害考量通常指令下级法院再审。[②] 接受行政抗诉的审判机关惯于指令下级法院再审,而不愿意自己提审再审。为何?运用前文布迪厄的司法场域理论可以进行解析。行政诉讼当事人诉讼格局在态势上属于超强对抗博弈的诉讼格局,但凡提起行政抗诉的行政案件中的行政争议分歧明显、其中利害关系对立尖锐。检察机关因素介入之后,法院需要权衡的利益不仅仅是原有当事人之间冲突的利益,还有检察机关本身部门利益,以及检察权代表的国家利益和社会公共利益。因而,在利益丛生的对抗性博弈格局中得以运作和回旋余地将会更加狭小,作出的裁判将势必慎之又慎,新的利益元素增加与旧利益元素混同,更加难以斡旋与化解。[③] 如此,接受行政抗诉法院只要有机会就会将矛盾、焦点

[①] 林钰雄:《检察官论》,法律出版社2008年版,第103页。
[②] 刑事诉讼二审再审照理应当由接受抗诉法院再审,但在2012年《刑事诉讼法》第244条确定了"也可以指令原审法院再审"。
[③] 江必新:《审判监督制度的基本理念》,《人民司法》2012年第13期。

与难题指令交给下级法院再审。这就是司法实践中理性使然,"有人的地方就存在利益分配,法官也不能免俗"①。因为法院及法官也是社会"人",而非天然就是正义的化身或是自然正义的使者。

进一步而言,行政诉讼特定化的当事人身份及行政案件本身的特质铸就了行政诉讼当事人超强博弈格局,这对法院和行政法官提出了非常严峻的挑战。行政诉讼当事人双方在性质上有质的区别,原告方为维护公民权益的个体,被告恒定为掌控行政权力组织体,两者之间的社会资源与行动能力势差悬殊。此种势差格局容易造就被告强势与原告弱势,或者是行动意愿及能力超常的公民、法人或其他组织发挥出超强诉讼能量志在与被告抗衡中至少不落下风。多年来市场经济洗礼的中国老百姓已被塑造成超强"个体理性经济人"的人格价值取向②。如何在这种以强势权力资源或是超强行动能量为博弈优胜资本的当事人格局中确保自身中立场成为我国行政法官面临的现实挑战。既要敢于对实权行政机关的强势地位说"不",还须说服原告依法维权不缠讼。就此而论,行政诉讼检察监督构造的"上抗下审四边形"模式是在深厚的中国传统政治思想文化为根基,在现实权力架构以及利害关系的交错作用下的必然体现。但正是这套复杂烦琐的体系构造兼顾了过多的利益相关方及权力、权利关系隐藏于其中,因而在实践中的弊端凸显。

3. 构造困境

"上抗下审四边形"构造模式实践中的困境已在司法个案及数据统计中得到实证,甚至司法监督制度易于异化为当事人获得非法利益的"敲门砖"、消解诉讼规则效力的"销蚀剂"、没有权利保护功能的"空转机"。③ 总体而言,该监督构造陷入了低效、虚置的怪圈。具体来说,在这种"叠床架屋式"审判监督构造下,既不会使当事人遭遇诉讼违法或错案时陷入绝望走向极端,又能使上下级检察官与法官忙碌于人来人往及其诉讼法律文书来往不断的繁忙履职状态。同时还能当突出个案

---

① [美]波斯纳:《法官如何思考》,苏力译,北京大学出版社2009年版,第124页。
② 吴英姿:《论制度认同:危机与重建》,《中国法学》2016年第3期。
③ 江必新:《审判监督制度的基本理念》,《人民司法》2012年第13期。

面临极端危机时，党政决策层能及时有效介入其中多个环节予以调节程序走向。该构造表面上呈现完美理想样态，既符合检察院法院分工负责架构，又能照应到集权体制需求的上下层级联动。但这种集中、共同作用于个案违法或错误的纠正的多方常规法律活动却缺少真正权威的最终决断者，以至于当事人常常在经历诸多环节后，不无感叹"审限太长"、环节太多[①]！难以满足当事人或社会需求。以至于专职代理行政诉讼律师置疑检察监督职能定位："检察院的实质作用其实就是启动再审程序。抗诉机关宣读抗诉书之后，法庭的对抗仍然在当事人之间展开。"[②]

正是这架程序、机制及结构上的"空转机"带来的行政抗诉案件中时常发生生效裁判案件"翻烧饼"现象，广受批驳。即使对于2014年新行政诉讼中审判监督再审制度规定，何海波教授尖锐地指出，"对于再审制度，这次修改谈不上任何实质性的改革。案件不停'翻烧饼'的情形今后恐怕还是不能避免。"[③]据此，可概括出"上抗下审四边形"模式的主要缺陷是环节多、周期长、低效、公信度低、虚置严重。

"上抗下审四边形"监督构造的内在缺陷，加上缺损启动检察监督再审事由的审查程序，以及检察院法院两种监督机制的交错并行，综合造就整体行政诉讼检察监督程序、机制运作实践中的低效、虚置、烦琐的构造模式。不仅无法满足当事人权利救济的需求，也无法达到及时纠错违法或错误裁判、统一行政诉讼法律实施之宗旨，更无法达到及时、高效实质性化解行政纠纷的目的。多年来司法实践已经实证该构造亟须优化改造！

三 行政诉讼检察监督构造优化

针对上述行政诉讼检察监督构造在再审事由上缺省明确严格审查程序、检察院法院内外监督机制交错及行政抗诉运作的"上抗下审四边

[①] 赖翰蔚：《行政诉讼检察监督研究》，博士学位论文，中山大学，2011年。
[②] 袁裕来：《特别代理民告官手记（Ⅳ）》，中国检察出版社2008年版，第357页。
[③] 何海波：《〈行政诉讼法〉修改的理想与现实》，《中国法律评论》2014年第4期。

形"模式三个监督构造局限及其成因。可以考虑细化充实再审事由审查程序、明确划定检察院法院内外监督机制运作协调机制及精简行政抗诉运作"上抗下审四边形"模式为双边直接监督模式。基本理念是突破传统金字塔式权力体制对行政诉讼检察监督的僵化监控，突出监督目标对行政诉讼关键目标——高效公正化解行政纠纷——的契合以及诉讼与诉讼监督之间的紧密协调互动，确立监督对行政诉讼事实证据、法律适用及裁判三方面在合法律性方面的底线基准，力求行政诉讼监督方式得以运作的实践过程在监督构造中高效实现。

故此，确定行政诉讼检察监督构造的核心宗旨是：通过适度精准高效的司法复核机制，辅助性地维护、督促审判机关在行政诉讼中公正司法、高效权威化解行政纠纷，保障行政诉讼法律秩序的规范化及其有序实现。

抽象的理念需要宏观策略化及具体规则化才能落地，才能真正转化成为实践行动准则。上述行政诉讼检察监督构造优化的核心宗旨可诠释为三个层面：其一，充实行政抗诉监督事由的严格明晰审查程序，明确申请人提交的事实证据、规范依据范围及其程度达到初步确定存在诉讼违法或错误且造成实质权益影响条件时必须受理监督申请。同时，区分不同类别监督事由以对可能提起生效裁判抗诉再审类案件和仅仅针对审判人员或行政人员违法或渎职类案件进行筛选和分流，以便节约不同部门司法资源的对口配置。在入口环节确保严格筛选较大可能存在诉讼违法或错误的案件进入检察监督程序，并且经过案件类型化，实现可能再审的与不需要或无法再审的案件分流。这样既可减少检察抗诉案件量，保障这类案件得以优质检察与审判资源进行复核与再审，从而真正实质解决这类个案中的违法或错误，解决社会潜在的尖锐冲突与矛盾，也可以对无须或无法再审的案件中涉及审判人员或行政人员存在渎职违法、违规、违纪需要采取检察建议其他机关实施相应处理的情形及时作出。这样可减少检察监督复核及法院再审审查资源的无谓投入，更重要的是可以对申请监督人及时回应，有利于服判息诉工作有效开展，减少申请人的缠诉。

其二，在检察院法院协作行政诉讼检察监督事项基础上加强协调机制的建设及其运作，尤其要构建申请法院再审和申请检察院抗诉两种情形的及时有效沟通机制。明确划定检察院法院两种监督机制在行政诉讼审判监督机制体系中的协调运作程序条件及其规则。在现有单方检察司法解释简陋确定"不予受理监督申请范围"之规则或是遵行"审判纠错先行+检察监督断后"的程序构造基础上予以适当调整。

可以考虑将法院优先与检察断后规则调整为由"当事人选择确定优先规则"，其理由有三：一是检察院法院在监督纠错精准度上尚无优劣之分，这是前提。因而单纯固化法院监督优先有时难免对直接利害者——当事人——造成强制性约束。简单而言，假定某当事人就是对法院不再信任，依据现有规则，无疑是对当事人的救济权利行使自由时的一种剥夺。从效果而言，也存在逻辑上的可疑。二是确立"当事人选择优先规则"可体现对直接利害关系人权利的一种尊重。从某种意义而言，再审申请权也是一种诉权，也有学者倡导以"再审之诉"[1]或三审制补充或取代现行审判监督制度。[2]这种"诉权"被尊重对后续的程序进展，相信也会带来积极促进作用。反之，片面强制当事人必须先向法院申请再审后才得以向检察院申诉，获得当事人的积极配合的可能性会偏低。三是确定法院与检察院先后监督顺序进行分割内外监督机制的重要机理是避免当事人同时向检察院法院提起监督申请造成司法资源重复投入。因而，只要限定当事人在选择内外监督机制时的次数，同样也可达到此目的。由此，基于尊重当事人救济申请权取向，确定"当事人选择优先规则"是值得考虑的选项。

当然，确定该规则的同时，必须严格限定内外监督机制申请权行使的次数，即假定当事人选择先申请检察监督，不服检察监督决定时可向法院申请审判监督。同一家检察机关或审判机关基于同一个案件行使的监督请求权次数限定为一次，同一级内外监督程序完结，若仍然有监督请求，只得向高一层级检察院法院行使监督申请权。同样，内外监督机制也只限于同一案件一次回应处理职权。以此可化解检察院法院之间内

---

[1] 张卫平：《民事再审——基础转换与制度重建》，《中国法学》2003年第1期。
[2] 傅郁林：《审级制度的建构原理》，《中国社会科学》2002年第4期。

外部监督机制的重复投入与不经济。但此规则的实施还需要辅之以检察院法院之间在当事人申请审判监督受理登记时及时互相通报的完备协调机制,否则难以奏效。

其三,精简"上抗下审四边形"行政抗诉监督模式为"双边同级抗审"模式,全面提升监督构造制度能力与公信度。正如林钰雄教授断言,防范滥权核心并非在于以上督下、上命下从,而是权力的配置及其牵制的有效性。① 进一步就监督原理而言,远距离监督者在获得监督信息时,往往较近处监督者处于劣势,难以保障监督信息的及时、全面、准确获取,常常导致监督的失准、滞后、片面。因而行政诉讼检察监督实践中,大量的抗诉案件是以与作出生效裁判同一层级的检察院在审查完结案件后向上一级检察院提请抗诉,由上一级检察院决定抗诉至相对应法院的,接受抗诉的法院通常指令原裁判法院重审。优化改造需要解决的关键是精简环节、明确及缩短周期、强化实效、充实制度能力、提升制度认同度。

首先,将"提请抗诉"限缩为"同级抗诉为原则+上级检察院指令提请抗诉为补充",着力构建市一级检察院对中级法院生效裁判抗诉为主体的"同级抗诉"机制。这既可解决现行司法实践多数案件由省一级检察院抗诉的困境,化解抗诉检察院层级高、案件量大、与检察资源少之间的矛盾。也可将多数生效裁判后仍然有争议的行政案件的复核及复审工作调配至检察资源相对充足及监督者与被监督者距离适中的市一级检察机关与中院,该职能调配也匹配大量生效裁判经过二审作出的现实。针对社会重大复杂个案仍然可通过省一级检察院指令下级检察院提请抗诉的机制为补充以化解不适宜由市一级检察院复核审查的个案。

其次,明确限缩检察机关向法院提出抗诉后法院审查接受抗诉"决定再审+中止原裁判执行"程序的周期,加快监督构造关键环节运转。实践中该环节是检察院法院监督关系的微妙节点,其实质是审判机关正式应对检察机关的司法复核监督结论的态度与立场。实践中数据表明,检察提请抗诉数据与决定抗诉数据以及抗诉后再审裁判数据之间存在较

---

① 林钰雄:《检察官论》,法律出版社 2008 年版,第 103 页。

大差距，这意味着相当部分案件在提请抗诉后被检察机关内部化解或是抗诉提出后在检察院法院之间衔接的节点被消解，以及法院接受检察抗诉决定再审后在法院内部被处理了。这也可在原最高人民法院领导的解释中得以证实。例如，2003—2005 年，全国法院审结各级人民检察院提出抗诉的案件 36351 件，以调解、撤诉方式结案的占抗诉案件总数的 34.85%。① 2005 年最高人民法院工作报告表明：检察机关撤回抗诉的 513 件，因当事人下落不明、程序性抗诉等事由而终结审理的 2853 件。

  对当事人申请案件监督的时限及其条件已有明确规定，两高《关于对民事审判活动与行政诉讼实行法律监督的若干意见（试行）》第 7 条规定人民法院收到再审检察建议后，应当在三个月内进行审查并将审查结果书面回复人民检察院。第 10 条规定人民检察院提出检察建议的，人民法院应当在一个月内作出处理并将处理情况书面回复人民检察院。第 15 条规定人民法院发现检察监督行为违反法律或者检察纪律的，可以向人民检察院提出书面建议，人民检察院应当在一个月内将处理结果书面回复人民法院。然而，检索众多检察院法院司法解释相关条款，却没有规定法院接受检察院抗诉决定后至裁定中止执行提审或指令下级法院再审的时限。就此是有意或无意的缺漏无法确定，但实践中多数行政诉讼监督案件的审结周期过长与此直接密切相关。据此，应当在相关法律规范中予以明确化，以实现审判监督也要追求实效，而不能以"拖延"方式化解争议与期待。同样，审判监督程序审限也存在类似问题，也需要予以适当限定，否则，无法实现审判监督的制度宗旨。

  再次，适度限定再审检察建议的适用条件，进一步推进再审检察建议优化措施，尽快推进再审检察建议取代行政抗诉的条件建设。最高人民检察院民行厅孙加瑞指出"2001 年《办案规则》和 2011 年两高关于加强民行监督意见（试行）中的再审检察建议制度，都是为了在将来实行同级抗诉而探索的过渡性办法。司改中第一次征求意见稿曾经直接

---

① 最高人民法院关于加强审判工作监督情况的报告（2005 年 10 月 25 日在第十届全国人民代表大会常务委员会第十八次会议上）。http://www.npc.gov.cn/wxzl/gongbao/2005-10/31/content_5354887.htm，2021 年 8 月 25 日检索。

规定了同级抗诉制度，后来为避免与当时法律明确规定的上级抗诉制度相冲突，又将同级抗诉制度改为再审检察建议制度，为将来修法时规定同级抗诉作准备。"①

由于抗诉本身存在对裁判既判力的客观负面影响及其实践中引致的检察院法院之间对相关案件事实证据、法律适用的明显分歧，一直以来不仅备受审判机关的置疑和法学界的置疑，甚至连检察机关内部也存在不同的看法。原最高人民检察院民行厅厅长王鸿翼就对民行"抗诉"一词表述持否定态度。他认为，"当初，在民事诉讼立法中，使用'抗诉'这一概念本身即是错误。因为，检察机关在对诉讼活动监督的过程中并没有自己的'诉求'，没有相应的诉讼权利与诉讼义务。全面修改民事诉讼法和行政诉讼法时，应建议改称为'决定'或者'提起再审令'或其他表述方式。"②

据此，优化行政抗诉检察监督"上抗下审四边形"构造的终局走向，理想路径是以另一种更加便捷，既合乎检察监督职能，也契合行政诉讼规律的运作构造来化解行政诉讼实践困境，促进行政诉讼公正化解行政纠纷的目标的实现。

多方面权衡之后可选择的模式是现有再审检察建议机制的优化升级版。通过前述的入口环节优化改造对无法或无须进入再审审判监督的行政案件可通过一般检察建议寻求其他适当可行有效方式解决。在协调配置检察院法院内外监督机制的基础上，结合2011年《两高关于民行法律监督意见》（试行）中确立的人民法院对检察院的"反向监督建议机制"，构建"同级检察院法院双边一次监督"机制，精简原有检察院法院双重四方构造。为通盘考虑检察院法院之间的司法公正、司法权威的需求，可以在近年内保留原抗诉机制的同时，推进再审检察建议监督构造。

该优化进路优势体现在：一是，实现同级检察院法院常态化的检察

---

① 孙加瑞：《新民事诉讼法有关检察制度的若干问题》，《国家检察官学院学报》2014年第2期。

② 王鸿翼：《谈民事行政检察权的配置》，《河南社会科学》2009年第2期。

监督机制,将多数行政审判监督案件调配至市一级检察院与中院办理,契合检察院法院司法资源的配置格局。二是,预留再审检察建议在提出时以向上一级检察院备案方式满足检察内部层级监督之需。三是,极大缩减原有构造运作环节的烦琐与时间之无谓消耗,满足利害关系人之及时需求。四是,确立同级检察院法院之间一次双向监督机制,可一定程度祛除"监督监督者"的疑虑与置疑。

本章小结

本章主要研究行政诉讼检察监督构造问题,是前一章监督方式在逻辑上的进一步推进。首先在概述部分从监督构造原理、规范文本分析、现状初步评述方面进行基本理论及实践的基础性解说。其次在实证研究部分,重点从个案类型化为事实证据、诉讼程序及法律适用三类,从司法实践的检察院法院层级、办结周期及分歧焦点的回应为切入视角,精选相关个案。完整描述案件办理进程及其结果,全面剖析隐含其中的行政诉讼检察监督构造上的机理及其功能利弊。继而在通常所谓的"上抗下审"构造模式基础上深入推进,概括提炼并全面细致解析我国行政诉讼检察监督检察院法院双重"上抗下审四边形"构造模式。从结构层面立体式地分解、观察检察权对诉讼中的审判权、行政权、诉权诸权力关系的生动而现实的动态表现,进而揭示出隐含其中的规律及其问题实质。通过类比诉讼制度的"三角形"构造特点,结合司法实践运作现状,深度评析、总结该构造模式低效、烦琐、虚化的主要缺陷及其成因,就提升监督实效与优化监督构造进行理论设计,构思转化"上抗下审四边形"行政抗诉监督模式为"双边同级抗审"模式,全面提升监督构造制度能力与公信度。

结　论

　　本书从复合型制度视角侧重联结宏观制度安排与微观实践行动的司法解释全面深入探究我国行政诉讼检察监督是什么、为什么、怎么办等紧密关联的主题。质言之，这是以复合型制度结构理论解构行政诉讼检察监督制度的尝试努力。通过行政诉讼检察监督的内涵及外延的剖析界定、监督原则的深入理解提炼、监督范围的辩证论析、监督方式的原理和实践的体系化探究、监督构造的细致辨析与模式优化建构等努力，将其中若干要点、见解抽象出来以作为我国行政诉讼检察监督系列主题在理论与实践中存在困惑的解答。

一　行政诉讼检察监督定位

　　行政诉讼检察监督的核心要义是检察机关对审判机关的行政诉讼活动的违法或错误实施调查发现、检验核实、警示督促其自我纠错的"司法复核"性质的平行监督。其宗旨蕴含宏观、微观、间接、直接多重性特征。宏观目标旨在维护司法公正、权威及国家法制统一，微观目标旨在维护、增进个案诉讼合乎法律、公正，间接目标是在"总揽体制"下辅助性维护行政权、审判权、检察权诸权力之间及其与公民权之间的稳定、和谐，直接目的在于及时发现、督促解决个案中存在的法律实施问题。诸多职能混同预设和平行监督定位决定了行政诉讼检察监督完全不同于传统意义的"上对下"且"人盯人"式监督制，而是将现代检察"公诉中心主义"中个别职能属性与我国传统监督制度高度结合进行引申化移植的表现。这造就了行政诉讼检察监督在生成渊源上的"双重法律移植"特征，然而与域外比较法在形式与内容上相去甚远，无论是行政诉讼抑或行政诉讼检察监督两者几乎无法找到原型，真可谓制度史上"域外无借鉴、历史无继承"，"我们怎么办"的感叹与困惑油然而生。

二 行政诉讼检察监督与行政公诉

基于是"对"抑或"通过"行政诉讼实施检察监督的语义逻辑、社会生活经验法则的仔细辨析，指出行政诉讼检察监督无法涵盖行政公诉。否则易于导致"监督者—工具或路径—监督对象—监督目的"四元结构监督原理异化为工具或路径与监督对象一体化的"监督者—工具或路径/监督对象—监督目的"三元监督结构。这种工具与对象的混同违反常识、有悖逻辑，易于导致理论的模糊与实践的困境。行政诉讼检察监督与行政公诉同属于行政检察范畴，但行政诉讼检察监督并不等同于行政检察，两者核心要义有别。

三 行政诉讼检察监督原则

行政诉讼检察监督原则是体现、统率、指引行政诉讼检察监督具体规则的根本性规则。由于制度结构性组合特点，需要从更高维度整合行政诉讼、检察监督各自特质及其规律。既然制度渊源上属"双重法律移植"，且"域外无借鉴、历史无继承"，则需要从中国行政诉讼现实困境考虑，也要兼顾检察监督的现实可能性。"双重法律监督"职能特性需要从行政活动、审判活动、检察监督活动、公民维权活动多方面考量。由此，提炼出合法律性监督原则、司法公正协同原则、程序性监督原则。其中合法律性监督原则是整合制度涉及多重权力（利）的核心原则，司法公正协同原则是用以统率、协调检察院法院之间对抗关系的宏观价值目标指引，程序性监督原则是体现现代检察制度、本土权力分工、法治精神的操作性准则。三原则分别从权力（利）利益相关者共同遵从"法律"底线精神、检察院法院协同维护司法公正、国家权力分工负责体系平衡三个维度构成行政诉讼检察监督根本重大的理念、价值、精神内涵。

四 行政诉讼检察监督范围

监督范围旨在用来解答"监督什么"的问题,同时也能一定程度上体现监督广度、监督权相较被监督权的强弱势差。不同角色、视角与利益取向在行政诉讼检察监督范围上呈现出全程、全面性监督与事后、有限性监督两种截然不同监督范围理论及其具体规则要求。国家制度(立法)安排的平衡与司法实践中的利害博弈冲突都能在联结制度与实践的媒介——检察院法院司法解释——中得以生动、具体地表现。检察院法院对行政诉讼检察监督的立场与态度都会以司法解释形式展现。透过相关司法解释及其文件的多年历史沿革梳理,检察院法院之间关系变化存在与时俱进特点,呈现出初步协作、明显对抗、有条件协作的三阶段演变过程。借助布迪厄"司法场域"理论分析可知,全面性监督与有限性监督范围理论及其隐含的强弱格局认知在深层次意义上存在一定的误识。从根本上说,两种监督范围观与监督强弱之间并非严格对应而是存在辩证统一关系。因此,行政诉讼检察监督范围体现了国家"总揽体制"权力主导格局下检察权、审判权与行政权之间维持相对平衡的动态演变。

五 行政诉讼检察监督方式

行政诉讼检察监督方式实践多样化并非意味检察权的强势与高效,反而表征了检察监督实践中监督机关相对无奈的策略性举措,但也会导致监督方式泛化与虚置。尽管检察机关力争扩张监督的方法、形式与措施,但囿于权力分工负责体制,这种平行地"从旁察看"式监督不具备实体上直接处置监督对象的"实权",而是"司法复核"式督促纠正。因而,要从监督方式的类型化入手,科学梳理不同方式的适用条件,构建逻辑清晰、层次递进、透明公正的监督方式体系,以增加不同方式的适用性、公正性、权威性进而提升检察监督的权威与实效。

六 行政诉讼检察监督构造

行政诉讼检察监督方式必须在程序、机制的构造模式中运作,才可切实发挥其监督功能。将动态的监督构造分解成为紧密相联的不同环节与程序后，能更加全面地反映出行政诉讼检察监督的实践形态与过程。通过其间关键节点的解析可知，检察院法院双重"上抗下审四边形"构造模式基本能勾勒出整体行政诉讼检察监督之运作全部过程及其内在特征。然而通过个案分析，发现此构造关键节点存在明显"空转"效应。再次佐证"多元、异质、内外权力监督关系"及"多重实践逻辑"对行政诉讼检察监督实践发挥着实质性、决定性作用的定律。因此，亟须对现有构造的基础、程序环节进行优化，尝试在理论上优化现有行政诉讼检察监督"上抗下审四边形"模式为"双边同级抗审"模式。

综上所述，论文尝试全面深入解答行政诉讼检察监督是什么、为什么、怎么办等理论与实践命题。概言之，尽管社会现实主义能实证行政诉讼检察监督的目的正当性，也切合历史中国传统监督制度政治思想。但透过纷繁复杂的司法解释，从复合型制度视角可发觉当下行政诉讼困局根本性成因在于实践中行政主导权力格局下行政及司法体制的局限。同样受制于该体制的检察机关对行政诉讼监督也难以完全化解行政诉讼的诸多难题。由此，决定了行政诉讼检察监督制度的辅助性地位及其有限的制度实效与制度发展空间。即便如此，通过精准定义行政诉讼检察监督精义、科学适度划定监督范围、逐步优化监督方式及打造简明高效的监督构造等完善路径，尚能促进行政诉讼检察监督在及时发现、有效督促纠正行政诉讼个案中的偏差与误断方面的成效发挥，在保障实现行政诉讼个体司法正义上也具有不可或缺的积极功能。

参考文献

一　主要参考工具书

大辞海编辑委员会：《大辞海法学卷》（修订版），上海辞书出版社 2015 年版。

戴维·M. 沃克，（David M. Walker）李双元等译：《牛津法律大辞典》，法律出版社 2003 年版。

戴维·米勒（David Miler. 英文版主编），邓正来（中译本主编）：《布莱克维尔政治思想百科全书》（新修订版），中国政法大学出版社 2011 年版。

法学词典编辑委员会编：《法学词典》（增订版），上海辞书出版社 1984 年版。

复旦大学等单位修订：《辞海》（政治法律分册），上海辞书出版社 1978 年版。

［英］韦农·波格丹诺（Vernon Bogdanor. 英文版主编），邓正来（中译本主编）：《布莱克维尔政治制度百科全书》（新修订版），中国政法大学出版社 2011 年版。

杨五湖、刘明波主编：《世界行政监督大辞典》，法律出版社 1990 年版。

最高人民检察院民事行政检察厅编：《新编常用民事行政检察手册》（2012 年版）（上、下册），中国检察出版社 2012 年版。

最高人民检察院民事行政检察厅编：《人民检察院民事行政抗诉案例选》（第 1—24 集），法律出版社。

最高人民检察院研究室编：《检察制度参考资料第一编》（新中国部

分），1980年北京编印。

二 中文原著

蔡定剑：《国家监督制度》，中国法制出版社1991年版。

蔡定剑：《监督与司法公正——研究与案例报告》，法律出版社2005年版。

陈国庆：《检察制度原理》，法律出版社2009年版。

陈奎、梁平著：《司法运行的一般机理》，中国政法大学出版社2014年版。

陈卫东、张弢著：《检察监督职能论》，群众出版社1989年版。

邓思清：《检察权研究》，北京大学出版社2007年版。

丁卫：《秦窑法庭：基层司法的实践逻辑》，生活·读书·新知三联书店2014年版。

段学明：《检察改革略论》，中国检察出版社2016年版。

樊崇义主编：《检察制度原理》，法律出版社2009年版。

付池斌：《现实主义法学》，法律出版社2005年版。

傅国云：《行政检察监督研究：从历史变迁到制度架构》，法律出版社2014年版。

顾昂然：《回望我经历的立法工作》，法律出版社2009年版。

何勤华主编：《检察制度史》，中国检察出版社2009年版。

洪浩：《检察权论》，武汉大学出版社2001年版。

胡卫列：《行政诉讼目的论》，中国检察出版社2014年版。

黄启辉：《行政救济构造研究：以司法权与行政权之关系为路径》，武汉大学出版社2012年版。

江必新：《新诉讼法讲义：再审的理念、制度与机制》，法律出版社2013年版。

姜明安：《法治思维与新行政法》，北京大学出版社2013年版。

蒋伟亮、张先昌主编：《国家权力结构中的检察监督——多维视野下的法学分析》，中国检察出版社2007年版。

柯汉良：《民事行政检察概论》，中国检察出版社1993年版。

黎敏：《西方检察制度史研究——历史缘起与类型化差异》，清华大学出版社 2010 年版。

李克军：《县委书记们的主政谋略》，广东人民出版社 2014 年版。

梁凤云：《新行政诉讼法讲义》，人民出版社 2015 年版。

林钰雄：《检察官论》，法律出版社 2008 年版。

刘富起：《分权与制衡论评》，吉林大学出版社 1990 年版。

刘林呐：《法国检察制度研究》，中国检察出版社 2015 年版。

龙宗智：《检察制度教程》，中国检察出版社 2006 年版。

马怀德主编：《行政诉讼原理》（第二版），法律出版社 2009 年版。

闵钐编：《人民检察史资料选编》，中国检察出版社 2008 年版。

钱锦宇：《法体系的规范性根基——基本必为性规范研究》，山东人民出版社 2011 年版。

石少侠：《检察视野中的司法改革》，中国检察出版社 2011 年版。

石佑启：《论公共行政与行政法学范式转换》，北京大学出版社 2003 年版。

孙谦主编：《人民检察制度的历史变迁》，中国检察出版社 2014 年版。

孙谦主编：《中国特色社会主义检察制度》，中国检察出版社 2009 年版。

汪庆华：《政治中的司法：中国行政诉讼的法律社会学考察》，清华大学出版社 2011 年版。

汪习根：《司法权论——当代中国司法权运行的目标模式、方法与技巧》，武汉大学出版社 2006 年版。

王德玲：《民事检察监督制度研究》，中国法制出版社 2006 年版。

王桂五：《人民检察制度概论》，法律出版社 1982 年版。

王桂五主编：《中华人民共和国检察制度研究》，中国检察出版社 2008 年版。

王鸿翼：《规范和探索，感性与理性——民事行政检察的回眸与展望》，中国检察出版社 2013 年版。

王申：《法官的实践理性论》，中国政法大学出版社 2013 年版。

王玄玮：《中国检察权转型问题研究》，法律出版社 2013 年版。

魏宏：《权力论——权力制约与监督法律制度研究》，上海三联书店2011年版。

吴英姿：《司法制度与司法行为》，中国大百科全书出版社2008年版。

杨立新：《民事行政检察教程》，法律出版社2002年版。

杨伟东：《权力结构中的行政诉讼》，北京大学出版社2008年版。

杨小君：《行政诉讼问题研究与制度改革》，中国人民公安大学出版社2007年版。

杨迎泽、薛伟宏主编：《诉讼监督研究——中国检察诉讼监督视角》，法律出版社2012年版。

俞静尧编著：《检察权的利益分析》，中国人民公安大学出版社2007年版。

喻中：《权力制约的中国语境》（第二版），法律出版社2013年版。

翟学伟：《中国人的行动逻辑》，社会科学文献出版社2001年版。

张步洪：《新民事诉讼法讲义：申诉、抗诉与再审》，法律出版社2012年版。

张步洪：《行政检察制度论》，中国检察出版社2013年版。

张培田、张华：《近现代中国审判检察制度的演变》，中国政法大学出版社2004年版。

张显伟、杜承秀、王丽芳：《民事行政诉讼检察监督制度研究》，中国法制出版社2011年版。

张智辉：《检察权研究》，中国检察出版社2008年版。

甄贞主编：《民事行政监督难点与对策研究》，法律出版社2009年版。

周其华：《错案与纠正》，中国方正出版社2006年版。

周永坤：《规范权力——权力的法理研究》，法律出版社2006年版。

三　中文期刊论文

艾佳慧：《中国法院绩效考评制度研究——"同构性"与"双轨制"的逻辑及其问题》，《法制与社会发展》2008年第5期。

包万超：《行政诉讼法的实施状况与改革思考——基于〈中国法律年鉴〉（1991—2012年）的分析》，《中国行政管理》2013年第4期。

布迪厄：《法律的力量——迈向司法场域的社会学》，强世功译，《北大法律评论》1999年第2期。

蔡定剑：《关于我国的检察监督制度及其改革》，《中外法学》1989年第2期。

蔡定剑：《司法改革中检察职能的转变》，《政治与法律》1999年第1期。

曹桂芬、陈建强、肖晓峰：《民事行政检察监督实践与制度完善——中国检察学研究会民行检察专委会第四届年会观点综述》，《人民检察》2015年第9期。

曹也汝：《略论再审程序的独立价值》，《金陵法律评论》2007年春季卷。

常晓云：《抵触与憧景——〈行政诉讼法〉实施状况调查报告·行政机关工作人员卷》，《行政法学研究》2013年第3期。

陈瑞华：《检察机关法律职能的新发展空间》，《政法论坛》2018年第1期。

程晓璐：《检察机关诉讼监督的谦抑性》，《国家检察官学院学报》2012年第2期。

邓玮、董丽云：《布迪厄：用场域理论研究法律》，《学术探索》2005年第5期。

冯仕政：《法社会学：法律服从与法律正义——关于中国人法律意识的实证研究》，《江海学刊》2003年第4期。

冯象：《案子为什么难办——政法笔记》，《读书》2000年第11期。

傅国云：《行政抗诉几个疑难问题剖析》，《法商研究》2006年第4期。

傅郁林：《审级制度的建构原理——从民事程序视角的比较分析》，《中国社会科学》2002年第4期。

高鸿均：《通过民主和法治获得解放——读〈在事实与规范之间〉》，《政法论坛》2007年第5期。

葛洪义：《"监督"与"制约"不能混同——兼论司法权的监督与制约的不同意义》，《法学》2007年第10期。

宫留记：《布迪厄的社会实践理论》，《理论探讨》2008年第6期。

顾培东：《人民法院内部审判运行机制的构建》，《法学研究》2011年第4期。

顾培东：《再论人民法院审判权运行机制的构建》，《中国法学》2014年第5期。

关保英：《论〈行政诉讼法〉修改中制度理性的考量》，《苏州大学学报》2012年第1期。

郭林将：《美国检察机关监督环境监管行为的路径和方式》，《人民检察》2015年第9期。

韩成军：《司法公正权威与检察监督的关系》，《当代法学》2015年第6期。

韩志明：《街头官僚的空间阐释——基于工作界面的比较分析》，《武汉大学学报》（哲学社会科学版）2010年第4期。

何海波：《〈行政诉讼法〉修改的理想与现实》，《中国法律评论》2014年第4期。

何海波：《困顿的行政诉讼》，《华东政法大学学报》2012年第2期。

何海波：《行政审判体制改革刍议》，《中国法律评论》2014年第1期。

贺欣：《在法律的边缘——部分外地来京工商户经营执照中的"法律合谋"》，《中国社会科学》2005年第3期。

洪浩：《论我国检察监督制度局限性及其重构》，《武汉大学学报》（哲学社会科学版）2008年第3期。

洪浩、邓晓静：《公益诉讼制度实施的若干问题》，《法学》2013年第7期。

胡卫列：《行政诉讼检察监督论要》，《国家检察官学院学报》2000年第3期。

胡卫列、马立东、蒋建国、薛伟宏：《行政诉讼检察监督机制的完善》，《国家检察官学院学报》2007年第5期。

黄雀莺：《论法院和检察院的权力配置关系》，《福州大学学报》（哲学社会科学版）2015年第3期。

江必新：《论实质法治主义背景下的司法审查》，《法律科学》（西北政法大学学报）2011年第6期。

江必新：《审判监督制度的基本理念》，《人民司法》2012年第13期。

姜涛：《检察机关提起行政公益诉讼制度：一个中国问题的思考》，《政治论坛》2015年第6期。

蒋德海：《法律监督还是诉讼监督》，《华东政法大学学报》2009年第3期。

蒋德海：《我国的泛法律监督之困境及其出路》，《法学评论》2013年第4期。

蒋惠岭：《论审判权运行机制改革》，《北京行政学院学报》2015年第2期。

蒋惠岭：《司法学视角下的新行政诉讼法述评》，《法律适用》2015年第2期。

解志勇：《行政检察：解决行政争议的第三条道路》，《中国法学》2015年第1期。

金成波：《法治中国背景下的行政法治——中国行政法学研究会2013年年会综述》，《行政法学研究》2013年第4期。

李傲、臧荣华：《略论我国行政检察原则》，《法学评论》2014年第5期。

李奋飞：《转隶后检察院如何重新找回自己——检察再造论》，《政法论坛》2018年第1期。

李桂茂、邹建章、张国吉：《我国法律监督制度的改革与完善——论"监督法律关系"》，《中国社会科学》1997年第2期。

李声炜：《法官判决的制度表达与制度实践——从制度经济学角度看法官判决时的非正式制度倾向》，《法制与社会发展》2006年第4期。

李亚凝：《检察指导案例与共识性裁判的生成》，《国家检察官学院学报》2015年第4期。

李瑜青、邓玮：《司法实践中平衡术的动力与行动逻辑——对行政诉讼从法社会学视角所作的一种研究》，《政治与法律》2008年第6期。

林莉红、马立群：《作为客观诉讼的行政公益诉讼》，《行政法学研究》2011年第4期。

林钰雄：《谈检察官之双重定位》，台北《刑事法杂志》1998年第

12 期。

刘卉:《论行政诉讼检察监督中的"三权"关系》,《中国检察官》2014 年第 6 期。

刘思达:《法律移植与合法性冲突》,《社会学研究》2005 年第 3 期。

刘向文:《谈俄罗斯联邦检察制度的历史发展》,《俄罗斯中亚东欧研究》2008 年第 6 期。

刘向文、王圭宇:《俄罗斯联邦检察制度及其对我国的启示》,《中国刑事杂志》2010 年第 9 期。

龙宗智:《检察机关办案方式的适度司法化改革》,《法学研究》2013 年第 1 期。

龙宗智:《我国检察学研究的现状与前瞻》,《国家检察官学院学报》2011 年第 1 期。

龙宗智:《相对合理主义视角下的检察机关审判监督问题》,《四川大学学报》(哲学社会科学版)2004 年第 2 期。

罗豪才、宋功德:《行政法的治理逻辑》,《中国法学》2011 年第 2 期。

马颜昕:《行政法重点问题与法治政府新课题——中国行政法学研究会2016 年年会综述》,《行政法学研究》2017 年第 1 期。

毛晓宁:《冷清与坚持:改革开放 30 年来行政诉讼检察监督的研究回溯——以 CNKI 期刊数据库论文为分析素材》,《成都理工大学学报》2011 年第 4 期。

泮伟江:《常规的例外化与例外的常规化——重新理解中国法律的实效性困境》,《东方法学》2011 年第 3 期。

祈菲:《"行政诉讼法修改与检察制度的完善"学术研讨会综述》,《国家检察官学院学报》2013 年第 2 期。

秦宗文:《行动者视角下的诉讼监督机制改革》,《南京大学法律评论》2012 年第 1 期。

邵辉:《"检察"一词的语义学探析》,《国家检察官学院学报》2012 年第 2 期。

施鹏鹏:《法国检察监督制度研究——兼与中国的比较》,《暨南学报》(哲学社会科学版)2010 年第 5 期。

石茂生：《检察权与审判权关系再检视——基于检察权审判权运行的实证研究》，《法学杂志》2015年第2期。

宋炉安：《司法最终权——行政诉讼引发的思考》，《行政法学研究》1999年第4期。

宋小海：《法律监督考》，《浙江学刊》2014年第3期。

苏力：《制度角色和制度能力——以元杂剧为材料》，《法商研究》2005年第2期。

孙记、李春季：《论苏俄检察制度的变迁及其对我国的启示》，《俄罗斯中亚东欧研究》2010年第2期。

孙加瑞：《新民事诉讼法有关检察制度的若干问题》，《国家检察官学院学报》2014年第2期。

孙祥壮：《美国法院纠正错误终局判决及其对我国的启示》，《法律适用》2015年第7期。

孙笑侠、冯建鹏：《监督，能否与法治兼容——从法治立场来反思监督制度》，《中国法学》2005年第4期。

汤维建：《论诉中监督的菱形结构》，《政治与法律》2009年第6期。

汤维建：《民行检察监督基本原则研究》，《法治研究》2012年第8期。

汤维建：《挑战与应对：民行检察监督制度的新发展》，《法学家》2010年第3期。

童建明：《加强诉讼监督需把握好的若干关系》，《国家检察官学院学报》2010年第5期。

万毅：《中国台湾检察权定位、配置及其他》（上），《东方法学》2010年第1期。

万毅：《中国台湾检察权定位、配置及其他》（下），《东方法学》2010年第2期。

汪丁丁：《中国社会科学的研究方法导论》，《财经问题研究》2008年第10期。

汪建成：《论诉讼监督与诉讼规律》，《河南社会科学》2010年第6期。

汪庆华：《中国行政诉讼：多中心主义的司法》，《中外法学》2007年第5期。

王晨光：《建立权力制约和监督机制是法治中国建设的关键》，《环球法律评论》2014年第1期。

王晨光：《司法中的权衡》，《法律适用》2005年第7期。

王桂五：《检察制度与行政诉讼》，《中国法学》1987年第2期。

王敬波译，王秀丽校：《法国行政诉讼法典》（法律篇），《行政法学研究》2007年第1期。

王旭：《行政法律裁判中的合宪性解释与价值衡量方法》，《行政法学研究》2007年第1期。

王勋爵：《论司法公正语境下法律监督的生成与实现》，《中国刑事法杂志》2011年第11期。

王振宇、阎巍：《德国与法国行政审判制度观察及借鉴》，《法律适用》2013年第10期。

魏建新：《冲突与完善：基于行政诉讼检察监督的属性分析》，《理论月刊》2011年第10期。

吴毅：《基层官民关系新动向》，《人民论坛》2009年第4期。

吴英姿：《司法的公共理性：超越政治理性与技艺理性》，《中国法学》2013年第3期。

吴英姿等：《民事抗诉实证研究》，《国家检察官学院学报》2015年第4期。

吴永生：《公共领域视野中权力监督的逻辑、批判与规范》，《行政论坛》2015年第2期。

伍劲松：《行政判断余地之理论、范围及其规制》，《法学评论》2010年第3期。

肖金明：《论检察权能及其转型》，《法学论坛》2009年第6期。

肖晓峰：《坚持问题导向推动民行检察理论研究——中国检察学研究会民事行政检察专业委员会第五届年会观点综述》，《人民检察》2016年第14期。

徐军、江厚良：《透视撤诉率：行政诉讼中实践与表达的背离——以法院—法官的行动选择为视角》，《法律适用》2012年第2期。

徐益初：《实践中探索中国特色的检察制度——借鉴苏联检察制度的回

忆与思考》,《国家检察官学院学报》2005年第1期。

薛刚凌、范志勇:《检察机关在行政诉讼中的功能定位》,《国家检察官学院学报》2013年第3期。

薛刚凌、杨欣:《论我国行政诉讼构造:"主观诉讼"抑或"客观诉讼"?》,《行政法学研究》2013年第4期。

杨海坤:《对于摆脱〈行政诉讼法〉实施困境的反思》,《行政法学研究》2009年第3期。

杨立新:《民事行政诉讼检察监督与司法公正》,《法学研究》2000年第4期。

杨临萍:《论我国行政再审制度之建构》,《法律适用》2002年第7期。

杨临萍:《行政诉讼法修改十大焦点问题》,《国家检察官学院学报》2013年第3期。

杨甜甜:《作为行动领域组织中的权力与规则——评费埃德伯格的〈权力与规则〉》,《社会学研究》2007年第4期。

杨雪冬:《压力型体制:一个概念的简明史》,《社会科学》2012年第11期。

杨奕:《论民事行政诉讼检察监督体制的独立化发展》,《中国人民大学学报》2012年第5期。

杨寅:《行政诉讼概念重解》,《中国法学》2002年第4期。

应松年等:《行政诉讼检察监督制度的改革与完善》,《国家检察官学院学报》2015年第3期。

于新民、王赞:《首届民行检察论坛观点综述》,《人民检察》2011年第6期。

余凌云:《论行政诉讼法的修改》,《清华法学》2014年第3期。

喻中:《从"行政兼理司法"到"司法兼理行政"——我国"司法—行政"模式的变迁》,《清华法学》2012年第5期。

喻中:《如何理解"检察院是国家的法律监督机关"——宪法第129条对于中国宪法体系的意义》,《长白学刊》2009年第3期。

臧荣华:《从对抗式走向协作式的检察监督——基于交互式检察方式的解说》,《求实》2013年第2期。

湛中乐：《论〈中华人民共和国行政诉讼法〉的修改》，《苏州大学学报》2012年第1期。

湛中乐、孙占京：《论检察机关对行政诉讼的法律监督》，《法学研究》1994年第1期。

张步洪：《行政诉讼检察监督新规的一种体系解释》，《人民检察》2014年第24期。

张洪松：《司法预算中的府院关系：模式评估与路径选择》，《四川大学学报》（哲学社会科学版）2014年第1期。

张康之：《论社会治理中的权力与规则》，《求索》2015年第2期。

张康之：《现代权力关系的交换属性及其超越方案》，《南京师大学报》（社会科学版）2014年第1期。

张淑芳：《论行政法中的行政利益及其防范》，《河南财经政法大学学报》2014年第5期。

张卫平：《论我国法院体制的非行政化》，《法商研究》2000年第3期。

张卫平：《起诉难：一个中国问题的思索》，《法学研究》2009年第6期。

张智辉：《法律监督三辨析》，《中国法学》2003年第5期。

张智辉：《试论诉讼监督的范围》，《法学杂志》2011年第10期。

张智辉：《中国特色检察制度的理论探索——检察基础理论研究30年述评》，《中国法学》2009年第3期。

章剑生：《行政诉讼中的"法"与"理"》，《公法研究》2011年第1期。

章志远：《行政公益诉讼热的冷思考》，《法学评论》2007年第1期。

郑贤君：《论检察权与行政权的关系》，《河南社会科学》2011年第6期。

郑智航：《中国特色社会主义法律监督理论的主旨与内核》，《法制与社会发展》2014年第6期。

周建漳：《历史认识的客观性问题反思》，《哲学研究》2000年第11期。

周濂：《正当性与合法性之辨——戴岑豪斯〈合法性与正当性〉》，《读书》2014年第5期。

周雪光：《国家治理逻辑与中国官僚体制：一个韦伯的理论视角》，《开放时代》2013年第3期。

周雪光、艾云：《多重制度逻辑下的制度变迁：一个分析框架》，《中国社会科学》2010 年第 4 期。

周永坤：《列宁的监督理论与中国反腐》，《华东政法大学学报》2014 年第 2 期。

周永坤：《提升司法公正的路径选择》，《苏州大学学报》2012 年第 5 期。

周赟：《当下中国司法公信力的经验维度——来自司法一线的调研报告》，《苏州大学学报法学版》2014 年第 3 期。

朱朝亮：《检察权之制衡》，台湾《律师杂志》1999 年第 236 期。

朱孝清：《论诉讼监督》，《国家检察官学院学报》2011 年第 5 期。

朱孝清：《中国检察制度的几个问题》，《中国法学》2007 年第 2 期。

四　中文学位论文

邓玮：《论法律场域的行动逻辑——一项关于行政诉讼的社会学研究》，博士学位论文，上海大学，2006 年。

高威：《行政诉讼检察监督实证研究——以内蒙古自治区为例》，硕士学位论文，内蒙古大学，2017 年。

韩兵：《当代中国法律监督权研究》，博士学位论文，吉林大学，2013 年。

赖翰蔚：《行政诉讼检察监督研究》，博士学位论文，中山大学，2011 年。

宋双：《我国司法监督制度研究———种监督模式的建构》，博士学位论文，吉林大学，2006 年。

陶婷：《错案论》，博士学位论文，华东政法大学，2014 年。

屠源：《芜湖市人民检察院民事行政检察工作调查报告（2008—2012 年）》，硕士学位论文，安徽大学，2013 年。

吴宏耀：《诉讼认识论》，博士学位论文，中国政法大学，2002 年。

燕星宇：《论我国检察权的司法性根基及其司法化改革》，硕士学位论文，复旦大学，2011 年。

杨丹：《我国行政诉讼检察监督改造论》，博士学位论文，武汉大学，2017 年。

五　中文译著

［德］弗里德赫尔穆·胡芬（Friedhelm Hufen）：《行政诉讼法》（第5版），莫光华译，法律出版社2003年版。

［德］哈贝马斯：《在事实与规范之间——关于法律和民主法治国的商谈理论》（修订译本），童世骏译，生活·读书·新知三联书店2011年版。

［德］卡尔·拉伦茨：《法学方法论》，陈爱娥译，商务印书馆2004年版。

［德］拉德布鲁赫：《法学导论》，米健译，法律出版社2012年版。

［法］埃利希：《法律社会学基本原理》，叶名怡、袁震译，九州出版社2007年版。

［法］布迪厄、［美］华康德：《实践与反思——反思社会学导引》，李猛、李康译，商务印书馆2015年版。

［法］克罗齐耶、［法］费埃德伯格：《行动者与系统——集体行动的政治学》，张月等译，上海人民出版社2007年版。

［法］莫里斯·奥里乌：《法源：权力、秩序和自由》，鲁仁译，商务印书馆2015年版。

［法］让·里韦罗、让·瓦利纳：《法国行政法》，鲁仁译，商务印书馆2008年版。

［加］大卫·戴岑豪斯：《合法性与正当性：魏玛时代的施米特、凯尔森与海勒》，李毅译，商务印书馆2013年版。

［美］安吉娜·J.戴维斯：《专横的正义：美国检察官的权力》，李昌林、陈川陵译，中国法制出版社2012年版。

［美］本杰明·卡多佐：《司法过程的性质》，苏力译，商务印书馆1997年版。

［美］博登海默：《博登海默法理学》，潘汉典译，法律出版社2015年版。

［美］布莱恩·福斯特：《司法错误论——性质、来源和救济》，刘静坤译，中国人民公安大学出版社2007年版。

［美］汉密尔顿、杰伊、麦迪逊：《联邦党人文集》，程逢如等译，商务

印书馆 2004 年版。

［美］赫伯特·西蒙：《管理行为——管理组织决策过程的研究》，杨砾等译，北京经济学院出版社 1988 年版。

［美］肯尼思·F. 沃伦（Kenneth F. Warren）：《美国政治体制中的行政法》（第三版），王丛虎等译，中国人民大学出版社 2005 年版。

［美］理查德·B. 斯图尔特：《美国行政法的重构》，沈岿译，商务印书馆 2002 年版。

［美］米尔伊安·R. 达玛什卡：《司法和国家权力的面孔：比较视野中的法律程序》，郑戈译，中国政法大学出版社 2015 年版。

［美］塞尔兹尼克、［美］诺内特：《转变中的法律与社会》，张志铭译，中国政法大学出版社 1994 年版。

［美］斯科特·戈登：《控制国家——西方宪法的历史》，应奇等译，江苏人民出版社 2001 年版。

［美］托马斯·库恩：《科学革命的结构》（第四版），伊安·哈克导读，金吾伦、胡新和等译，北京大学出版社 2012 年版。

［美］韦恩·C. 布斯、［美］格雷戈里·G. 卡洛姆、［美］约瑟夫·M. 威廉姆斯：《研究是一门艺术》，陈美霞、徐毕卿、许甘霖译，新华出版社 2009 年版。

［日］棚濑孝雄：《纠纷的解决与审判制度》，王亚新译，中国政法大学出版社 2004 年版。

［苏联］列别金斯基、奥尔洛夫编：《苏维埃检察制度（重要文件）》，党凤德等译，中国检察出版社 2008 年版。

［英］彼得·莱兰、戈登·安东尼：《英国行政法教科书》（第五版），杨伟东译，北京大学出版社 2007 年版。

［英］伯特兰·罗素：《权力论》，商务印书馆 2012 年版。

［英］休谟：《人性论》（下册），关文运译，商务印书馆 1980 年版。

主题词索引

说明：

1. 本索引中主题词的确定、搜集主要以章、节以下的各自集中性论点为中心，以论点阐述的内在思维逻辑为线索，而非以全书某一概念或专业术语的整体性分布为基准。

2. 该索引编撰旨在两个要义：既要尽可能准确地呈现本书知识要点概念化地集中逻辑分布，也便利阅读者能以概念化的主题词迅捷查阅相关段落及其精义。

3. 只列一级主题词，多数以专业通用内涵及外延为释义基准，也有少量非通用性主题词，尝试性地对论题创新性阐释及提炼，如"合法律性原则""复合型制度""双重法律移植""平行四边形构造"等。

4. 以拼音字母为索引先后排序标准。

B

被告型监督论,106

保护合法性请求权,65

必为性规范,36,37

必须守法规范,27

必须制裁违法,27

保障法律,45

不作为,112

C

重叠共识,62

裁定终结再审,117

撤回申诉,117

从旁察看,26,78,159

超强行动能量,125

撤诉,114

程序处置权,64

程序性监督,58,63,109,159

参与诉讼,32

D

督察院,25

达成和解协议,117
叠床架屋式构造,136
督促起诉,127
单方决定性,99
对抗式监督,78
提请抗诉,140
当事人选择优先,154
动态平衡监督范围论,101,102
单循环抗诉构造,133
单一性权力,88
多元化监督,107
多元异质权力监督复合体,86,87
多重实践逻辑,100,160
多重制度逻辑,94

E
二审,114,117

F
法的实施,28
法定守护人,34
发改率,114,115
分工协作,69
复合型法律关系,33
复合型监督权力关系结构,87
复合型制度,36,94,120,158
复核审,50
复核式监督,108
发回重审,114
反监督建议机制,135
法律监督,25,27,30

法律实施,21,27
法律适用,147
法院再审,120

G
个案监督,63
根本性规则,55
改变率,114,115
规范分析,17
规范运行实践,17
公共行政,20,21
公共性,20
公共选择方法,17
更换办案人,107,111,131,134
国家代理人,49
国家法制统一监护者,44
国家行政,21
国家护法机关,45
工具主义法律观,92
各类审判监督,114
各类再审,117
公民违法,29
改判,114
公诉,44,52,105
公诉中心主义,158
个体主义方法,17
公益,21
公益代表人,53

H
合法律性监督,58,59,159

合法实施,30

合法性审查,60

合法性重塑,23

合谋,29

J

拒不出庭应诉,117

检察公诉,32

检察公益代表人,52

检察监督,27,30

检察监督断后,153

检察建议,108,113,121,122,123,127,131,134

检察人员,47

检察署,40

检察意见,122

检察长监督制,49

监察专员,26

检察转型,43

纠错量,114,115

纠错率,114,115

监督,24,25,27,34

监督悖论,85

监督边界,103

监督对象,33,85

监督多元化,124

监督范围,29,58,67,79,81,85,158,159

监督方式,105,124,147,158

监督构造,131,147,158,159

监督官,25

监督逻辑,34

监督权,25,26,99

监督实效,85

监督信息,70,88

监督原则,158

监护,26

间接监督,90,109

集权体制,68

纠正违法通知书,107

纠正违法意见,134

矫治违法,29

G

概括式,72

K

可能影响公正审判,111

抗诉,107,108,113,114,131,156

抗诉监督再审,120

抗诉权,75

抗诉书,137

抗诉再审,117

科学范式,87

控制型监督,32

L

立案登记制,120

列举式,72

M

民告官,22,24

民事诉讼法,41

N

内部层级监督, 88
内部监督, 149
内部考核机制, 98

Q

权力配置, 88
全面监督, 79, 81, 83, 94, 95, 102
全面监督原则, 57
全面性监督, 159
强势监督, 100
强势权力资源, 125
确有错误, 112

R

人民检察院组织法, 40
弱势监督, 95

S

双边同级抗审, 154, 160
守法, 29
司法场域, 88, 92, 93, 159
司法复核, 158
司法复审, 23
司法公正协同, 159
司法监督, 25, 28, 30, 46, 146
司法解释, 36, 158
司法解释性文件, 36
司法权, 23
司法正义协同, 58, 60
事后监督, 23
上抗下审, 131, 135, 147, 148
上抗下审四边形, 132, 140, 148, 150, 152, 154, 156, 160
苏联检察监督条例, 45
苏联检察院, 45
审判监督, 29, 105
审判纠错先行, 153
诉审三角形, 147, 148
事实证据认定, 147
诉讼程序裁定, 147
诉讼格局, 125
诉讼规则, 125
诉讼行为监督, 51
诉讼监督, 25
上诉审程序, 50
实体处理权, 64
实体性监督, 109
双向建议监督构造, 135
生效裁判确有错误, 111, 127
生效裁判违法, 111, 127
双重法律监督, 33
双重法律移植, 35, 44, 158

T

统计年鉴, 113
提请抗诉, 106, 113, 131

W

外部监督, 149
维持原判, 117
违法, 112

X

现场庭审监督,106
巡警式,48
形式主义法律观,92
协同性监督,78
选择性监督,85
行政,19,20
行政法院,23,50
行政法院组织法,22
行政公诉权,33
行政公益诉讼,29
行政检察,32,34
行政抗诉,74,138
行政权,23
行政审判资源,120
行政诉讼,23
行政诉讼裁决监督,49
行政诉讼法,41
行政诉讼检察监督,30,55,67,105,158
行政诉讼困局,126
行政庭,23
行政违法,23

行政争议法,48
行政执法监督,30
行政主导,70

Y

一般监督,40,41,46,47
御史制度,25
移送管辖裁定错误,140
业务监督,106,107,136
有限监督,81,83,100,102
有限监督原则,57
一元分立,69

Z

制裁,29
制度功能,51
制度规则,17
制度事实,43
执法,29
制衡,25
直接监督,90,109
再审检察建议,107,113,131,134
再审制度,53
主要证据不足,112

主要案例索引

1. 夏某起诉县公安局行政拘留二审改判行政抗诉案
2. 李某诉武汉市人民政府劳动教养管理委员会不服劳动教养决定行政抗诉案
3. 张某诉依兰县公安局不服行政拘留和罚没款行政纠纷抗诉案
4. 刘某与米泉市劳动人事社会保障局工伤认定纠纷再审案

后　　记

作文苦与乐，唯有已自知。

武大读博，弹指 6 年间，一路走来，拖家带口、公干私务缠身，长期苦思冥想，写作确实不易，这也终将化为一段难忘的治学记忆。囿于天资与客观条件，此文仅表明笔者对个别既有论说的悉心梳理及进一步拓展性探究之尝试。纵然文章只是诸多学人学思沧海一粟，但经过这般深刻投入与铭心思索，也可算是对相关论题学思之尽责交待矣。

此文乃武大攻博学位论文基础上升华而来，武大求学乃不惑之年之举，幸会诸多良师益友。李傲导师一直以来平易近人，其谆谆教导令人难忘！武大诉讼法学专业的赵钢老师、蔡杰老师、林莉红老师、陈岚老师、占善刚老师、洪浩老师、刘学在老师或以授课、讲座、论文答辩、学术讨论等灵活方式的指教也使人受益良多。

师恩不言谢，弟子当以良好之法学专业素养与正义良知操守回报社会代为谢忱！

还要深深感恩我的父母、妻儿、兄弟姐妹，及其他亲友、同门，对你们多年来的关爱，难以报答，只得以恪守本职、尽心力回报社会以图心安！

学海无涯，作此文章既表明武大求学过程之阶段性完结，也意味新人生阶段之起始，直面过去与未来转换之节点，即便千言万语也难以透彻言表此间心头感悟。

谨此后记。
2021 年 8 月于南昌